禁毒理论与实践研究

（第七辑）

上海市禁毒委员会办公室 编

上海社会科学院出版社
SHANGHAI ACADEMY OF SOCIAL SCIENCES PRESS

目　　录

四、社会工作实践

一、吸毒行为分析

上海地区强制隔离戒毒所内吸毒成瘾人员膳食结构调查研究

孙　楷

摘　要：为了解上海地区强制隔离戒毒所内吸毒成瘾人员的膳食结构、改进相关政策、为指导吸毒成瘾人员身心康复提供依据，本次调查通过普查，选取某强制隔离戒毒所进行为期一个月的膳食调查。调查发现，上海地区强制隔离戒毒所内吸毒成瘾人员在谷物薯类及杂豆、畜禽肉类和盐的摄入明显偏高，分别占《中国居民膳食指南(2007)》建议量上限的132%、195.63%和197.50%，而水果类、鱼虾类、奶类及奶制品和油的摄入明显不足，仅占建议量下限的15.14%、21.15%、0%和33.76%。蔬菜类、蛋类和大豆类及坚果的摄入量较为适宜。由此可见，上海地区强制隔离戒毒所内吸毒成瘾人员的膳食结构在总体上与普通人群接近，但与中国营养学会所推荐的膳食结构还有比较明显的差别。

关键词：膳食结构　膳食调查　吸毒成瘾　强制隔离戒毒

《禁毒法》自2008年正式实施以来，自愿戒毒、社区戒毒、强制隔离戒毒模式形成三位一体的综合体系，将吸毒成瘾人员定义为违法者、受害者、病人三重属性，对其进行生理、心理、认知以及社会等多方面的综合治疗。而良好的营养状况和健全的体智能是戒毒治疗的基础。同时，吸毒成瘾人员又客观存在长期吸食毒品、生活不规律导致的总体营养状况较差的现象。本文结合戒毒人员特点，对强制隔离戒毒所内的吸毒成瘾人员膳食营养结构展开调查研究，试图从营养学角度对强制隔离戒毒模式提供进一步的参考和建议。

一、对象与方法

(一) 抽样对象

选择上海市某强制隔离戒毒所内吸毒成瘾人员，即强制隔离戒毒人员为研究对象，采用普查法，共计调查1 829人，均为男性。

(二)调查内容和方法

调查主要采用膳食调查中记账法对强制隔离戒毒所内食堂进行为期一个月的调查,通过逐日调查并登记调查期间食堂所购买食物的账目和发票,将相同食物累加,以获取调查期间各种食物的消费总量。根据《中国食物成分表(2002)》①计算出各种类型食物的人均日消耗量,再参照《中国居民平衡膳食宝塔(2007)》②评价调查对象在各种类型食物的消耗上是否合理。

表1 强制隔离戒毒人员食物摄入量

食物种类	实际摄入量(克/人日)	构成比(%)
米	392.55	29.25
面	101.95	7.60
其他谷类	0	0
薯类	25.70	1.91
杂豆类	1.56	0.12
大豆及豆制品	53.51	3.99
深色蔬菜	95.12	7.09
浅色蔬菜	349.08	26.01
菌藻类	0.37	0.03
腌菜	22.26	1.66
新鲜水果	30.28	2.26
坚果	0	0
猪肉	107.79	8.03
其他畜肉	0	0
动物内脏	0	0
禽类	38.92	2.90
奶类	0	0
蛋类	56.59	4.22

① 杨月欣、王光亚、潘兴昌编:《中国食物成分表(2002)》,北京大学医学出版社2002年版,第2—4页。

② 中国营养学会:《中国居民膳食指南》,西藏人民出版社2010年版,第197—198页。

续 表

食物种类	实际摄入量(克/人日)	构成比(%)
鱼虾类	15.86	1.18
植物油	8.44	0.63
动物油	0	0
糖、淀粉	12.5	0.93
盐	10.00	0.75
酱油	14.22	1.06
味精	1.56	0.12
酱类	3.91	0.29
酒类	0	0

二、研究结果

根据表1可以计算出强制隔离戒毒人员平均每人每日摄入谷物、薯类及杂豆类521.76克、蔬菜类444.2克、水果类30.28克、鱼虾类15.86克、畜禽肉类146.71克、蛋类56.59克、奶类及奶制品0克、大豆类及豆制品53.51克、油8.44克、盐10克。

根据图1可以发现强制隔离戒毒人员平均每人每日食物的摄入量与《中国居民平衡膳食宝塔(2007)》建议量相比存在不少差异。谷物薯类及杂豆、畜禽肉类和盐的摄入明显偏高,分别占建议量上限的132%、195.63%和197.50%。而水果类、鱼虾类、奶类及奶制品和油的摄入明显不足,仅占建议量下限的15.14%、21.15%、0%和33.76%。蔬菜类、蛋类和大豆类及坚果的摄入量较为适宜。

三、讨论及建议

(一) 谷物薯类及杂豆

强制隔离戒毒人员(以下称强戒人员)谷物薯类及杂豆的人均日消费量较高,达到496.06克,相比《中国居民平衡膳食宝塔》推荐量(以下称推荐量)上限的400克还要高出30%。深入分析可以发现谷物薯类和杂豆类食物构成比较单一,以稻米为主(29.25%),辅以小麦(7.60%)、少量薯类(1.91%)和杂

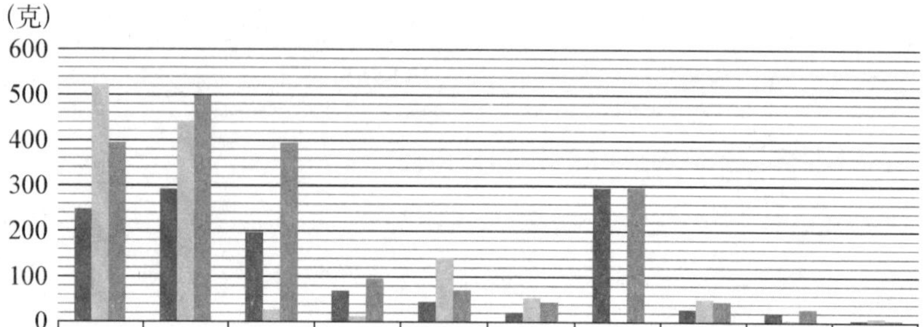

	谷物薯类及杂豆	蔬菜类	水果类	鱼虾类	畜禽肉类	蛋类	奶类及奶制品	大豆类及坚果	油	盐
建议量下限/g	250	300	200	75	50	25	300	30	25	6
实际摄入量/g	528.01	444.57	30.28	15.86	146.72	56.6	0	53.51	8.44	11.85
建议量上限/g	400	500	400	100	75	50	300	50	30	6

图1　平均每人每日各类食物摄入量与《中国居民平衡膳食宝塔》建议量比较

豆(0.12%)。

针对强戒人员的生活环境和长期吸食毒品的生理特点,建议适当下调谷物类食物的消费比例,降低碳水化合物的摄入量,同时由于精制米面会损失谷物类食物中的矿物质和维生素,因此,为提高谷物类食物的营养价值,可以适当增加粗粮比例。薯类、杂豆的消费比例也可以适当提高。

(二)蔬菜、水果类

强戒人员蔬菜类食物总量的摄入较为适宜,为444.57克,位于推荐量范围之内。蔬菜种类也较为丰富。但进一步分析可以发现,在蔬菜类食物消费中,浅色蔬菜占据了很大比例(26.01%),仅有少量的深色蔬菜(7.09%)和微量的菌藻类食物(0.03%)。水果类食物的摄入严重缺乏,人均日摄入量仅为30.28克。仅占推荐量下限的15.14%。而所摄入水果品种也比较单一,以苹果和香蕉两大类为主。

深色蔬菜的营养价值往往高于浅色蔬菜①。因此,建议增加深色蔬菜的消费比例。在烹饪方式上,由于蔬菜中的营养成分比较容易流失,同时结合强制隔离戒毒食堂实际情况,建议蔬菜类食物在烹饪前用流水冲洗,先洗后切,尽量避免长时间在水中浸泡,在烹饪的过程中应等水煮沸后再加入蔬菜烹煮,以减少维生素的流失。水果类食物具有不需要加热、营养成分不受烹饪因素的影响等优点,应该增加水果类食物的消费比例。因此,建议在条件允许的情况下,每日提

① 中国营养学会:《中国居民膳食指南》,第17—18页。

供两次水果，种类上应该尽可能做到多样化。

（三）鱼虾、禽畜肉类

强戒人员鱼虾类食物人均日摄入量仅为 15.86 克，仅为推荐量下限的 21.15%，存在比较大的缺口。禽畜肉类食物人均日摄入量高达 146.72 克，高出推荐量上限近一倍。进一步分析可以发现，鱼虾类食物主要以淡水鱼类为主，缺乏海产鱼类、甲壳类和软体动物类的食物供给。而禽畜肉类食物构成中畜肉摄入较多，人均日摄入量达到 107.79 克，并且为单一的猪肉，缺乏其他畜肉类和内脏类食物的摄入，而禽肉则为 38.92 克，以鸡、鸭传统家禽肉为主。

鱼虾类食物富含的 EPA 和 DHA 两类天然不饱和脂肪酸能有效防止心脑血管意外的产生①，针对吸毒成瘾人员普遍体质较差、心脑血管疾病较为普遍的特点，建议在经济允许的条件下，尽可能加大鱼虾类食物，尤其是海产鱼类的供给。强戒人员主要为从事中等体力劳动的人群，并不需要如此大量的禽畜肉类的供给。事实上，猪肉中脂肪含量普遍高于牛羊等传统常见的其他畜肉类食物，且以饱和脂肪酸为主，对心脑血管疾病有不利的影响。因此，建议降低猪肉类食物的供给，适当增加牛羊肉等常见畜肉类食物的比例，同时适当添加动物内脏类食物。

（四）奶类及奶制品

强戒人员食谱中没有奶类及奶制品食物，不符合《中国居民平衡膳食宝塔》所推荐的人均每日摄入 300 克奶类的要求。

强戒人员由于长期吸食毒品，骨骼中钙的含量低于普通人群②，因此，在膳食中添加奶类及奶制品是非常有必要的。针对强制隔离戒毒所内特殊的环境，每天保证新鲜牛奶的供给过于理想化，可以考虑采用储存期更长、食用方便、不易受到污染的奶粉的形式提供奶类食物的摄入。

（五）油和盐

强戒人员人均每日食用油食摄入较低，仅为 8.44 克，约为推荐量下限的 1/3，而且品种单一，仅使用大豆油作为烹调用油。而盐的人均每日摄入量则偏高，达到 10.00 克，接近推荐量的两倍。

不同的植物所提取的食用油所含营养素成分不同，应尽量使用多种食用油。动物性食用油含有较多胆固醇，不建议作为烹调用油。针对强制隔离戒毒所的

---

① 肖玫、欧志强：《深海鱼油中两种脂肪酸（EPA 和 DHA）的生理功效及机理的研究进展》，《食品科学》2005 年第 8 期。

② 周起敬、徐法昌、凌刚波等：《204 名吸毒者骨钙含量调查》，《中国骨质疏松杂志》1996 年第 4 期。

特点,可以根据需要每月更换一次食用油品种,如大豆油、花生油、菜籽油、玉米油等都是比较常见经济的植物油。至于能否采用固定比例的调和油长期作为固定食用油还需要进一步文献和研究的支持。食盐在中国人的饮食结构中普遍偏高,长期高盐饮食将增加高血压的风险①,而作为心脑血管功能显著低于正常人群、高血压患病率较高的吸毒成瘾人员②则更应该严格控制食盐的摄入。结合实际情况和可操作性,可以适当减少烹饪中食盐的使用量,以月或周为单位进行统计,以保证人均每日食盐使用量在 6 克以内。

(六) 蛋类、大豆类及坚果

蛋类、大豆类食物及坚果提供了丰富的蛋白质和脂类。结合调查数据,这两类食物的摄入较为适宜。基本能保证每天一个蛋的健康饮食标准。可以适当添加坚果类食物的供给,每周一次的坚果即可满足生理需求。

综上所述,上海地区强制隔离戒毒所内吸毒成瘾人员的膳食结构比较传统,在总体上与本地区普通人群接近③,谷物和禽肉类食物比例较高,缺乏水果类、鱼虾类和奶类食物,与中国营养学会所推荐的膳食结构还有比较明显的差别,同时结合其长期吸食毒品、各类急慢性疾病较普通人群更为普遍的特点,其膳食结构还有很大改进的空间。

由于本次膳食调查仅采用某男性强制隔离戒毒所食堂消费数据,并未将女性吸毒成瘾人员消费数据及吸毒成瘾人员每月超市购物的零食消费情况统计在内,因此存在一定的局限性和部分误差。而由于时间、精力和文章篇幅所限,针对营养素和营养认知方面信息的采集和分析以及对不同类型毒品吸毒成瘾人员菜谱的制定还有进一步的研究空间。

(孙　楷　上海市青东强制隔离戒毒所)

---

① 高血压联盟(中国)、国家心血管病中心、中华医学会心血管病学分会等:《中国高血压患者教育指南》,《中国高血压杂志》2013 年第 12 期。

② 陈富华、牟霞、付青梅等:《海洛因依赖者心血管系统损害研究进展》,《中国药物滥用防治杂志》2010 年第 4 期。

③ 刘弘、郭常义、高围溦等:《2002 年上海市居民营养与健康状况调查》,《环境与职业医学》2006 年第 6 期。

浦东新区吸食新型毒品致精神障碍吸毒人员社区看护和医治机制研究

董姣姣　张　平　唐卫刚

摘　要：2010 年以来，浦东新区因吸食新型毒品引发的危害公共安全事件造成了严重的社会影响。医学研究表明，吸食新型毒品后有近四成的人员会出现精神症状，这在医学上称为“精神活性物质所致精神障碍”，属于重性精神疾病之列。严重者会导致抑郁症、自杀及焦虑、偏执性精神病症状，引发非理性暴力行为，成为公共安全的潜在威胁。为了更好地对浦东新区因吸食新型毒品引发的精神病人群作出基于现状的深入分析，形成深入推进和改善现有服务管理措施的对策建议，针对浦东新区所辖地域内的因吸食新型毒品引发的精神疾病的社区看护、医治、社工服务机制开展实证研究。

关键词：新型毒品　社区看护　医治机制

一、导论

近年来，因吸食新型毒品引发的非理性暴力事件已成为公共安全的潜在危险之一，为有效防控吸食新型毒品引发精神障碍患者肇事肇祸案（事）件的发生，形成进一步深入开展吸毒人员管控帮教工作的对策建议。通过对浦东新区目前针对此类人群在组织管理体系、看护和医治等方面的调查研究，总结目前社区看护和医疗救治等方面的经验，并梳理存在的问题。

2014 年 10 月—2015 年 2 月，在上海市禁毒办的指导下，课题组开展“浦东新区吸食新型毒品致精神疾病吸毒人员的社区看护和医治机制研究”的课题调研。

（一）研究背景

2012—2014 年，浦东新区因吸食新型毒品引发肇事肇祸违法犯罪分别比上一年度增长了 80%、11.1%和 40%，表现为侵犯他人人身权利、危害公共安全、妨碍执行公务等几种类型，给公共安全造成了一定的危害。国内外医学研究表明,吸食新型毒品后有近四成人员会出现不同程度的精神障碍症状。同时,临床医学研究表明,这种精神障碍症状将会长期存在,近80%的吸食者即使停止吸食10年以后,仍然有一些精神障碍症状,一遇刺激便会发作,严重者会导致抑郁、自杀、焦虑及偏执性精神病症状,引发非理性暴力行为,成为公共安全的潜在危险。鉴于此,及时开展针对因吸食新型毒品致精神疾病吸毒人员的看护和医治机制研究,是摆在各级禁毒部门面前的一个难题。

(二) 研究目标

为了加强因吸食新型毒品引发精神障碍吸毒人员的管理能力,降低因吸食新型毒品致精神疾病吸毒人员肇事肇祸的社会影响,提高对新型毒品致精神疾病吸毒人员规范化管理能力,开展"浦东新区吸食新型毒品致精神疾病吸毒人员看护和医治机制"课题研究,目的在于厘清针对此类精神疾病吸毒人员在看护和医治上的组织架构、工作流程和工作职责等关系,并提出相关合理化建议,为创建"社区—医院(场所)—社会组织"一体化管理服务体系奠定基础。

(三) 研究依据

我国《禁毒法》第3条规定,禁毒是全社会的共同责任;第4条第2款规定,禁毒工作实行政府统一领导,有关部门各负其责,社会广泛参与的工作机制;第50条规定,公安机关、司法行政部门对被依法拘留、逮捕、收监执行刑罚以及被依法采取强制性教育措施的吸毒人员,应当给予必要的戒毒治疗。

《戒毒条例》第2条第2款明确指出,戒毒工作坚持以人为本、科学戒毒、综合矫治、关怀救助的原则,采取自愿戒毒、社区戒毒、强制隔离戒毒、社区康复等多种措施,建立戒毒治疗、康复指导、救助服务兼备的工作体系。

《中华人民共和国精神卫生法》第3条规定,精神卫生工作实行预防为主的方针,坚持预防、治疗和康复相结合的原则;第6条规定,精神卫生工作实行政府组织领导、部门各负其责、家庭和单位尽力尽责、全社会共同参与的综合管理机制;第28条规定,除个人自行到医疗机构进行精神障碍诊断外,疑似精神障碍患者的近亲属可以将其送往医疗机构进行精神障碍诊断。对查找不到近亲属的流浪乞讨疑似精神障碍患者,由当地民政等有关部门按照职责分工,帮助送往医疗机构进行精神障碍诊断。疑似精神障碍患者发生伤害自身、危害他人安全的行为,或者有伤害自身、危害他人安全的危险的,其近亲属、所在单位、当地公安机关应当立即采取措施予以制止,并将其送往医疗机构进行精神障碍诊断。医疗机构接到送诊的疑似精神障碍患者,不得拒绝为其作出诊断。第52条规定,监狱、强制隔离戒毒所等场所应当采取措施,保证患有精神障碍的服刑人员、强制隔离戒毒人员获得治疗。

(四) 研究方法

1. 文献研究。主要开展吸毒人员吸食新型毒品相关文献、政策、法规研究。主要是国家的法律法规，上海市的有关政策、条例，浦东新区禁毒办、公安分局和卫生计生委下属精神卫生服务中心、上海中致社区服务社等单位的年度工作总结以及案例研究，了解吸食新型毒品致精神障碍吸毒人员在社区看护和医学临床医治方面的工作情况。

2. 定量研究。主要通过三大信息平台（“上海市吸毒人员动态管控系统”“浦东新区精神障碍人员信息管理系统”和浦东新区“禁毒在线”管理平台）截至2014年12月31日的数据库分析研究。

(五) 研究进度

1. 2014年11—12月：完成文献研究，制定调查方案，设计调查问卷和访谈提纲。

2. 2014年1月：实地调查。

3. 2015年2月：数据录入及分析，撰写调查和研究报告，结题。

二、浦东新区吸食新型毒品致精神障碍吸毒人员的现状分析

(一) 吸食新型毒品人员的基本情况

截至2014年12月底，浦东新区登记在册吸食新型毒品人员为4 402人，占登记在册总人数的46.6%。吸食新型毒品人员中，社会面人员为3 924人，其中被责令社区戒毒（康复）人员1 458人，正在执行1 394人，占总人数的33.1%；使用毒品未成瘾人员1 446人，占总人数的32.9%；戒断三年未复吸941人，其中认定戒断442人，占总人数的24.1%；解除刑罚、强制性教育措施未满三年79人，占总人数的1.7%。非社会面人员为458人，其中正在强制隔离戒毒377人，占总人数的8.6%；正在服刑或接受强制性教育81人，占总人数的1.9%。其他人员（包括出国、出市、死亡等）为20人，占总人数的0.4%。

上述数据说明社会面吸食新型毒品人员以被责令社区戒毒（康复）人员和使用毒品未成瘾人员为主，占总人数的6.0%；非社会面吸食新型毒品人员则以强制隔离戒毒人员为主，占总人数的8.6%。

(二) 吸食新型毒品人员区域分布情况

4 402名吸食新型毒品人员在300人以上的街镇为：川沙新城镇395人，祝桥镇343人。200人以上的为：上钢街道209人，合庆镇208人，北蔡镇206人。100人以上的为：惠南镇189人，周家渡街道175人，陆家嘴街道171人，潍坊街道170人，三林镇160人，南码头街道158人，金杨街道156人，泥城镇141人，

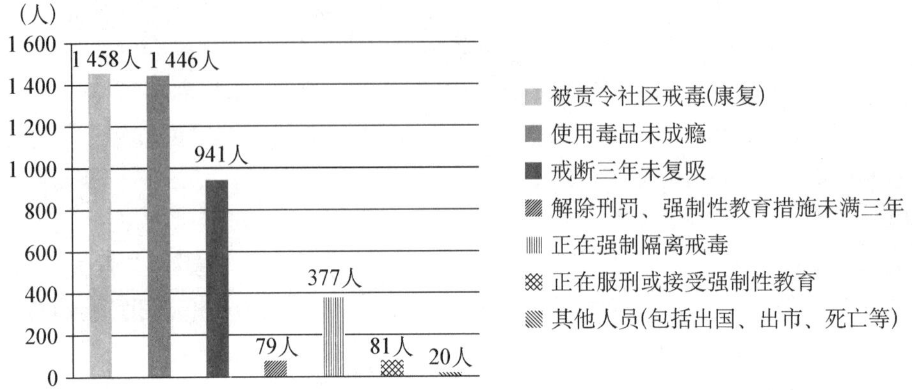

图1 浦东新区吸食新型毒品人员基本情况

浦兴路街道 135 人,书院镇 115 人,大团镇 102 人。其余街镇均在 100 人以下。

分析表明,浦东新区各街道吸食新型毒品人员合计为 1 645 人,占总人数的 37.4%;浦东新区各镇吸食新型毒品人员合计为 2 757 人,占总人数的 62.6%。部分吸食传统毒品人数较多的街镇,如上钢街道、北蔡镇、惠南镇、周家渡街道、陆家嘴街道等,吸食新型毒品人员人数增长明显;泥城镇、书院镇等镇,随着开发开放力度加大,吸食新型毒品人员人数上升势头明显。

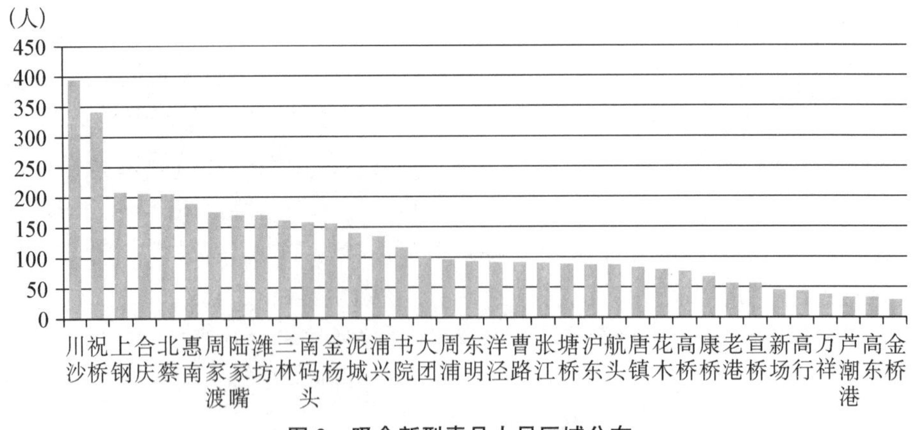

图2 吸食新型毒品人员区域分布

(三) 吸食新型毒品种类

4 402 名吸食新型毒品人员中,吸食的新型毒品为三类:吸食冰毒 4 278 人,占总人数的 97.2%;吸食 K 粉 17 人,占总人数的 0.4%;吸食摇头丸 107 人,占总人数的 2.4%。已被认定为患有精神类疾病的 115 名吸毒人员中,单纯使用冰毒的为 28 人，占总人数的 24.3%；冰毒与海洛因混用的 85 人，占总人数的73.9%；多种毒品（冰毒、海洛因、摇头丸、K 粉）混用的 2 人，占总人数的 1.7%。上述数据表明患有精神类疾病吸毒人员以混吸冰毒与海洛因为主，单纯使用冰毒为辅。

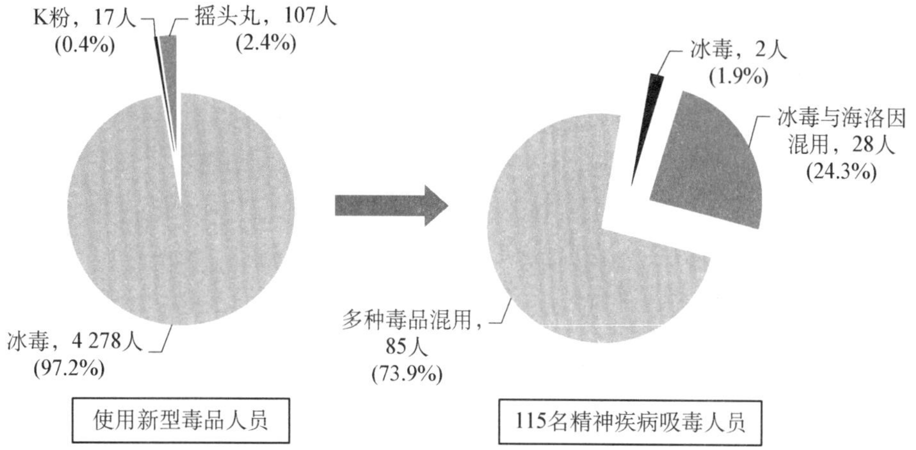

图 3　吸食新型毒品人员吸食毒品种类

（四）吸食新型毒品年龄分布

4 402 名吸食新型毒品人员中，18 周岁以下（含 18 周岁）96 人，占总人数的 2.2%；19—25 周岁 720 人，占总人数的 16.3%；26—35 周岁 1 536 人，占总人数的 34.9%；36—45 周岁 1 198 人，占总人数的 27.2%；46—55 周岁 726 人，占总人数的 16.5%；56 周岁以上（含 56 周岁）126 人，占总人数的 2.9%。这说明吸食新型毒品人员以青壮年（26—45 岁）为主，共计 2 734 人，占总人数的 62.1%；25 岁以下为 816 人，占总人数的 18.5%，明显呈现向青少年群体发展的态势。

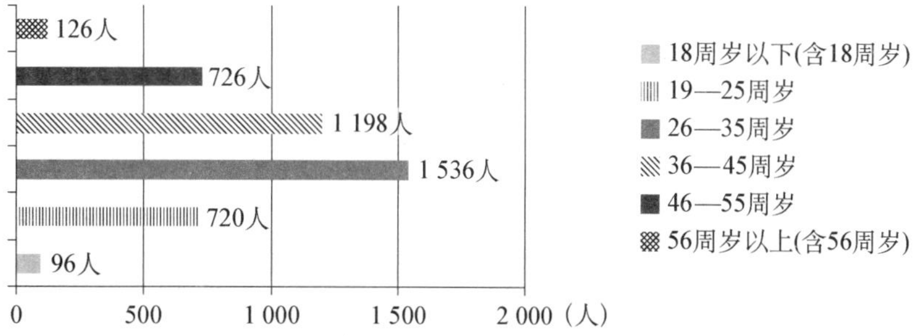

图 4　吸食新型毒品年龄分布

(五) 吸食新型毒品人员身体状况

4 402 名吸食新型毒品人员中,身体状况表现为"健康"的 2 232 人,占总人数的 50.7%;表现为"一般"的 1 726 人,占总人数的 39.2%;表现为"严重疾病"的 444 人,占总人数的 10.1%。"严重疾病"当中,艾滋病 2 例,肺结核 2 例,丙肝 221 例,梅毒 46 例,精神疾病 115 例,严重高血压 15 例,严重糖尿病 12 例。

上述数据说明吸食新型毒品人员的身体状况总体不容乐观,表现为"一般"和"严重疾病"的为 2 170 人,占总人数的 49.3%;患有传染病和精神疾病的比例高,共计 386 例,成为公共卫生安全和公共安全的潜在严重危险。

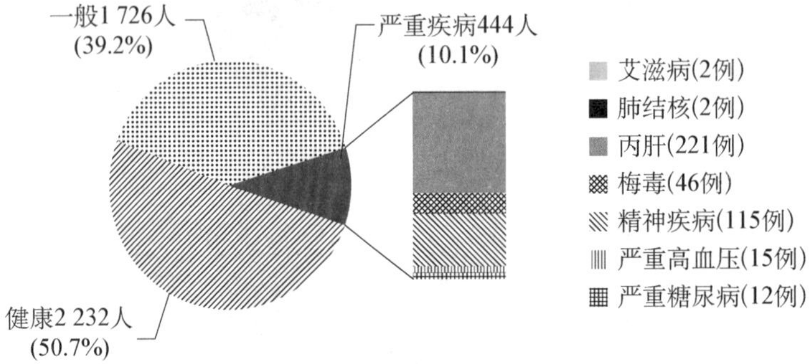

图 5 吸食新型毒品人员身体状况

(六) 吸食新型毒品人员就业状况

在社会面活动的 3 924 名吸食新型毒品人员中,已就业的 2 708 人,占社会面总人数的 69.0%;无业 1 032 人,占社会面总人数的 26.3%;失业 20 人,占社会面总人数的 0.5%;退休 55 人,占社会面总人数的 1.4%;不详 109 人,占社会面总人数的 2.8%。

上述数据说明社会面吸食新型毒品人员以"就业"为主,这与近几年浦东新

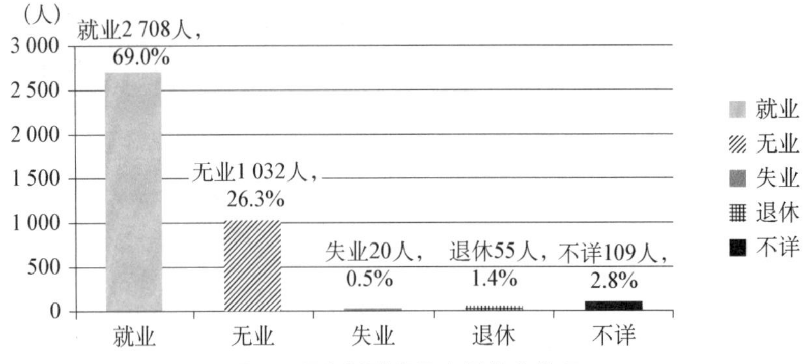

图 6 吸食新型毒品人员就业状况

区积极推行吸毒人员就业安置三年行动计划密切相关，为大部分吸毒人员创造了良好的就业环境和就业渠道。

（七）吸食新型毒品人员享受低保情况

在社会面活动的 3 924 名吸食新型毒品人员中，483 人享受最低生活保障，占社会面总人数的 12.3%。说明社会面吸食新型毒品人员符合享受最低生活保障的群体比重较低。

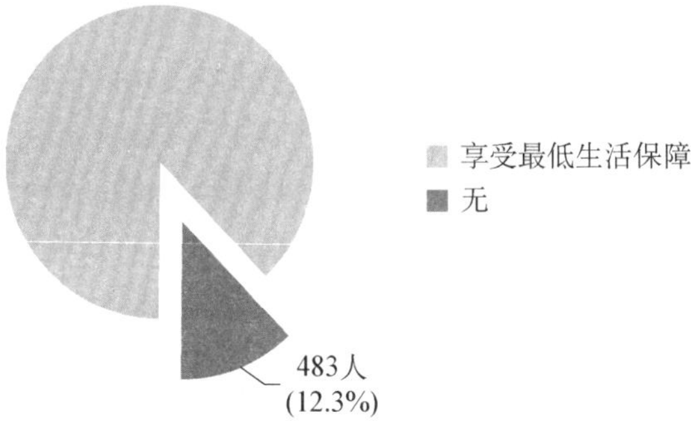

图 7　吸食新型毒品人员享受低保情况

（八）吸食新型毒品人员戒断情况

3 924 名社会面吸食新型毒品人员中，一年以下未复吸人员为 693 人；一年以上两年以下未复吸人员为 1 236 人；两年以上三年以下未复吸人员为 1 054 人；三年以上（含认定戒断人员 442 人）为 941 人。941 名三年未复吸人员中，三年后一年以下未复吸人员为 166 人；一年以上两年以下未复吸人员为 231 人；两年以上三年以下未复吸人员为 195 人；三年以上未复吸人员为 349 人。442 名认定戒断人员中，一年以下未复吸人员为 89 人；一年以上两年以下未复吸人员为 119 人；两年以上三年以下未复吸人员为 111 人；三年以上未复吸人员为 123 人。

通过各职能部门的共同努力，浦东新区社会面吸食新型毒品人员的戒断情况呈现逐年递增的趋势。通过统计分析，2012—2014 年度，社会面吸食新型毒品人员三年戒断率分别为 16.2%、19.3%和 23.9%。

（九）吸食新型毒品人员其他违法犯罪情况

4 402 名吸食新型毒品人员中，除吸食新型毒品违法行为以外，被刑事处罚的为 470 人，占总人数的 10.7%，表现为侵犯他人人身权利、危害公共安全、妨碍执行公务等几种类型；被行政（治安）处罚的为 2 198 人，占总人数的 50.0%，表现为寻衅滋事、殴打他人、故意损害公共财物等类型。上述数据表明吸食新型毒品人员的违法犯罪案件频发，给公共安全造成了严重危害。

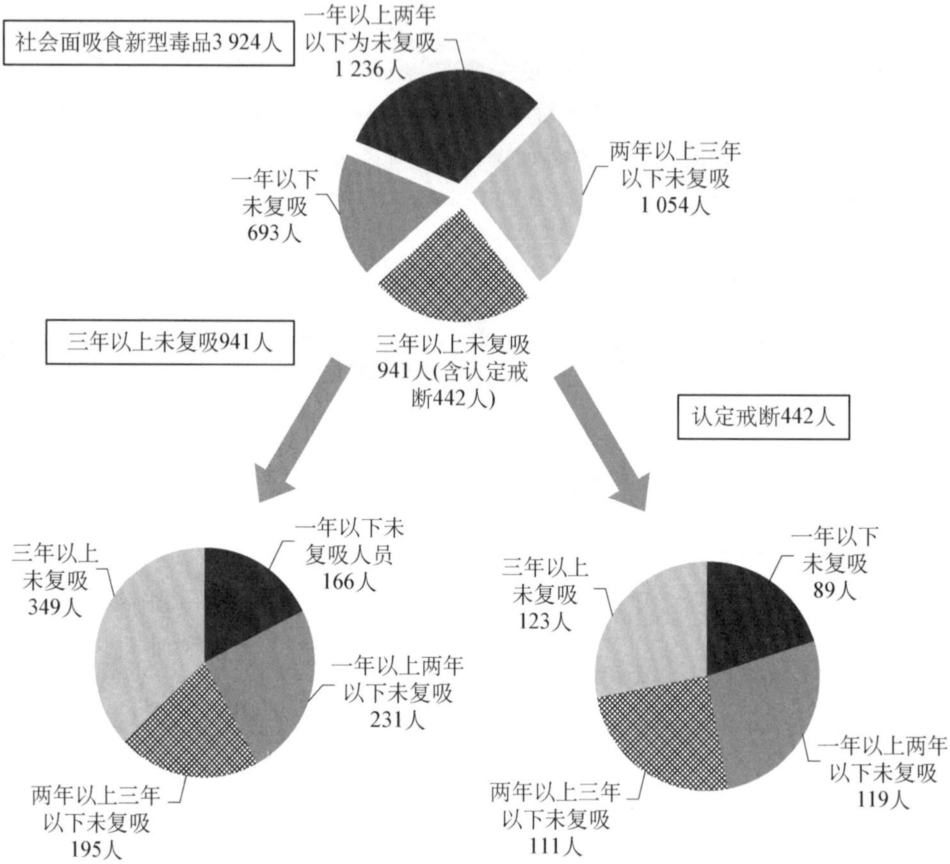

图 8　吸食新型毒品人员戒断情况

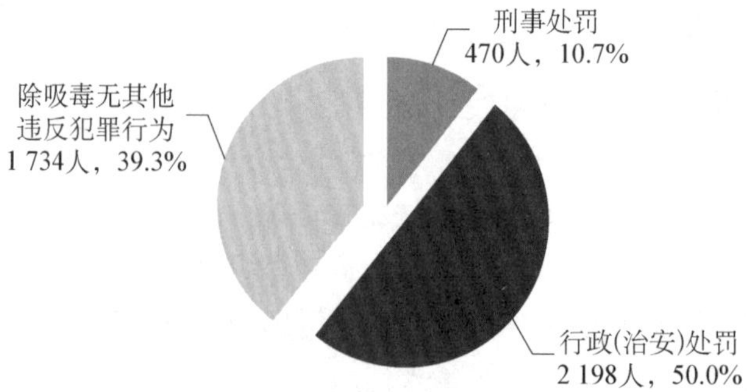

图 9　吸食新型毒品人员其他违法犯罪情况

三、浦东新区社区看护和医治机制现状

通过对浦东新区吸食新型毒品引发的精神障碍病例的分析，并依托中致社区禁毒社工的访谈提炼归纳，从工作措施、主要成效、面临的困难和挑战等方面，对浦东新区吸毒人员吸食新型毒品引发精神障碍的看护和医治现状进行了分析。

（一）浦东新区精神障碍人员的组织管理体系

根据《精神卫生法》第 8 条的规定，国务院卫生行政部门主管全国的精神卫生工作。县级以上地方人民政府卫生行政部门主管本行政区域的精神卫生工作。县级以上人民政府司法行政、民政、公安、教育、人力资源社会保障等部门在各自职责范围内负责有关的精神卫生工作。从浦东新区实际来看，卫生和计生委员会主管精神障碍人员医疗救治工作，残联负责接受政府委托，动员社会力量，开展精神卫生工作。浦东新区因吸食毒品导致精神障碍的 115 人，已全部纳入管理，按照定期排查，风险评估的原则，做到精神障碍人员的社会医疗和看护（社会救治救助）底数清、病情清、去向清。

为加强对吸毒人员的管理，按照《禁毒法》《戒毒条例》的有关规定，浦东新区成立了禁毒委员会，共 23 家成员单位，每季度禁毒委召开主要成员单位联席会议，及时通报毒情形势，加强吸毒人员信息互通，共商措施对策。全区 36 个街镇依托社区卫生服务中心建立了社区戒毒康复指导室，每年对吸毒人员开展身体状况检测和评估，分类落实综合干预措施。在街镇层面，明确基层政府的管理责任。各街镇设立禁毒工作领导小组，由政法委书记担任组长，每季度召开不少于一次禁毒工作会议，小组成员由综治办（稳定办）、派出所、民政、卫生、劳动保障等部门负责人担任，便于协调、解决精神疾病吸毒人员在管理过程中出现的问题。同时，下设禁毒办公室（工作小组），组长由综治办（稳定办）领导兼任，成员包括禁毒专职人员、社区民警、戒毒民警、社区医生、社区精神卫生医生、禁毒社工、村（居）委工作人员和精神疾病吸毒人员家属等，负责对精神疾病吸毒人员的日常管理工作。

（二）精神疾病治疗和社区看护现状

根据精神疾病的诊断和复核必须由精神科执业医师操作的原则，浦东新区依托新区三家（源深、三林、惠南）精神卫生治疗医院资源，依据《临床诊疗指南（精神病学分册）》《中国精神疾病分类与诊断标准（第三版）》及相关规范，对查出的疑似精神障碍的吸毒人员，经本人或家属同意，由精神专科医院负责派专家组进行诊断或复核；对疑难患者组织专科医生和护士进行定期随访及调整治疗方

案。根据相关部门风险评估的结果,社区督促落实对排查确认具有潜在暴力倾向或曾肇事肇祸的精神障碍患者落实照料和监护措施。

(三) 肇事肇祸精神障碍人员的管理

调研报告发现,浦东新区有精神障碍的吸毒人员,经认定后,新区各社区卫生服务中心和公安派出所对本地区精神障碍患者定期开展上门走访,掌握精神障碍患者情况。社区卫生服务中心对疑似精神障碍患者和登记在册的精神障碍患者开展风险评估,梳理确定重性精神障碍患者,并录入社区精神障碍患者登记管理系统。公安派出所则重点对曾有肇事肇祸精神障碍患者的基本信息、现实状况逐一核查,落实风险评估工作,并将排查确定的重性精神障碍患者信息逐人录入派出所综合信息系统。各街镇禁毒社工负责"禁毒在线"管理平台登记上报,对因吸食新型毒品引发的精神障碍患者,会同社区民警、村(居)委会、病人家属对精神疾病吸毒人员进行应急处置。村(居)委层面,协助登记、上报辖区内居住的精神疾病吸毒人员的基本情况;协助开展精神疾病吸毒人员的危险性评估、随访管理和应急处置;调查了解精神疾病吸毒人员的家庭情况;及时反映有危险行为的精神疾病吸毒人员等。

(四) 解决吸毒人员的社会救治救助问题

浦东新区各街镇综治部门在牵头开展严重精神障碍患者排查工作的基础上,按照"治疗落实、监护落实、康复落实"的工作要求,全面落实各项救治救助工作措施。一是对重性精神障碍患者的日常监护工作。协调落实各社区卫生服务中心落实精神障碍患者定期、定时服用药物措施,协调落实精神障碍患者收治场所。二是重点落实曾肇事肇祸精神障碍患者的监护措施。做好对严重危害公共安全或他人人身安全的肇事肇祸精神障碍患者的收治工作。三是"三无人员"(无固定职业、无固定住所、无固定经济来源)中的精神障碍患者和贫困家庭中的精神障碍患者的医疗和生活救助工作,实施三方(街镇牵头,公安派出所、村(居)委会、患者近亲属或监护人)监护措施,签订精神障碍患者监护责任书;对白天监护措施无法落实、病情相对稳定的重性精神障碍患者,属地街镇要及时协助近亲属将患者送"阳光心园"。四是对需住院治疗的重性精神障碍患者,经本人或监护人同意,送精神卫生医疗机构住院治疗。其中境外来沪的重性精神障碍患者统一由上海市精神卫生中心收治。

四、完善社区看护和医治机制的建议对策

(一) 突破的重点

把吸毒人员看作是病人的观点在《禁毒法》《戒毒条例》的释疑中都有表述,

“社区戒毒、社区康复”措施的实施，也是最大限度体现“以人为本”的法理精神。目前社会上针对吸食新型毒品致精神障碍人员的照顾和关怀的价值取向尚未真正确立，换言之，存在偏差或欠缺。在目前医疗资源匮乏，医患矛盾频繁的情况下，开展对吸毒人群的特殊关怀和照顾，应在遵循宽严相济的刑事政策基础上，进一步探索完善、细化有关涉毒特殊人员收治管理的法规政策，才能判断浦东新区针对此类人群采取的措施、达成的目标是否具有有效性。

（二）研究的难点

根据前述吸食新型毒品人员的情况，课题组归纳了困难和挑战。一是因吸食新型毒品致精神障碍的认定、戒断和治疗难。浦东新区有 115 人因吸食新型毒品引发肇祸行为，经专业机构和人员认定后，作出毒瘾症状戒断和精神障碍治疗。其余 4 000 余人在引发精神障碍的行为、危害方面，没有精神疾病认定标准。二是浦东新区吸食新型毒品的人数较多，专业社工的力量配置比例较低（以 2015 年为例，上海中致社区服务社专业禁毒社工与社区戒毒社区康复人员的配备比例为 1∶30，达到市有关文件的配备标准；其他仍在社会面活动的新区户籍吸毒人员的配备比例为 1∶60，与市文件规定的 1∶30，还有一定的差距），加上吸毒行为的隐蔽性，使得预防吸食新型毒品引发精神障碍的措施落实困难。三是吸毒人员流动性强，一经发现、打击处理后，排斥心理较重，回到社区后即下落不明的情况较多，难以进一步开展工作。

（三）各地情况

上海市精神卫生中心是上海市最大、最权威的精神疾病诊断治疗中心，主要诊治精神分裂症、心境障碍、器质性精神障碍、儿童青少年及老年期精神障碍、神经症性障碍等各类精神障碍患者及药物依赖患者。中心设有普通精神科以及老年、康复、临床心理、儿少、传染、自愿戒毒等临床科室，核定床位 1 878 张。目前，尚未设立专门治疗针对患有精神疾病吸毒人员的临床科室。

上海市强制医疗所。2013 年 11 月，经上海市编制委员会、上海市公安局批准，在上海市公安局安康医院的基础上，设置上海市强制医疗所，为上海市公安局监管总队内设机构。上海市强制医疗所总建筑面积 5 500 平方米，额定床位 254 张，下设两个二级科室、四个病区和一个医技部门，经上海市卫计委核准为二级专科医疗机构，负责执行上海市人民法院作出的强制医疗决定及上海市公安机关作出的采取临时保护性约束措施决定以及其他涉罪精神病人的收治工作。

海南省在 2005 年建立安康医院专门收治严重肇事肇祸精神障碍患者的基础上，于 2013—2014 年，力推建立病残吸毒人员收治专门场所或者在监所内设置收治专区,在6个市县建立了8个收治点近250多张床位。

广东省中山市建立了首家以卫生部门为主体、公安机关全程保障的“公卫合作”医院,政府出资建医院,承担病人基本医疗费;公安监管安全,医院负责治病,病残吸毒者集中收治,解决基本医疗保障,社会不法行为减少,社会效果、法律效果双提升。

(四)对策和建议

1. 在区级精神卫生服务中心设置专科病区

设立以吸食新型毒品人群为服务对象,以预防、补救为主的戒毒康复医治机制。课题组调查发现,当吸毒人员吸食新型毒品以后,在一定时间内会不同程度地出现精神症状,并表现出一定比例的危害社会行为。所以,对于吸食新型毒品但不符合执行强制隔离戒毒而被责令社区戒毒的人员,应给予积极的医治。建议在区级精神卫生服务中心设置专科病区,待精神症状明显消退以后,对符合强制隔离戒毒条件的进行强制隔离戒毒,对不符合强制隔离戒毒的进行社区看护管理。

浦东新区南、北两家精神卫生服务中心都已具备戒毒医疗资质,但由于病区床位紧张、专业医务人员以及监管力量不足,加上吸食新型毒品精神障碍患者的特殊性,这两家中心均无法收治因吸食新型毒品致精神障碍患者,只做吸毒成瘾认定。因此在精神卫生服务中心设置专科病区,可以由区卫生和计生委员会牵头,公安部门、民政、残联和社会组织等相关部门共同参与,共同解决吸毒人员因精神障碍引发的肇事肇祸案(事)件。调研中,区精神卫生中心对设立专科病区已做了安排,但卫计委对落实安全措施尚有顾虑。如果开办专科病区,尚需进一步沟通协调。

2. 加强社区戒毒康复指导室建设

浦东新区依托社区卫生服务中心建立社区戒毒康复指导室的做法,有利于强化对特殊人员的服务管理,体现治病救人的人本思想。为便于落实吸毒人员社区看护机制,建议进一步加强社区戒毒康复指导室的投入力度,在硬件设施上不断完善五室(诊疗室、谈心室、活动室、办公室、档案资料室)功能建设,加装视频监控装置等设备。加强从业人员专业知识培训和管理,配备专业精神卫生医生,在新区卫计委的统一指导下,建立符合精神疾病社区看护业务需要的工作机制,制定科学的服务流程和标准化服务规范,形成有专业性、可行性、成效性的服务项目。同时,专业社工运用社会工作专业方法,从精神疾病吸毒人员家庭、心理等层面介入,协助其恢复社会功能,融入社会。将社区戒毒康复指导室的建设纳入街镇政府购买服务预算或工作开展的财政预算之中。

3. 明确“先戒毒,后医治”原则,落实“所外就医”措施

课题组调查发现,浦东新区有 9 名吸毒人员因复吸新型毒品(冰毒)而被执行强制隔离戒毒,但入所后表现言行异常。强戒所委托上海市精神卫生中心对这些人员的精神状态进行司法精神医学鉴定,诊断结果为“精神活性物质所致精神障碍”,被鉴定为无戒治能力,由原来的强制隔离戒毒变更为社区戒毒。对于这种因患有精神疾病而直接放任社区进行社区戒毒的决定,其实给社会公共安全带来了极大隐患,一旦这类对象精神疾病突发,将造成无法预知的不良后果。

《精神卫生法》第 52 条规定,监狱、强制隔离戒毒所等场所应当采取措施,保证患有精神障碍的服刑人员、强制隔离戒毒人员获得治疗。沪公发〔2011〕380 号《关于贯彻执行〈戒毒条例〉的实施办法》文件明确指出,强制隔离戒毒人员在市司法局设立的强制隔离戒毒场所执行期间,因患有严重疾病且不出所治疗可能危及生命的,经强制隔离戒毒场所主管机关批准并通知强制隔离戒毒决定机关、社区戒毒执行地公安派出所后,强制隔离戒毒场所可以允许其所外就医,出具所外就医证明书,并受强制隔离戒毒决定机关委托向其宣布解除强制隔离戒毒和变更为责令社区戒毒的决定。建议对于因吸食新型毒品执行强制隔离戒毒期间被认定为精神疾病的吸毒人员,应明确场所内“先戒毒,后医治”原则,通过“所外就医”措施,待精神状态稳定以后,再回强戒场所执行未完成的强戒期限,回归社会被责令社区康复后再按社区看护工作制度执行。以上措施的落实,需要修改相关文件条款以及明确“所外就医”的具体场所等。

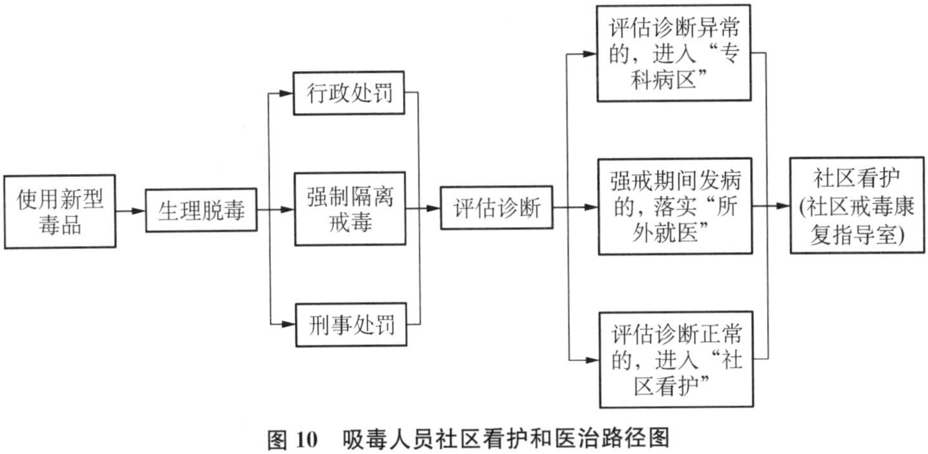

图 10　吸毒人员社区看护和医治路径图

4. 完善体制机制

重新审视现有的医治和看护机制,不难发现目前针对肇祸行为的精神障碍

吸毒人员,在医治和看护机制上都已有明确的规定。但针对正在吸食新型毒品的吸毒人群,从吸毒人员的实际出发,课题组认为在加强肇事预警机制建设的同时,更加应重视吸毒人群社会功能的改善。如在医疗服务、经济援助、消除歧视、获得尊重、养成健康良好的生活行为习惯、重建和改善人际关系、社会帮教、调解家庭关系、解决再就业等方面高度重视。加强"社区—医院(场所)—社会组织"之间的沟通和联系,从专业力量的提前介入和有针对性介入出发,逐步建立应对吸食新型毒品致精神障碍的吸毒人员的医治和看护标准、规范以及策略。

参考案例

案例1:卫某,男,42岁,离异,户籍所在地浦东新区花木街道。2008年9月开始吸食冰毒,三个月以后,其家属发现其经常说话语无伦次,记忆严重衰退,而且经常出现幻觉。有一天晚上,卫某突然从床上跳起来,说有很多人在追杀他,就拼命往外跑,惊恐万分地躲进卡车底下,早上被人发现了,就打了110报警,卫某一见到警察,马上飞奔逃至一间平房屋顶上。因卫某经常出现幻觉、惊恐状态,2009年3月其父母将他送至浦东神精卫生中心进行精神鉴定,鉴定结果为"精神活性物质所致精神障碍"。卫某被鉴定为精神疾病后,所在街道禁毒部门对此事非常重视,遂即成立了帮扶小组,成员由禁毒办专职干部、社区民警、社区精卫医生、禁毒社工、居委治保主任、家属、禁毒志愿者等组成,并对小组成员的工作职责作了明确要求。经过两年多的药物治疗和心理辅导,病情得到了基本控制。

案例2:张某,男,1981年出生,户籍所在地浦东新区东明路街道。张某初中毕业后一直混迹于社会,流连于网吧、KTV、夜总会等娱乐场所,结识了很多不良朋友,从吸食海洛因开始,摇头丸、K粉、冰毒混吸,且混吸毒品程度逐渐加大加重,多次因吸毒被公安机关处理。

2012年4月底,张某在外混吸海洛因与冰毒后,回家与母亲发生争执,打碎家中茶几、饮水机等物品,并将母亲推倒在地,踢倒父亲,将门屋反锁。因其精神状况异常,家属在民警协助下送其至上海精神卫生中心医治,被确诊为"精神活性物质所致精神障碍"。目前每日服用维思通控制病情,社区卫生中心对其进行一级社区监护管理。

案例3:张某,男,38岁,未婚,初中文化,户籍所在地浦东新区川沙新镇。张某2011年1月开始吸食冰毒,不久之后(一个月左右),家人反映开始感觉其脾气有所变化,变得暴躁和偏执。随后听不进他人的劝告,一旦别人的看法与其相左，其就会情绪非常激动，感觉别人看不起他，不给他活路。他曾激愤地表示："谁不让我好过，我就不让谁好过。"同时张某将现在的不如意（没房、没钱、没工作）归咎到父母没用、社会歧视、政府不让他过日子上，更加不讲道理，要求居委、社工给他吃饭、给他工作、给他补助。后经上海市精神卫生中心对张某的精神状态进行医学鉴定，结果为"精神活性物质所致精神障碍"。

案例4：周某，男，31岁，户籍所在地浦东新区张江镇。周某于2000年1月开始吸食海洛因，曾因注射海洛因被收容劳教三次。2009年9月出劳教所后，开始长期吸食冰毒，并一发不可收拾。于2011年4月因冰毒成瘾被强制隔离两年，8月因确诊为"精神活性物质所致精神障碍"决定执行社区戒毒。周某在吸食冰毒后会出现幻觉、幻听、狂躁、多疑等症状，多次进入精神卫生中心进行隔离治疗，但是病情未见好转。一日，周某"溜冰"后，病情发作产生妄想，感到有人要迫害他，便立马拨打了110，公安民警到场后未发现异常情况便要离去，周某认为民警消极对待，暴躁不安随手抄起家伙打砸警车。

案例5：李某，男，38岁，户籍所在地浦东新区周浦镇。2004年因吸毒首次被处理；2005年、2007年两次因吸食毒品被劳动教养；2012年11月，因吸食冰毒被强制隔离戒毒。但李某入所后表现言行异常。上海市第三强制隔离戒毒所委托上海市精神卫生中心对李某的精神状态进行司法精神医学鉴定，并评定其戒治能力，鉴定诊断结果为"精神活性物质所致精神障碍"，被鉴定人李某目前无戒治能力。

针对这一情况，上海市公安局浦东分局对李某做出了责令社区戒毒的决定，由原来的强制隔离戒毒变更为社区戒毒。上海市第三强制隔离戒毒所与户籍地派出所联系以后，安排车辆直接把李某送回户籍地社区戒毒。

案例6：许某，男，46岁，户籍所在地浦东新区合庆镇。许某从2009年开始吸食冰毒，2010年1月表现出明显的精神症状，后经上海市精神卫生中心诊断为"精神活性物质所致精神障碍"。由于许某海洛因与冰毒混用，身体状况越来越差，2011年2月开始表现出咳嗽、气喘等症状，后经上海市肺科医院确诊为肺气肿。2012年开始，许某的肺气肿越来越严重，医生告诉家属，他的肺已经肿得没有空隙了，为此家里为他配置了呼吸机。现在许某平均一个月住一次医院，有时一个月连续住三次医院。由于长期吸食毒品，许某的牙齿松动不能进食，已经全部拔掉。严重的肺气肿使得他几乎没有力气走路，说话气喘吁吁，难得出门也是坐着轮椅，由家人推着出来。

案例7：张某，女，38岁，户籍所在地浦东新区书院镇。张某因吸食新型毒品致精神疾病，曾多次住精神病院治疗。由于张某以前吸食海洛因，身体上对阿片类毒品还有一定的生理依赖性，现在每天要服用20毫升美沙酮以控制其戒断反应。2014年6月因复吸冰毒被强制隔离戒毒两年，后因患有精神疾病被责令社区戒毒。

案例8：黄某，男，20岁，户籍所在地浦东新区金杨新村街道。黄某初中毕业后一直没有正当职业，在外“混”日子，生活、社交圈子复杂，出于好奇，在毒友引诱下，17岁开始吸食冰毒，2012年9月首次在家中精神病发作并门诊治疗，于次年11月被确诊为“精神活性物质所致精神障碍”。

案例9：谷某，男，45岁，户籍所在地浦东新区高行镇。谷某因吸毒曾被公安机关多次处理。2010年开始吸食冰毒，2012年底，谷某出现严重的幻听、幻视、幻觉等症状，2013年5月经浦东新区精神卫生中心诊断为“精神活性物质所致精神障碍”，并出具了诊疗意见书。谷某目前享受最低生活保障，但一直未参加基本医疗保险。其母亲认为谷某“脑子不正常，早晚会死在外面，肯定是活不长了，买保险就是浪费”，导致他目前完全没有参与任何形式的医疗保险，仅限于享受低保人员的医疗救助，救助条件是低保人员本人住院后自付满人民币1 000元之后的剩余部分医疗费用的大约50%，如果是门、急诊则仅限于指定的卫生服务中心就诊，生存状态堪忧。

案例10：朱某，女，25岁，未婚，小学学历，户籍所在地浦东新区万祥镇。朱某于2012年3月开始吸食冰毒。2013年起，因精神问题多次到浦东新区南汇精神卫生中心接受治疗，于2013年7月被确诊为“精神活性物质所致精神障碍”。2014年3月起朱某病情日趋严重，将家里的玻璃窗全部敲碎，对家人谩骂，拳脚相加，并扬言要用铁锹铲死家人。2014年8月，家属将其送至浦东新区南汇精神卫生中心住院治疗，但朱某目前只享受最低生活保障，仅限于享受低保人员的医疗救助，家属担心以后的治疗费用如何解决。

（董姣姣　浦东新区政法委综合治理处；张平　上海中致社区服务社；唐卫刚　上海中致社区服务社戒毒康复部）

药物滥用者的非理性信念探究

徐立瑶

摘　要：非理性信念是药物滥用者成功戒毒和有效康复的重要障碍，药物滥用者非理性信念主要体现在用药动机、对成瘾问题的认知偏差和问题外化及自我无价值感三方面。误信自己不会被成瘾问题所捆绑和对于药物功效的绝对化信念等促使使用者堕入药物成瘾的陷阱；自以为有能力控制成瘾、自以为能够对自己负责和自以为吸毒和抽烟喝酒无异等对成瘾问题的偏差认识阻碍戒治动机的持续，使药物滥用者陷入自愿戒治困境；外部归因与问题扩大化和感到自我无价值成为药物滥用者回归社会的重重阻碍。戒毒社会工作实践尤其是理性情绪疗法应用中需重视药物滥用者非理性信念的识别。

关键词：非理性信念　药物滥用者　戒毒　理性情绪疗法

理性情绪疗法，由艾利斯(A. Ellis)创立，它是认知疗法的一种，通过纠正人的非理性信念从而改变人的行为。非理性信念主要指对自我、他人或环境缺乏客观依据的苛求，具有以下三个特征，即要求的绝对化、过分的概括化和对事件的后果进行糟糕透顶的估计，可以引发一系列的负性情感和消极行为，并与多种情绪障碍关系密切。[①]

根据理性情绪疗法的观点，药物滥用问题的形成、持续和复发都是与成瘾者的非理性信念有关的，且随着当代应用心理学的发展，有心理学家把理性情绪疗法应用于对毒品成瘾的心理矫治中，取得了一定的成果。目前，理性情绪疗法是应用于药物滥用问题的一种常用心理治疗模式。[②] 在戒毒工作中，理性情绪疗法用以对戒毒人员进行有针对性的矫治，从而使吸毒人员的思维回归理性，自觉远离毒品，以达到矫治吸毒人员的精神依赖的目的。[③]

无论是相信药物能够带来很多好处、相信自己不会上瘾并且有能力控制，还

---

① 王娜、李占江、杨清燕、徐子燕、闫丽琼、毛佩贤、贺佳丽、陈斌：《精神分裂症患者非理性信念、应付方式及其关系研究》，《中国临床心理学杂志》2007年第15期。

② 郑健荣主编：《上瘾：沉溺行为与治疗》(增修版)，麦饼文化出版社2014年版，第56页。

③ 李世虎：《理性—情绪疗法在戒毒工作中的应用及评价》，《云南警官学院学报》2010年第5期。

是否认成瘾所带来的负面效果，既是药物成瘾者普遍存在的非理性信念[①]，也是一些人堕入成瘾陷阱的原因。因此，关注药物滥用者的非理性信念是有必要的。

综合国内以往对理性情绪治疗法在药物成瘾或戒毒方面的研究，我们发现大部分研究往往集中分为三类：一是如何运用理性情绪治疗法技巧介入禁毒社会工作实务。二是对于理性情绪治疗法介入对复吸的效果评估。三是通过定量的方法对戒毒人员的非理性信念进行研究。在已有的非理性信念研究中，虽然涉及情绪体验、自我效能等因素，但大部分仅通过定量方法分析，缺乏更加深入的追问，并且从未列举出药物滥用人群所持有的非理性信念具体为何，更加缺乏一个总结性的分析。

对比之下，台湾学者在药物成瘾者的非理性研究上进行了更加细致且深入的探究，通过定量与质性结合的方法，对药物成瘾者的非理性信念进行了辨认及分类。江振亨、韦若兰、庄淑婷等通过定量与质性结合的研究方法，详细列举了药物滥用者的非理性信念，林瑞钦把药物成瘾者对用药所保持的非理性信念称为用药信念，将用药信念划分为用药功效、药物依赖与侥幸心理三类。[②]

基于此，笔者之前在上海市范围内进行了药物滥用者访谈，对其中 9 位研究对象的半结构式用药历程访谈记录进行了分类整理，选取有关非理性信念的内容进行了分析与归纳，希望能够为药物滥用者非理性信念的后续研究及戒毒社会工作的介入提供一定帮助和建议。

表 1　研究对象的基本情况

编号	代称	性别	年龄	婚姻状况	使用种类	首次接触毒品年龄	目前状态
A1	H	女	46 岁	未婚	传统	23 岁	戒断 7 年
A2	Q	男	47 岁	离异，有一子	传统	25 岁	戒断 3 年
A3	Y	男	30 岁	未婚，有女友	传统	16 岁	社区戒毒中
B1	J	男	44 岁	未婚	传统、新型	24 岁	社区戒毒中
B2	D	男	39 岁	未婚	传统、新型	20 岁	社区戒毒中
B3	E	女	49 岁	已婚，有一女	传统、新型	29 岁	社区戒毒中

① 郑健荣主编：《上瘾：沉溺行为与治疗》(增修版)，麦饼文化出版社 2014 年版，第 57—58 页。

② 庄淑婷：《女性违法药物滥用者其用药行为与用药信念之研究》，硕士学位论文，中正大学，2005 年，第 11—14 页。

续　表

编号	代称	性别	年龄	婚姻状况	使用种类	首次接触毒品年龄	目前状态
B4	Z	女	51岁	已婚,有一子	传统、新型	25岁	社区戒毒中
B5	N	女	55岁	离异,有一子	传统、新型	35岁	仍然在吸
B6	C	女	40岁	离异	传统、新型	16岁	社区戒毒中

一、药物滥用者非理性信念表现

(一) 用药动机中的非理性信念:堕入药物成瘾陷阱的起点

根据访谈发现,药物滥用者首次使用药物的动机分为三类:第一类是相信自己不会上瘾,“我只是试一试而已,我能控制自己,不会上瘾”,这也是绝大多数药物滥用者的用药动机。第二类则是相信使用药物可以缓解疼痛,治疗疾病,缓解寂寞,能够带来好处。第三类则是朋友引诱。药物成瘾者因为各自的用药动机,从而有了使用药物的经验,进而对药物成瘾产生了生理和心理的依赖。针对用药动机,可以辨认出如下用药信念:

1. 误信自己不会被成瘾问题所捆绑

这一信念被多位访谈对象提及,相信自己只是尝试一次,只吸一口,并不会导致上瘾。但是第一次的尝试已经算是逾越,正是因为有第一次,才会有后续的第二次、第三次。被访谈者是这样描述首次用药原因的:

我的初中朋友戒不掉了,我说不信,所以我就以身试法,说你们给我吸一口。——Y

觉得应该不会上瘾,想去当那个吃螃蟹的人。——H

2. 对于药物功效的绝对化信念

药物成瘾者误信药物可以为他们带来好处,比如缓解疼痛,治疗疾病,又或是排遣寂寞。这种绝对化信念不仅仅发生在首次用药,同时也成了复发的原因之一。

第一次用是因为那个时候生病了,为了缓解疼痛就用了海洛因,真的是有用处的,一个礼拜以后就不生病了。——C(回忆首次用药情境)

我好奇而且牙疼,人家叫我弄的,其他时候人家叫我弄,我不弄的。——N(回忆首次用药情境)

中间有一段时间停过的,后面 2004 年我动了一个大手术,特别难受,感觉要撑不过去了,然后我老公就自己去给我弄了东西,吃好就熬过去了。——Z(戒瘾 3 年后复发情境)

那是我女儿走的第二天,突然感到很空虚,突然感到很难过,就自己打电话给我一个朋友,你给我拿一个东西,那个时候我就想着弄一下。——E(戒瘾 7 年后复发情境)

而根据台湾学者庄淑婷的研究,药物滥用者认为还可以从药物获得短暂忘却烦恼、寻找充满刺激的感觉、缓解生活压力、减肥、提神等好处。因为尝到了诸如此类的甜头,使用者陷入了成瘾的陷阱中。[①]

(二) 对于成瘾问题的认知偏差: 阻碍戒治动机的持续与自愿戒治困境

虽然目前有很多方法及途径能够为药物滥用者提供戒毒治疗服务,但如果成瘾者没有戒治动机,因为外力的介入而中止药物滥用行为,却没有进入沉思期,对于成瘾者来说这也只是一种短暂的停止用药,属于不能用而没用,并非不想用而没用。

因而,成瘾者的戒治动机对于持续戒毒治疗康复是至关重要的,戒治动机的意愿和其持续性也是影响复发的一个重要因素。药物滥用者对于成瘾问题的非理性信念则会阻碍戒治动机的持续,使其无法持续自愿性的戒治行为。

1. 自以为有能力控制成瘾

“我自己想吸就吸,想停就停,我只是不想戒而已”,成瘾者认为自己是根据自己的喜好选择而行,并没有意识到其实自己无法抗拒,无法控制自己不去使用药物。另一方面,成瘾者在尝试戒毒失败后,也会将失败归因于“我只是没有下定决心去戒而已”“我只是为了减量,而不是为了戒毒,只是想让身体好一点”,或是从失败的经历中得出“我就是戒不掉”“只要上瘾就无法摆脱”的结论,成为自己设定的自我限制。

根据访谈,使用传统和新型毒品的被访者大部分原本只是海洛因药物滥用者,希望能够用冰毒替代掉海洛因,企图控制自己的成瘾,认为新型毒品是“想停就停的”“使用频率可以降低”,但最终都以陷入新型毒品不可自拔而告终。

---

① 庄淑婷:《女性违法药物滥用者其用药行为与用药信念之研究》,硕士学位论文,中正大学,2005 年,第 43—44 页。

2. 自以为能够对自己负责

药物滥用者自以为能够对自己的行为负责，同时也呈现出一种赌徒式的侥幸心理，“我相信我的运气没那么差，如果被抓我也自认倒霉”。

反正我能够为我的行为负责，我自己的选择，我能够承担起这个后果（被抓）。——C（被抓释放后继续使用药物的想法）

我会更加小心一点，不要被抓到，而且我也相信没那么倒霉，如果真的被抓到嘛，那我也没办法，我也认了。——D（对“是否会担心被抓?”问题的回应）

3. 自以为吸毒和抽烟喝酒无异

药物滥用者自以为吸毒危害并不严重，和抽烟喝酒差不多，只不过吸毒被认为是违法行为而已。

我没有坑蒙拐骗呢，我都是用我自己的钱，从来没有花过家里的钱。——Q（对于使用药物的看法）

我也没认为吸毒是违法的，我用的是自己的钱，我也没偷没抢，但是我直到现在也不觉得违法。——Y（对于使用药物的看法）

（三）问题外化和自我无价值感：成为回归社会的重重阻碍

药物滥用者在接受社区戒毒期间，主要有两个任务，一方面需要保持持续戒毒的状态，另外一个任务就是重新融入社会生活。如果能够完成回归社会的任务，药物滥用者保持操守的几率就能够大幅度提高，但是如果未能回归社会重新融入社会生活中，其复发的倾向和风险就会显著增加。而在接受社区戒毒的过程中，可以发现存在这样两种非理性信念：

1. 外部归因与问题扩大化

药物滥用者作为一类特殊群体，在融入社会的过程中本身就会遭遇更多的困难，药物滥用人群尤其敏感，也因自身社会资源有限所带来的无力感，更容易把所遭遇的问题归因于社会环境。

在笔者与研究对象N的访谈中，这一段话被N反复提到：“真的呀，重要一点就是社会，其实我们这些人要不弄老早就不弄了，但是工作不好找，谁关心你，低保也是，还要自己去拿，像我每个月低保要去敲图章，不敲的话不会给你的。真的环境很重要，如果环境可以好一点，有多少人可以不弄的。”

2. 感到自我无价值

随着年龄的增长，当与同龄人进行比较时，用新的角度审视自己的生活发现一无所有时，发现无法改变生活的窘境时，药物滥用者常会感到一种自我无价值，拉低了戒瘾者重建生活的信心与驱动力。

> 如果叫我重新活一次，我肯定不会碰这个东西，但是已经到这个地步了，你叫我以后永远不碰，我也不敢保证，现在有点像破罐子破摔，对我无所谓了。——J(对于人生的自我评价)
>
> 我的人生没有辉煌，没有起来过。最低点就是2006年被抓，是一个低谷，然后就没有浮起来过。——Y(对于人生的自我评价)
>
> 有时候我也怕的，想想哎呀，死了也算了，吃过用过也无所谓了，这辈子就这样了。——N(对于人生的自我评价)

根据访谈，我们发现药物滥用者的非理性信念并不是一成不变的，会随着戒瘾状态和人生阶段而发生动态的改变。随着年龄的增长，药物滥用者对于成瘾问题的认知偏差以及问题外化和自我无价值感会随之产生正向和负向的波动。而女性药物滥用者相较于男性，所持有的非理性信念更多，女性用药问题主要与情绪有关。根据对访谈对象所持有的非理性信念与复发次数的比较，我们发现对于药物存在越强烈的非理性信念，所持的信念越不合理性，对于药物的渴求也会越强烈，相对的再用药意向的表现越强烈，与庄淑婷的研究结论一致。[①]

二、理性情绪疗法在戒毒社会工作中的应用与讨论

通过上文对用药信念的阐述，进行非理性信念的研究是必要的，通过了解药物滥用者的非理性信念，了解其沟通模式、成瘾和复吸行为背后的驱动，从而更好地进行介入干预。不仅仅是社会工作者，从事禁毒工作的相关人员都应重视药物滥用者的非理性信念，对药物滥用者的非理性信念有所了解。社工可以针对女性情绪化的特点，针对女性药物滥用者专门设立理性情绪疗法小组。社工机构内部也可以对社工进行理性情绪疗法的培训，结合具体案例分析帮助社工识别药物滥用者的非理性信念并给予介入建议，提升社工介入的专业能力。

但另一方面，药物滥用者长期使用药物在精神方面可能受损或有负面影响，

---

① 庄淑婷：《女性违法药物滥用者其用药行为与用药信念之研究》，硕士学位论文，中正大学，2005年，第83—84页。

导致滥用者更容易陷入偏执，记忆力下降，思考缺乏逻辑性，较为情绪化。此外，药物滥用者出现戒断反应时，其思维本身就是非理性及病态的。在此基础上，药物滥用者可能并不具有辨认并意识到自己非理性信念的能力。

而药物滥用者经过生理脱毒后，其心理依赖仍然会推动其一而再、再而三地去吸食毒品。药物滥用者有可能暂时接受理性情绪疗法，暂时用理性信念替代非理性信念，但是一旦心理依赖出现，强烈的用药渴求会迅速占据吸毒人员的思维过程，所习得或灌输的理性信念此时会遭到摈弃、遗忘。矫治者面对吸毒人员的反复，往往也只能重复运用理性情绪疗法、行为疗法等，吸毒人员在经过反复矫治后，其耐受力会增强，矫治的效果会越来越差。[①]

因此，理性情绪疗法对于药物滥用者的使用应该更加慎重。由于非理性情绪及外在的行为失序，是个人对生活事件的诠释所引起的，将问题内化归因于人的非理性信念，在运用该疗法的过程中也应该避免将戒毒失败或复吸行为归因于戒瘾者身上，在运用的过程中同时也需要社工和机构具有一定的专业度，否则反而会使药物滥用者的家人更加无助，让有心戒瘾者失望，激化成瘾问题。

（徐立瑶　上海大学社会学院）

① 李世虎：《理性—情绪疗法在戒毒工作中的应用及评价》，《云南警官学院学报》，2010年第5期。

吸食不同毒品类型戒毒人员膳食营养KAP调查

王徐卿

摘　要：为了解戒毒人员膳食营养知识、态度与行为现状，本调查随机抽取戒毒人员430名，通过KAP问卷对其进行调查。调查发现，戒毒人员具有基本的膳食营养知识，对于科学的膳食营养有正确的态度，愿意参加与膳食营养相关的教育活动。由此可见，戒毒人员还需进一步养成良好的饮食习惯，应加强戒毒人员膳食营养教育，开展戒毒人员膳食营养配餐。

关键词：膳食营养　戒毒人员　调查

身体康复是戒毒人员身心全面康复的基础，合理的膳食营养是确保戒毒人员身体康复的基本条件。知识—态度—行为（knowledge-attitude-practice，KAP）调查是20世纪70年代首先在医学领域出现的，现已广泛应用于营养学调查[①]。为了更好地了解戒毒人员膳食营养情况，指导戒毒人员科学、合理地进行日常饮食，有必要对戒毒人员进行膳食营养相关的调查分析。本研究利用KAP[②]问卷，对戒毒人员膳食营养知识、态度和行为进行调查分析。

一、调查对象及方法

（一）调查对象

采用随机数字表选取上海市某戒毒所430名戒毒人员为调查对象，其中吸食海洛因戒毒人员220名，吸食冰毒戒毒人员210名。

---

① June Stevens, Carol E Cornell, Mary Story, et al., "Development of a questionnaire to assess knowledge, attitudes, and behaviors in American Indian children," *American Journal of Clinical Nutrition*, Vol. 69, No. 4 suppl(1999), p. 773.

② Gupta MC, Mehrotra M, Arora S, et al, "Relation of childhood malnutrition to parental education and mothers' nutrition related KAP," *The Indian Journal of Pediatrics*, Vol. 58, No. 2(1991), pp. 269 - 274.

(二) 调查方法

1. 问卷调查

本问卷调查以健康教育 KAP 模型为模板，参考相关文献，并进行专家咨询，结合戒毒人员具体情况进行设计及制作，具体内容包括：调查对象的基本情况（共 5 题）；膳食营养知识（共 10 题）；膳食营养态度（共 8 题）；膳食营养行为（共 5 题）。题型均为选择题。

问卷内部一致性采用克朗巴哈系数法表示，各条目的检验系数均大于0.05，整体信度值均大于 65.8%，证实问卷具有较高的可信度。在问卷效度方面，经探索性因素分析和因素正交旋转后得出，累积贡献率为 61.2%，各条目因素负荷介于 0.34—0.71 之间，证实问卷具有较高的有效性。由此可知问卷具有真实可靠性。

对所有参与调查的戒毒人员进行统一培训，并指导戒毒人员自行独立完成问卷。问卷以无记名方式进行，现场发放并收回。经统计，发放问卷 430 份，收回有效问卷 405 份。

2. 统计学分析

对 KAP 问卷采用赋值法评分，用 Excel 建立数据库，用 SPSS19.0 进行数据统计分析。

二、研究结果

(一) 膳食营养知识

对于《中国居民膳食营养宝塔》的结构体系及其具体内容，82%的吸食海洛因戒毒人员表示了解，75%的吸食冰毒戒毒人员表示了解；对于不同食物中营养成分的种类与含量，85%的吸食海洛因戒毒人员表示了解部分内容，50%的吸食冰毒戒毒人员表示了解部分内容；对于食物加工过程中营养物质的流失情况及合理的加工工艺，31%的吸食海洛因戒毒人员表示有所了解，83%的吸食冰毒戒毒人员表示有所了解，但对于其中的科学依据均缺乏了解。

表 1　吸食不同毒品类型戒毒人员对膳食营养知识的了解

调查内容	吸食海洛因类		吸食冰毒类		X^2	P
	n	比例(%)	n	比例(%)		
《中国居民膳食营养宝塔》中最底层谷类、薯类及杂豆建议摄入量成人为 250—400 克	168	82.35	151	75.00	3.16	—

续 表

调查内容	吸食海洛因类		吸食冰毒类		X^2	P
	n	比例(%)	n	比例(%)		
《中国居民膳食营养宝塔》提倡多吃薯类	120	58.82	130	64.29	1.47	—
每天应保证 2 500 毫升饮水	153	75.00	144	71.43	0.58	—
维生素 C 与维生素 E 能有效抗氧化,提高免疫力	171	83.82	148	73.21	6.29	*
吃粗粮可补充维生素和膳食纤维	156	76.47	137	67.86	3.50	—
方便面营养也很丰富,可以经常吃	54	26.47	108	53.57	31.35	**
高血压与高盐饮食有关	180	88.24	126	62.50	35.78	**
心血管疾病与高脂肪膳食有关	156	76.47	173	85.71	6.12	*
摄入能量过多会造成肥胖	144	70.59	126	62.50	2.84	—
煮米饭时,米淘洗的次数越多,越干净越好	57	27.94	166	82.14	122.19	**

(二) 膳食营养态度

两类调查对象对于膳食营养的科学化态度明确,认为科学的膳食营养对健康非常重要,并愿意参加到膳食营养的相关教育活动中去;对于正确的饮食方式74%的吸食海洛因戒毒人员态度明确,55%的吸食冰毒戒毒人员态度明确,认为饮食要科学合理;60%的吸食海洛因戒毒人员具有购买食品的正确认知态度,高达 89%的吸食冰毒戒毒人员具有购买食品的正确认知态度,认为要具备购买食品的基本常识。

表 2 吸食不同毒品类型戒毒人员对膳食营养的态度

调查内容	吸食海洛因类		吸食冰毒类		X^2	P
	n	比例(%)	n	比例(%)		
你是否认为正确的膳食态度对身体健康具有重要的影响	150	73.53	162	80.36	2.86	—

续 表

调查内容	吸食海洛因类		吸食冰毒类		X²	P
	n	比例(%)	n	比例(%)		
你是否认为“早餐要丰富、午餐要适量、晚餐要少量”的说法是正确的	144	70.59	119	58.93	5.76	*
你是否认为应该提倡“低盐膳食”	156	76.47	108	53.57	23.07	**
如果现在有膳食营养相关的教育活动,你是否愿意参加	150	73.53	133	66.07	2.61	—
当去超市购物时,你是否具有挑选最佳食品的知识	132	64.71	162	80.36	12.85	**
购买食品时,你是否注意阅读标签	135	66.18	166	82.14	14.29	**
你是否具有食品保鲜的基本常识	138	67.65	126	62.50	1.10	—
你是否具有判断食品是否过期的基本常识	144	70.59	180	89.29	22.76	**

(三)膳食营养行为

1. 对于早餐的关注度

两类调查对象都认为早餐很重要,但吸食海洛因戒毒人员在吃早餐的行为养成方面要好于吸食冰毒戒毒人员;70%的吸食海洛因戒毒人员认同“早餐要丰富、午餐要适量、晚餐要少量”的观点,但有23%的没有养成吃早饭的习惯;59%的吸食冰毒戒毒人员认同“早餐要丰富、午餐要适量、晚餐要少量”的观点,但有34%的没有养成吃早饭的习惯(见表3)。

表3 吸食不同毒品类型戒毒人员膳食营养的行为

调查内容	吸食海洛因类		吸食冰毒类		X²	P
	n	比例(%)	n	比例(%)		
你是否养成每天吃早餐的习惯	156	76.47	133	66.07	5.26	*
你是否每天都喝奶粉、豆奶或豆奶粉	120	58.82	72	35.71	21.49	**

续 表

调查内容	吸食海洛因类		吸食冰毒类		X^2	P
	n	比例(%)	n	比例(%)		
你是否每天晚上都吃夜宵	93	45.59	101	50.00	0.88	—
你是否每天保证 2 500 毫升的饮水	114	55.88	108	53.57	0.19	—
你是否少吃咸菜、榨菜等含盐较多的食品	93	45.59	65	32.14	7.47	**

2. 对每天喝奶粉、豆奶或豆奶粉的态度

59%的吸食海洛因戒毒人员有每天喝奶粉、豆奶或豆奶粉的行为,只有 36%的吸食冰毒戒毒人员有此种行为,主要原因与两类调查对象的认知差异有关,吸食海洛因戒毒人员认为每天喝奶粉、豆奶或豆奶粉对身体健康有很大的促进作用。

3. 对高盐膳食的态度

88%的吸食海洛因戒毒人员认为高血压与高盐饮食有关,且有 46%的调查对象选择少食高盐食品;63%的吸食冰毒戒毒人员认为高血压与高盐饮食有关,且只有 32%的调查对象选择少食高盐食品。这表示对待少盐膳食的态度与认知二者之间有一定的关联。

4. 戒毒人员 KAP 评分分析

两类戒毒人员在膳食营养知识储备方面、膳食营养态度及行为方面均无显著性差异。

表 4 吸食不同毒品类型戒毒人员 KAP 评分分析

	吸食海洛因类	吸食冰毒类	X^2	P
K 值得分	7.46±0.74	7.46±0.76	1.60	—
A 值得分	7.24±0.88	7.14±0.94	3.56	—
P 值得分	2.35±0.73	2.02±0.77	0.03	—

三、研究分析

(一) 营养 KAP 分析

开展戒毒人员食疗有助于他们的身体康复,如果同时开展戒毒人员膳食营养知识教育，帮助他们树立正确的膳食营养态度并养成科学的膳食营养行为习惯，必将有助于食疗效果的提升。

通过本次问卷调查，可发现两类戒毒人员对于基本的膳食营养知识都有一定的知识储备，对于《中国居民膳食宝塔》都有一定的了解。在对待方便面这类食品的态度和购买食品的正确认知方面，吸食冰毒戒毒人员的认知正确性明显好于吸食海洛因戒毒人员。但吸食冰毒戒毒人员可以认知到高盐膳食的危害，但少食高盐食品的行为并未养成。

（二）膳食营养干预建议

戒毒所应加强戒毒人员的膳食营养教育，在他们现有的零散知识的基础上，通过不同方式方法广泛宣传科学饮食的概念，帮助他们形成系统化的膳食营养知识。结合戒毒人员的体质特征和所处的戒毒阶段，根据戒毒所统一供餐的特点，以周为单位开展营养配餐。同时要开展良好膳食营养行为的养成教育，引导戒毒人员尤其是吸食冰毒戒毒人员逐步养成良好的饮食习惯，少食方便面和高盐膳食。

（王徐卿　上海市夏阳戒毒所）

二、法规政策思考

改革完善我国禁毒体制机制的建议

姚建龙

摘　要: 禁毒体制关乎禁毒工作的根本,当前我国“一委两局”的禁毒体制存在协调不力、责任不明、资源分配不合理、社会参与程度不高等问题,这样的禁毒体制机制已经不能完全适应我国禁毒工作的新要求。面对毒品向恐怖主义、未成年人、公职人员蔓延等新趋势,我国禁毒工作的体制机制应当向缉毒实体化,戒毒司法、专业化,禁毒社会化以及统筹协调实体化的“一体三支”体系方向迈进。

关键词: 禁毒体制　改革　完善　建议

毒品问题关系到社会的长治久安,也关系到国家的安全与政权稳定。当前,我国毒情仍然面临着日益严峻的形势。一方面,吸毒人数持续增长。早在 2009 年,*Lancet*(《柳叶刀》)统计表明,我国物质滥用的流行率高达 5.9%。公安部估计我国目前实有吸毒人数超过 1 400 万,吸毒人口比为 1%,是鸦片战争前夕吸毒人口比例的 2 倍。全国涉毒县市区增至 3 000 多个,占全国县市区总数九成以上。另一方面,毒品犯罪案件保持持续高发态势。值得警惕的是,近些年来毒品问题还出现了诸多新的发展趋势。例如毒品问题开始与恐怖主义合流,公职人员涉毒呈现蔓延趋势,吸毒人群低龄化等,必须引起高度重视。

党和国家高度重视禁毒工作,2014 年中共中央国务院专门印发了《关于加强禁毒工作的意见》(以下简称《意见》),提出要不断创新禁毒工作体制机制,进一步完善毒品问题治理体系。

我国现行禁毒体制机制初步形成于 20 世纪 90 年代初,以 1990 年国家禁毒委员会的成立为重要标志。2007 年通过的《禁毒法》第四条正式确立了“禁毒工作实行政府领导,有关部门各负其责,社会广泛参与”的工作机制。2014 年,《意见》进一步提出了“禁毒工作责任全面落实,党委和政府统一领导、禁毒委员会组织协调、有关部门齐抓共管、全社会共同参与的禁毒工作社会化格局真正形成”的要求。

中央关于我国禁毒体制机制的要求符合我国禁毒工作实际,但现行禁毒体制机制的运行状况与中央的要求尚有较大的差距。面对日益严峻的禁毒形势，为了落实中央关于禁毒工作的要求，有必要对我国现行禁毒体制机制做必要的反思和改革。

一、现行禁毒体制机制所存在的主要问题

现行禁毒体制的基本构成是“一委两局”。以国家层面为例，“一委”是国家禁毒委员会，包含38家成员单位，在面上将所有负有禁毒职能的部门予以归口。“两局”是指公安部禁毒局和司法部戒毒管理局这两大禁毒专门机构，分别主要负责毒品违法犯罪打击与戒毒管理职责。这一体制存在的问题主要体现在以下几个方面：

(一) 禁毒委员会部门化，亟待反思

《禁毒法》规定：“国务院设立国家禁毒委员会，负责组织、协调、指导全国的禁毒工作。县级以上地方各级人民政府根据禁毒工作的需要，可以设立禁毒委员会，负责组织、协调、指导本行政区域内的禁毒工作。”理论上禁毒委员会是代表政府负责组织、协调、指导禁毒工作的机构，但实际上无法真正履行组织、协调与指导禁毒工作的职责。以国家禁毒委员会为例，禁毒委主任由公安部负责人担任，禁毒委员会办公室实际为公安部二级机构——禁毒局。这种由禁毒委员会成员单位之一公安机关代行禁毒委职责的运作模式，具有强烈的部门化特色，一方面削弱了禁毒委员会的权威性，另一方面也很难避免禁毒工作的部门化。此外，禁毒委员会成员单位中包括最高人民法院和最高人民检察院，由公安部牵头的运作模式是否符合法理，也值得进一步研究。

(二) 禁毒工作责任稀释，亟待破解

《禁毒法》规定：“禁毒是全社会的共同责任。国家机关、社会团体、企业事业单位以及其他组织和公民，应当依照本法和有关法律的规定，履行禁毒职责或者义务。”确定禁毒共同责任原则有利于动员全社会力量参与禁毒，但是如果缺乏有效的责任与激励机制，这种“谁都有责”的禁毒模式，容易陷入“谁都实际无责”的责任稀释困境。由于禁毒委员会设置的部门化，禁毒委员会实际难以对所属38家成员单位行使有效的监督、考核职能，“有关部门齐抓共管”的局面远未形成，责任稀释困境客观存在。

(三) 禁毒专门机构职能配置不合理，亟待改革

值得反思的是，作为缉毒专门机构的公安机关承担了禁毒委员会日常工作职责，还承担了部分强制隔离戒毒与戒毒康复的执行职责，无法专司对毒品违法犯罪的打击职责，分散了公安机关的缉毒力量与禁毒精力，影响了对毒品违法犯

罪的打击。司法行政部门专设的戒毒管理局并不能管理所有的戒毒事务，而只被赋予了强制隔离戒毒、戒毒康复的部分执行权。同时，这种由传统刑罚执行与劳教执行机构承担以“治疗”为主的戒毒执行工作是否合理，尚值得进一步研究。

（四）全社会共同参与的社会化格局远未形成，亟待改进

当前，客观上存在对于机构式戒毒机构的过度依赖现象，对于新建、扩建强制隔离戒毒所的要求远超过对禁毒工作社会化的要求，这种偏差影响了禁毒工作社会化格局的形成。当前，无论是对禁毒社会参与的鼓励激励，还是禁毒社会组织的培育状况，无论是禁毒社会工作人才队伍的建设规模，还是禁毒志愿者队伍的常态化参与，均存在较大的问题，禁毒社会化格局的形成亟待重视和改进。

二、从“一委两局”到“一体三支”：改革的基本建议

为了加强禁毒工作，建议我国禁毒体制机制的主体构成从“一委两局”（禁毒委员会、禁毒局、戒毒局）改革为“一体三支”，做强、做实我国禁毒体制，以实现中央关于“禁毒工作责任全面落实，党委和政府统一领导、禁毒委员会组织协调、有关部门齐抓共管、全社会共同参与的禁毒工作社会化格局真正形成”的要求。

“一体”即改革禁毒委员会设置模式，使其在我国禁毒工作中真正居于主体地位。“三支”是指建立健全我国禁毒体制的三大支撑体系，分别是缉毒专门化体系、戒毒专业化体系以及禁毒社会参与多元化体系。具体建议如下：

（一）禁毒办实体化：赋予禁毒委员会实际领导职能

建议提升国家禁毒委员会领导层级，将其设置于中央，由中央政法委书记担任禁毒委主任。同时，改革禁毒委员会办公室设置于成员单位公安部下属局的做法，将禁毒办实体化，具体可以参考中央网信办的设置模式，让禁毒委员会真正在禁毒工作中居于主体地位，给予禁毒委员会的组织、协调、指导职能以组织支撑。

地方禁毒委员会参照中央设置，同时，考虑到目前《禁毒法》规定禁毒委员会设置于县级以上区域所带来的“头重脚轻”弊端，建议明确规定街镇也应当设置禁毒委员会，并确保有专职人员负责禁毒工作。

禁毒委员会的首要职能应当是督促各成员单位以及其他负有禁毒职能的组织切实履行禁毒职能。除了建立更加完善的禁毒责任制、考核办法外，建议借鉴近代禁烟委员会的职能配置经验，赋予禁毒委员会提请处罚禁毒不力行政机关领导的督查职能。

（二）缉毒专门化：让其专负打击职能

公安机关的专业与专长是打击毒品违法犯罪，建议分离公安机关的非缉毒

职能,让公安机关专司缉毒职能,同时强化公安机关缉毒力量,以加强对毒品违法犯罪的打击力度。考虑到毒品违法犯罪案件查处的特殊性,在强化公安机关缉毒力量的同时,也应考虑加强对公安机关缉毒权的监督制约。

(三) 戒毒司法化、医疗化与管理一体化: 让戒毒名副其实

我国现行戒毒体系存在较大的问题,建议做如下专业化改革:

首先,强制性戒毒措施(不仅仅是指强制隔离戒毒,也还包括社区戒毒、社区康复)适用的司法化。2012 年新修订的《刑事诉讼法》规定了精神病人的强制医疗措施所采取的司法程序,此可为强制性戒毒措施适用的参考。具体而言,强制性戒毒的决定,必须由法院以裁定的形式作出。参考国外经验,可以考虑在人民法院内设毒品法庭(或者治安法庭),专门审理毒品滥用的案件。

其次,强制性戒毒措施执行的医疗化。目前,除自愿戒毒主要由医务人员负责外,强制性戒毒措施的执行均主要由警察来负责(公安民警和原劳教人民警察)。医务人员反而居于辅助地位。如果强制性戒毒措施尚具有存在的必要性,那么其执行就应当以医务人员而非警察为主。建议强制隔离戒毒所尽快脱离公安与司法行政系统转归卫生行政部门,并主要由医务人员具体负责对戒毒人员的治疗。考虑到戒毒人员管理的特殊性,司法行政机关可以派民警进驻强制隔离戒毒场所,承担警戒职责和协助进行戒毒人员的日常管理、教育。社区戒毒与社区康复的执行也应采取医务人员和禁毒社工为主,警察、志愿者等其他人员为辅的方式,即将社区戒毒与社区康复也从“管制措施”改革为“治疗措施”,并遵守医疗规范。

再次,戒毒管理的一体化。我国目前对于戒毒管理多头与交叉的状态必须改变,因为这不利于戒毒工作的规范与发展,也难以避免戒毒工作的异化。戒毒管理的一体化有三种方案:一是由公安机关负责戒毒工作的统一管理;二是由司法行政部门负责戒毒工作的统一管理;三是由卫生行政部门负责戒毒工作的统一管理。戒毒首先也应当主要是医疗行为,由卫生行政部门负责戒毒工作的统一管理,是一种较为理想的方案。具体而言,可以考虑在省级卫生厅(局)设置戒毒管理局,将司法行政部门的戒毒管理职能、公安机关的戒毒管理职能、禁毒办的戒毒管理职能,以及乡镇(街道)的戒毒管理职能等均统归该局。

(四) 禁毒社会化: 社会问题应由社会解决

毒品问题是社会问题,社会问题应由社会解决,而不能单纯依赖禁毒专门机构,尤其不能过度依靠强制隔离性戒毒机构来管控吸毒者。近些年来,在我国禁毒工作中所提倡的“应收尽收”“全员收戒”等做法,值得反思。

在国际上,对吸毒者采取强制隔离的措施,已经成为了一种被批判与摒弃的做法。2012 年 3 月，联合国毒品和犯罪办公室等 12 个联合国机构联合发布了《关闭强制拘禁戒毒中心和康复中心的联合声明》。这一声明呼吁存在强制拘禁戒毒和康复中心的国家应毫不迟疑地关闭这些中心，释放被拘留人员；在社区为需要这些服务的人，在自愿、知情基础上，提供适当的卫生保健服务。

为了适应禁毒工作发展的趋势，应当树立社会问题应由社会解决的思路：首先应当发挥禁毒社会组织的作用。国家要积极培育禁毒社会组织，形成必要的竞争机制。同时，明确禁毒社工队伍建设要求，至少应按照禁毒社工与吸毒人员 1∶50 的配置要求，培育一支 30 万人规模的专业化的禁毒社工队伍。其次，应当发挥禁毒志愿者的作用，引导禁毒志愿力量有序、常态参与禁毒工作。再次，应当完善对禁毒社会力量的管理、服务、引导职能，建议在禁毒委员会办公室下设专门的禁毒社会工作局。

《禁毒法》颁布已超过 9 年，建议尽快启动《禁毒法》的修订，参考上述建议完善我国禁毒体制与机制。

（姚建龙　上海政法学院刑事司法学院，上海市法学会禁毒法研究会）

关于社区戒毒工作体制的思考

张　昱

摘　要：本文以社区戒毒工作体制为讨论对象，在梳理文献研究及相关实践经验的基础上，明确了社区戒毒工作的组织体系包括政府执法组织、专业治疗组织、资源配置组织，相应地，社区戒毒工作者队伍也包括社区戒毒执法工作者队伍、专业治疗工作者队伍、社区戒毒资源配置者队伍，探讨了通过建设社区戒毒中心平台整合三大组织和三支队伍的路径，提出构建家庭为基、社区为本、全方位立体化社区戒毒工作体制的设想。

关键词：社区戒毒工作体制　家庭为基　社区为本

我国《禁毒法》规定："禁毒是全社会的共同责任……禁毒工作实行政府统一领导，有关部门各负其责，社会广泛参与的工作机制。"《禁毒条例》第2条明确指出："县级以上人民政府应当建立政府统一领导，禁毒委员会组织、协调、指导，有关部门各负其责，社会力量广泛参与的戒毒工作体制。"这就确定了禁毒工作的基本原则和工作机制，也明确了社区戒毒工作的基本原则和工作机制。但从整体上看，这些规定还比较抽象，在具体工作实践中还需要操作化。本文试图在实践操作层面对社区戒毒工作体制进行探讨。

一、社区戒毒的"一"与"多"

从国内关于社区戒毒的研究看，学者们更多地关注了社区戒毒面临的问题，法律规定的操作性问题、经费问题、监控管理与帮教面临的问题[①]；钟莹、梁国勋探讨了个案管理的社区戒毒工作模式[②]，等等，对社区戒毒工作体制的探讨并不多见。在实践层面上，自《中华人民共和国禁毒法》实施以来，我国各地对社区戒毒工作进行了众多的探索。总结这些实践探索，笔者以为可以区分为两大类。一类是关于社区戒毒具体工作模式的探讨，如贵州模式、甘肃模式，等等。贵州

① 申群翼、申小勇：《当前我国社区戒毒存在的问题及对策探讨》，《法制与经济》2009年第21期。

② 钟莹、梁国勋：《个案管理：社区戒毒工作的新模式》，《华东理工大学学报（哲学社会科学版）》2008年第2期。

模式强调以“就业安置”为核心，以“阳光企业”为载体，集“生理脱毒、身心康复、就业安置、融入社会”四位一体。甘肃模式包括了党委政府重视、结合本地区实际建立有效的工作机制和队伍，明确社区戒毒、社区康复工作指导思想等几个方面。[①] 此外，在具体的社区戒毒工作实践中，很多地方还探索了以家庭工作为主要导向的社区戒毒模式，以心理矫治为主要导向的社区戒毒模式，等等。其他国家也对社区戒毒的模式进行过众多探索，如美国治疗性社区戒治模式，日本的整合式策略等，这些研究探索了社区戒毒的具体工作模式，但与社区戒毒体制比较仍然不是同一层次的概念。另一类是关于社区戒毒操作机制建设方面的实践，如上海模式、广东中山模式等。其中上海模式探索较早，在2003年构建“上海市预防和减少犯罪工作体系”的过程中，就开始对社区戒毒的工作机制进行探索，其基本做法是在加强政府禁毒工作专干队伍建设的基础上，政府通过购买社会服务的方式，培育社会组织，由社会组织招聘专业社会工作者为社区戒毒人员提供专业服务，并把这种服务与医疗卫生等部门结合起来，其基本的运作机制是“政府主导推动，社团自主运作，社会多方参与”。2015年又进行了在社区戒毒中配置警察力量的探索。广东省中山市则探索了“公安加社工”的工作机制。社区戒毒的这两大类实践探索给我们提出了社区戒毒中的“一”与“多”的问题，即社区戒毒是否只有多样的工作模式，是否存在一种统一的工作体制？如果有统一的工作体制，同时还有多样的工作模式，那么，这两者是否具有统一性？

“一”和“多”的问题实质上是一个哲学问题，是内在规定性与外在多样性、统一性与多样性的关系问题。就社区戒毒而言，寻求社区戒毒的“一”就是要探索社区戒毒的全国性的体制安排，而寻求社区戒毒的“多”，则是要充分发挥全国各地开展社区戒毒的积极性和主动性，依据本地实际以及吸毒人员的需求和面临的问题，不断探索社区戒毒多样的具体工作模式。

这种社区戒毒的“一”与“多”既不是分割的，也不是对立的，而是内在地统一在一起的。社区戒毒的“一”是社区戒毒“多”的内在根据和规定性，社区戒毒的“一”明确了我国社区戒毒的基本方向，是我国社区戒毒各种具体模式不偏离我国禁毒基本国策的重要保障，也是我国社区戒毒各种具体模式沿着正确的、政治的、科学的方向发展的基本保证；而社区戒毒的“多”则是我国社区戒毒工作体制的具体呈现，是各地开展社区戒毒实践探索的结晶，也是满足吸毒人员戒除毒瘾多样性需求及问题解决的基本路径。因此，社区戒毒的“一”与“多”是内在地统

① 郑荣寿、刘志民：《甘肃省社区戒毒与社区康复工作调研报告》，《中国药物依赖杂志》2010年第6期。

一在一起的,完全可以说社区戒毒既是统一性基础上的多样性,也是多样性呈现出的统一性。

从目前我国社区戒毒开展的实际情况看,正如前面已经讨论到的,《禁毒法》实施以来我国各地就社区戒毒的具体模式进行了丰富的探索,但对社区戒毒体制的探索,特别是对社区戒毒工作体制的探索相对不足。这当然不是说我国没有相应的社区戒毒工作体制,而是说这种戒毒体制的规定是在对我国禁毒体制的规定中呈现的。禁毒工作相对于社区戒毒而言,是更为宏观、更为全面的工作,因而其关于工作体制的规定也是具有普遍性的,相对抽象的。这就要求我们把《中华人民共和国禁毒法》中关于禁毒工作机制的规定具体化,以这一规定为原则,在这一规定的基础上构建我国社区戒毒的工作体制。

构建我国社区戒毒工作体制必须以《禁毒法》为基本依据,根据《禁毒法》规定的基本原则进行。《禁毒法》规定:"禁毒是全社会的共同责任……禁毒工作实行政府统一领导,有关部门各负其责,社会广泛参与的工作机制。"这意味着我国社区戒毒的工作体制必须坚持党和政府的领导,必须坚持禁毒人民战争的原则,实现全社会的共同参与。

构建我国社区戒毒工作体制还要坚持科学矫治原则,通过科学评估吸毒人员的正当需求及其问题,以吸毒人员社区戒毒需求和问题为基本取向,在科学评估基础上,通过专业的理论和方法介入吸毒人员社区戒毒过程,促使其融入社会。

此外,社区戒毒工作体制还应与社区的本性相一致。尽管人们对社区的规定多种多样,但在一般的意义上,大多把社区规定为具有一定空间、人群、组织机构、文化的社会共同体。在这样的意义上,可以说社区的根本特性是开放性、包容性和文化性。这对社区戒毒工作体制提出了社区性的要求,即社区戒毒工作体制应具有适应开放性、包容性和文化性的机制。所谓开放性是指社区戒毒工作体制是在开放的社区中进行的,因而其体制也应包含"禁毒是全社会的共同责任"的社会参与机制;社区是一个平等的社会,无论什么人,在社区中都具有社区居民这一平等的身份和角色,这就要求社区戒毒工作体制不能像强制隔离戒毒那样强调强制性管理,也就是说,社区戒毒工作体制必须具有包容性,能够把平等、尊重、接纳等原则纳入其中。社区是一个文化共同体,不同社区文化体系也存在一定的区别,这内在地要求社区戒毒工作体制具有本土特征,在国家层面上,社区戒毒体系应是既接受国际社会的先进经验,但又是以国家文化为根基的社区戒毒工作体制。

能够满足上述原则要求的社区戒毒工作体制究竟应是怎样的?结合国内社

区戒毒工作的实践，笔者认为社区戒毒工作体制可以从社区戒毒的组织体系和工作者体系两个方面展开。

二、社区戒毒的组织体系和工作者体系

社区戒毒工作体制是一个操作的体系，因而这首先是一个组织和工作者的实践操作问题。

1. 社区戒毒的组织体系

《禁毒法》规定“禁毒是全社会的共同责任”，因此，禁毒工作需要全体民众的参与，同理，社区戒毒也需要全体民众的参与。怎样才能做到全体民众参与，唯一可行的方法是通过组织化的方式把全体民众与社区戒毒组织联结起来。道理很简单，个体性的社会参与一方面很难满足广大民众参与社区戒毒的需要，另一方面也很难满足社区戒毒社会参与的需要，同时，个体性的参与还可能带来社区戒毒工作的失序。

《禁毒法》还规定“禁毒工作实行政府统一领导，有关部门各负其责，社会广泛参与的工作机制”。这实质地规定了社区戒毒组织体系的基本构成，即政府组织和社会组织，同时，考虑到无论哪种类型的组织都是具体的、部门性的，因而其组织工作的开展还需要其他支持性的组织参与其中，也就是“有关部门各负其责”，这一类的组织我们可以称为资源配置性组织。

而从吸毒人员的需求及面临的问题看，在一般的意义上，目前我们基本上把吸毒人员定位为违法者、病人、受害者，这三重定位明确了吸毒人员社区戒毒的普遍性需求，同时也明确了社区戒毒组织的专业性取向。

首先，吸毒人员是违法者，因此，社区戒毒需要构建具有执法权力的政府组织，具体负责社区戒毒工作中的执法工作。这是一个极为明确的问题，无须笔者赘述。

其次，吸毒人员是病人。一般而言，人们大多把吸毒人员称为患有脑疾病的病人，在这个意义上，医疗卫生及精神健康组织建设应是社区戒毒工作体制的应有之意。但笔者想强调的是，吸毒人员作为病人不仅仅是一个生理上的病人，无论是从吸毒的根源，还是从吸毒者持续吸毒的过程看，他们大多都面临了个体自身、社会、个体与社会互动等众多方面的问题，甚至可以说他们患了“社会病”，是“社会病人”。同时，作为受害者，吸毒人员在社区戒毒期间还需要社会给予其相应的扶助，而社会扶助涉及评估等精准性的工作，也是需要专业性的。这些“社会病”及社会扶助仅仅依靠医疗卫生及精神健康组织是不够的，还需要构建具有专业性的相关组织，针对其“社会病”及社会扶助进行相应的介入。这两类组织

我们可以称之为专业治疗组织。

再次,无论是执法组织,还是专业治疗组织,其工作的开展都需要动用相关组织的资源,获得相关组织的支持,因此,在社区戒毒工作体制中还需要构建资源配置组织。从已有的工作实践看,这类组织既包括政府组织,也包括了社会组织,还包括了市场(企业)组织。

总之,社区戒毒组织体系应包括政府执法组织、专业治疗组织、资源配置组织三大类,从而实现社会全方位地参与社区戒毒工作,形成合力,保证社区戒毒工作顺利开展。

2. 社区戒毒工作者体系

基于社区戒毒工作体制的组织安排,笔者以为,社区戒毒工作体制也应包括社区戒毒执法工作者、专业治疗工作者、社区戒毒资源配置者三支工作者队伍。

社区戒毒执法工作者队伍由具有执法权力的工作者们组成,主要负责社区戒毒中的相关执法工作。社区戒毒专业治疗工作者队伍应包括两支队伍,即面向吸毒人员生理疾病的医疗卫生及精神健康工作者队伍,以及面向吸毒人员社会问题及其需求满足的社会工作者队伍。

需要明确的是,为什么面向吸毒人员社会问题及其需求满足的是社会工作者队伍。原中央组织部李建华同志曾经对社会工作有过一段论述,他说:“社会工作是社会建设的重要组成部分,它是一种体现社会主义核心价值理念,坚持助人自助的宗旨,遵循专业伦理规范,在社会服务与管理等领域,综合运用专业知识、技能和方法,帮助有需要的个人、家庭、群体、组织和社区,整合社会资源,协调社会关系,预防和解决社会问题,恢复和发展社会功能,促进社会和谐的职业活动。”从西方社会工作的发展看,西方社会工作是在由农业社会向工业社会转型的过程中形成和发展起来的,其核心取向是通过社会工作专业服务解决社会问题,恢复和发展社会功能。而我国目前也正处于急剧的社会转型时期,同样面临着众多的社会问题。因此,无论是从西方社会工作的发展,还是从我国社会转型的需求看,发展社会工作乃是我国社会发展的应有之意。

吸毒现象是我国社会转型中面临的众多问题中的一种,历史证明,这种现象对我国社会发展的危害非常大,因此,社会工作者也是社区戒毒工作体制中解决社区戒毒中吸毒人员面临的问题、满足吸毒人员需求、促进戒毒人员社会功能恢复的重要力量。

在具体工作过程中,社会工作者以助人自助为基本理念,以平等、尊重、接纳为基本原则,并在长期的发展过程中形成了一套专业的理论、方法和技术,为有需求的人提供专业服务。这能够满足社区戒毒工作体制中开放、包容、本土文化等社区的需要。

社区戒毒资源配置者队伍包括的方面很多，是社区戒毒全民参与的重要形式。一般而言，主要包括了三个方面。首先是政府相关部门资源配置工作者队伍建设。这在我国禁毒实践中已有了非常成熟的经验，如禁毒委员会可能就包括了数十个政府相关部门。其次是社会力量，这里所说的社会主要是指与政治、经济、文化、生态相对应的社会，包括事业单位相关部门、民办各类机构相关力量、志愿者队伍等。社区戒毒不仅是政府部门的事情，由于社会在这一过程中也是受益者，因此，社会力量参与到社区戒毒工作体制中也是其应有之意。最后是市场力量，在社区戒毒工作体制中，企业资源也是一种非常重要的力量，它可以为吸毒人员提供如就业等众多的资源，因而市场领域工作者队伍建设也应予以相当的重视。

3. 社区戒毒组织体系与工作者体系的整合

执法组织、专业治疗组织、资源配置组织，执法工作者队伍、专业治疗者队伍、资源配置者队伍，三大组织、三大力量构成了社区戒毒工作体制的基本要素。那么，这三大组织、三大力量应怎样整合起来，形成合力，从而更好地促进我国社区戒毒事业蓬勃发展？笔者以为应构建好三大平台，实现它们的有机联结。

首先，统一思想认识，构建政策平台。社区戒毒的目的是什么？对此，我们似乎讨论得并不是很多，但这却是一个极其重要的问题。《戒毒条例》明确地规定其是“为了规范戒毒工作，帮助吸毒成瘾人员戒除毒瘾，维护社会秩序”。可见，社区戒毒的目的有三个：一是对社区戒毒本身而言，要构建规范的戒毒工作体制；二是对吸毒人员而言，要帮助吸毒成瘾人员戒除毒瘾，促使其融入正常的社会生活；三是最终目的，即维护社会秩序。这意味着不能把社区戒毒作为目的，而是要明确社区戒毒的目的是构建良好的社会秩序，是为了我国社会的稳定与和谐。

为此，我们需要正确地认识和定位吸毒人员，科学地、精准地、有针对性地对吸毒人员开展工作。在这个问题上，人们的认识并不统一。有些人单一地从违法者的角度看待吸毒人员，有些人则单一地从病人的角度看待吸毒人员，还有少部分人认为吸毒人员就是受害者。实质上，这三个定位是一个统一体，也就是说，吸毒人员是违法者、病人、受害者三者的统一，这是一个不可分割的整体。因此，在对他们开展工作时，也需要把这三者统一起来。

在上述基础上，需要制定相应的社区戒毒政策体系，形成全民参与的政策支持。

其次，明确三大组织和三大工作者队伍之间的关系，构建相应的联结机制或平台。从政治、经济、文化、社会、生态的角度看,由于文化与生态是融入其他三者之中的,因此,可以说三大组织、三大队伍实际上也在某种程度上代表了三大场域(政府组织、社会组织、企业组织),这三大场域关系的处理,三者联结平台的建设,是全民参与性社区戒毒工作体制能够成功构建的关键所在。

就政府与社会组织的关系而言,由于我国社会组织的发展,特别是社会工作服务组织的发展还处于培育期,其自我生长的能力还比较弱,如果仅仅依靠社会组织自身的力量开展社区戒毒工作并获得发展将是非常困难的。这需要我们构建政府购买社会工作服务组织的平台,通过政府购买服务把社会工作服务组织与政府联结起来。

就政府组织、社会组织、企业组织的关系而言,政府应通过相应的政策支持,强化企业社会责任,促进企业组织参与到社区戒毒工作中来,为社区戒毒提供企业组织所能够提供的相应资源。如社区戒毒基金会的建设、项目购买、就业基地建设,等等。

最后,在实践层面,构建社区戒毒中心这一工作平台,在实践中整合三大工作者队伍。无论三大组织,还是三大工作者队伍,都需要在实践中统一起来。如何在实践中统一? 笔者认为可通过构建社区戒毒中心(如考虑社区康复,可称之为社区戒毒康复中心)联结三大组织、三大工作者队伍。这里需要对三大组织和三大队伍中的资源配置组织和人员再次进行讨论。在三大组织中,资源配置组织在一定意义上以委员会的形式存在,因而实践操作平台中,特别是在一线实践操作平台中并不一定以实体的方式存在,但其中志愿者组织是实体性的存在,因而在实践操作平台中,志愿者组织应得到体现。但需要明确的是,志愿者组织是以志愿的方式参与的,因而在实践操作层面,志愿者组织并不构成主体性组织。对三大工作者队伍而言,亦如此。

这样,在实践操作平台中,主体的组织和工作者队伍主要包含两类,即执法者组织、执法者队伍,治疗者组织、治疗者队伍(医疗卫生及精神健康工作者队伍、社会工作者队伍)。志愿者组织和志愿者队伍则可依据其志愿服务的类型,如执法工作志愿者、医疗卫生及精神健康志愿者、社会服务志愿者,分别由相应的组织或工作者进行配置。

社区戒毒中心是社区戒毒工作体制的实际呈现,是执法工作者队伍、专业治疗工作者队伍、志愿工作者队伍相互配合、开展工作的实践平台,是社区戒毒工作体制力量的支点,也是社区戒毒社会参与的平台所在,是禁毒人民战争在社区戒毒中的具体体现,其运作的情况直接决定了社区戒毒的成效。因此,加强社区戒毒中心建设具有极其重要的意义。

三、构建家庭为基、社区为本、全方位、立体化的社区戒毒工作体制

前面，我们讨论了社区戒毒工作体制中三类组织、三类工作者队伍及通过建设社区戒毒中心实现整合的问题，从而初步解决了社区戒毒工作中社会参与及其机制的问题，以笔者的思考，这仅仅只是社区戒毒工作体制的一个方面，要使这一体制运作起来，还必须解决社区戒毒工作体制的工作层面问题。

三大工作者队伍应从哪些层面开展工作？

不可否认，社区戒毒工作体制的直接对象是吸毒人员，但也必须明确的是，吸毒人员戒除毒瘾并不是仅仅做好吸毒人员个体的工作就能实现的，这其中还涉及家庭、社区和社会等众多因素。上述三类组织、三类工作者队伍还只是解决了社区戒毒中全社会的联结问题，也就是全民有组织地参与社区戒毒问题。由于吸毒现象具体地呈现为个体的行为，因而这种全社会参与的工作体制还必须进一步聚焦，通过相应的工作机制安排解决社区戒毒最后一公里，甚至达于零距离的问题。

研究表明，计划经济时期是以单位制为基础，通过人的身份认定，实现社会管理的，即已为人们所熟知的单位制身份管理。在技术操作的层面，这种管理是通过系统的制度安排，实现人的身份化，然后再通过制度安排，管理人们的身份而实施的。这种建立在计划经济基础上的身份管理制度，尽管目前受到不少人的诟病，但在当时的条件下，却发挥了不可忽视的作用，保证了社会的基本秩序和稳定。也就是说，在这一时期的社会管理是通过制度构建了一个表征身体的具有一般性的“身份”，通过单位制实现对身份的管理，从而达到管理人、实现社会秩序的目的。随着计划经济体制向市场经济体制的转型，单位制逐步解体，原身份制管理功能逐步弱化，人们开始由单位人向社区人转变，这样，在社区戒毒工作体制建设中就必须考虑社区的问题，以社区为本构建社区戒毒工作体制。

以社区为本构建社区戒毒工作体制是否可以依托社区原有的组织及工作者队伍？笔者以为，需要依托，但又不能全部依托。这是因为，在以往的社区建设过程中已经形成了“上面千根线，下面一根针”“社区是个筐，什么东西都往里面装”的局面，如果在社区戒毒工作体制建设中再在上面加根线，再往筐中装入社区戒毒的工作完全是可能的，但却很难达到社区戒毒所需要的效果。这主要是由于：第一，社区工作人员事务过多，难以分身，而吸毒人员在社区戒毒过程中又必须有专人进行长期的陪伴。第二，由于事务过多，社区工作人员往往以一个人应对多根线，面向多类事务，这使其专业能力受到制约，而吸毒人员作为违法者、病人、受害者的多重身份又要求在其社区戒毒期间解决众多的生理、心理、思

想观念、社会等需求和问题,这些需求及问题的解决需要很强的专业能力,就此而言,社区工作人员很难满足社区戒毒工作体制的专业性要求。但同时我们也应看到,社区工作人员具有熟悉社区情况、了解社区文化的优势,因此,在社区戒毒工作体制建设中也应将社区工作人员纳入这一体制中,作为一种可依托的力量予以运用。因此,必须以社区为本构建相应的社区戒毒工作体制,而这一体制的核心呈现形式则是社区戒毒中心。

应该说,构建社区戒毒中心基本上解决了社区戒毒最后一公里的问题,使社区戒毒工作体制向吸毒人员靠拢。但是,靠拢并不等于零距离,而社区戒毒工作体制要真正发挥其应有的效果,则必须实现与吸毒人员的零距离。由于社区本身还是一个地域概念,也由于吸毒人员特有的行为、活动、交往方式,他们在社区中还具有漂浮的特征。这就要求社区戒毒工作体制进一步聚焦。

家庭是人类社会发展到一定阶段的产物,是由婚姻、血缘或收养关系所构成的社会组织最基本的单位,是人们生存和生活的基本场域。习近平总书记在2015年春节团拜会上强调:“家庭是社会的基本细胞,是人生的第一所学校。不论时代发生多大变化,不论生活格局发生多大变化,我们都要重视家庭建设,注重家庭、注重家教、注重家风,紧密结合培育和弘扬社会主义核心价值观,发扬光大中华民族传统家庭美德,促进家庭和睦,促进亲人相亲相爱,促进下一代健康成长,促进老年人老有所养,使千千万万个家庭成为国家发展、民族进步、社会和谐的重要基点。”总书记的讲话充分说明了家庭在个体成长和发展中的重大作用及其基点功能。我国传统上就是一个家本位的国家,“修身、齐家、平天下”充分表明了传统中国对家庭的重视。可以说,对每一个中国人而言,家已经化为其内在的血液,深深植根于每个人的心中。对于绝大多数吸毒人员而言,家庭是其心系所在,家庭还是他们最大的关心者和支持者。他们可能漂浮于社区之外,但却不可能漂浮于家庭之外。因此,社区戒毒工作体制的基点应建立在家庭之上。

作为社区戒毒工作体制的基点,家庭建设具有十分重大的意义。这要求社区戒毒工作者深入吸毒人员的家庭,解决其家庭问题,促进其家庭和谐。其中,“无毒家庭”建设对社区戒毒而言应是可行的最基本的路径。

1999年,在全国禁毒工作会议上,时任国家禁毒委员会主任、公安部部长贾春旺指出,包头等地开展的创建“无毒社区”活动,是新的历史条件下对具有中国特色禁毒工作道路的创造性探索,要求全国有毒品问题的地区认真推广包头等地经验,广泛扎实开展创建“无毒社区”活动,把我国的禁毒斗争进一步引向深入。从而在全国兴起了“无毒社区”建设的热潮。“无毒社区”建设对推进我国禁毒工作的发展作出了重大贡献,但我们也要看到,要真正建成“无毒社区”,特别是没有毒品消费的社区，面临的挑战还是很大的，这其中很重要的因素是社区本身是一个区域概念，而非实体性概念，按照这样的逻辑，无毒社区建设是一个区域建设概念，而非实体建设概念，也就是说，这是非社会单元的建设。另一个重要的因素是，社区的实体存在是活动的个体和家庭，因此，如果不把活动的个体和家庭纳入无毒社区建设中，无毒社区建设也会面临重大挑战。

无毒家庭建设可操作性很强。这是因为，家庭是社会的基本构成，是社会的细胞，与社区相比较，社区在某种意义上是一个地域和文化共同体，而家庭则是基于婚姻、血缘或收养关系的共同体，这样的共同体比社区更具实体性。而且在现实生活中，更多的家庭是无毒家庭，这些无毒家庭的存在本就对有毒家庭形成趋向无毒家庭的自然压力，同时也表明了无毒家庭建设的可行性。

在社区戒毒工作体制中建设无毒家庭意义重大。首先，家庭是毒品预防的第一道防线。研究表明，一个家庭较早地与家庭未成年人讨论毒品的危害，以及向未成年人讲授相应的毒品预防知识，则未成年人吸毒的风险较小。其次，家庭是吸毒人员吸毒行为较早的发现者。根据我们一项对600名吸毒人员的问卷调查，有83.2%的吸毒人员在接到相应戒毒通知之前家里就已经知道他们在吸毒了，而且有38.1%的吸毒人员表示家里知道他们吸毒后，对他们更加关心和在意了。再次，家庭也是吸毒人员有戒毒动机时较早尝试戒毒的地方，我们的调查显示，有32.5%的吸毒人员曾经尝试在家戒毒，但却有76.1%的吸毒人员不知道如何在家戒毒。这一方面说明，家庭对吸毒人员戒除毒瘾的重要性，另一方面也表明有相当一部分家庭缺乏戒毒知识，进一步说明了在家庭中普及毒品及戒毒知识的重要性。

怎样建设无毒家庭？首先，要对全体家庭传授有关毒品及其预防的基本知识。目前我们比较强调在社区、社会及学校等公共场所的毒品预防教育工作，这当然是正确的，但我们也不能忽略家庭在毒品预防中的重要作用，应加强家庭毒品预防教育。其次，要让全体家庭及其成员知晓吸毒者最基本的行为和活动方式，以促使家庭尽早发现吸毒人员的吸毒行为。再次，要向家庭及其成员普及戒毒的基本知识，以便吸毒人员在家庭戒毒时能够得到相应的家庭支持。最后，已有家庭成员吸毒的家庭，往往是毒品的受害家庭，其家庭功能大多会在一定程度上受损，这就需要专业治疗工作队伍中的社会工作者运用专业的理论和方法帮助这些家庭尽快恢复家庭功能，并引导这些家庭成员积极参与到吸毒人员社区戒毒的工作体系中来，支持和帮助吸毒人员戒除毒瘾，融入家庭，从而融入社会。

总之，正如禁毒工作是全社会的责任一样，社区戒毒也是全社会的责任。社区戒毒工作体制包括了两大方面，一方面是社区戒毒组织、工作者队伍、社区戒毒中心等要素,另一方面是社区戒毒组织及工作者的工作层面,即要以家庭为基点,以社区为根本构建社区戒毒工作体制。从这两方面看,前者是一个全方位的概念,即怎样联结社会,调动各种社会要素参与社区戒毒,后者则是一个立体化的概念,即把社区戒毒深入社会的各个层面。因此,这样的社区戒毒工作体制可概括为家庭为基、社区为本、全方位、立体化的社区戒毒工作体制。

(张　昱　华东理工大学法学院社会工作系)

跨境毒品犯罪警务执法合作机制研究

姜顾峰

摘　要：当前，全球毒品问题仍处于加剧扩散期，跨境毒品犯罪愈演愈烈。由于跨境毒品犯罪手段日趋隐蔽、智能化，国内禁毒执法的压力也在逐渐增大，仅靠一国之力难以解决，各国都在积极寻求与他国联合执法，共同打击跨境毒品犯罪。本文主要介绍跨境毒品犯罪的现状、原因及特点；联合打击跨境毒品犯罪的警务执法合作；当前我国参与警务执法合作的实践经验及存在的问题，并对其原因进行分析；为提高警务执法合作效率，制定一系列的警务执法合作机制、制度。

关键词：跨境毒品犯罪　执法合作　实践　机制

受全球经济一体化影响，全球毒品问题持续泛滥，跨境毒品犯罪愈演愈烈。在毒品问题全球化的背景下，各国必须积极寻求国际禁毒警务执法合作，才能有效打击跨境毒品犯罪。但由于各国的国情、风俗习惯、对待打击跨境毒品犯罪的态度、法律制度等均有不同，在调查取证、引渡犯罪嫌疑人等诉讼程序中，存在着一定的执法摩擦，为了能顺利开展跨境毒品犯罪警务执法合作，必须在尊重各方司法管辖权的前提下，构建跨境毒品犯罪警务执法合作机制。

一、跨境毒品犯罪的现状及特点

（一）跨境毒品犯罪现状

我国正处于毒品问题蔓延期、毒品犯罪高发期和毒品治理攻坚期的基本态势没有改变，在毒品问题全球化背景下，世界范围毒品泛滥对中国构成重大威胁和严重影响。“金三角”地区毒品对我国渗透活动仍不断加剧；“金新月”地区毒品对我国现实危害和潜在威胁在不断增大，与境外“三股势力”同流并进的趋势明显增加，对我国西北边境安全与稳定构成重大威胁和严重影响；东南沿海边境地区，新型毒品双向渗透危害日趋严重；东北境外朝鲜毗邻中国边境地区的毒品生产规模和渗透也在不断扩大。

1. 境外毒品渗透加剧

在全球各国多年来的共同努力下,据数据显示,"金三角""金新月"等地区,罂粟种植面积、鸦片年均产量、海洛因产量均呈下降趋势。同时,中国破获来自南美地区可卡因的案件数、破获量以及涉及地区的数量都明显在降低。具体如下表:

表 1 "金三角"地区 2014、2015 年毒品产量

年份	罂粟种植面积(万亩)	鸦片总产量(吨)	海洛因总产量(吨)
2014	71.2	700	70
2015	60—70	600	60

表 2 "金新月"地区 2014、2015 年毒品产量

年份	罂粟种植面积(万亩)	鸦片总产量(吨)	海洛因总产量(吨)
2014	336	6 400	670
2015	247.5	3 300	330

表 3 2014、2015 年中国破获南美地区可卡因案件情况

年份	破获可卡因案件数(起)	破获量(千克)	涉及我国地区(个)
2014	98	114.3	12
2015	70	97.7	9

但是,据中国国家毒品实验室检验数据分析,2015 年我国前三季度"金三角"海洛因、冰毒片剂分别占同期国内查缴海洛因、冰毒片剂总量的 93.8%和 87.9%;"金新月"海洛因占同期国内查缴海洛因总量由上年的 1.4%上升至 2%。由此看来,"金三角""金新月"等境外地区毒品对我国的渗透在进一步加剧,严重危害着我国的社会秩序。

2. 境内毒品制造走私出境加剧

表 4 2014、2015 年中国破获主要新精神活性物质案件

	2014 年	2015 年	增长率
破获制造冰毒晶体案件数	413 起(75%来自广东,6%来自四川)	484 起(涉及广东、四川等 26 个省份)	17.2%

续 表

	2014 年	2015 年	增长率
破获制造氯胺酮案件数	105 起(70%来自广东,10%来自广西)	118 起(涉及广东、广西等 12 个省份)	12.4%

由此看出,我国已由毒品过境、消费国向毒品制造国转变。我国的国内合成毒品制造问题日益突出,制毒区域、规模不断扩大。

国内制造走私新精神活性物质问题突出。境内外毒贩相勾结将毒品制造出来后,相当一部分是被走私出境流入国际市场,也有的易制毒化学品被走私出境作为毒品原料。2015 年,中国国家毒品实验室检测发现新精神活性物质涵盖合成大麻素类、卡西酮类、苯乙胺类、哌嗪类等除植物类外的所有类别。合成大麻素类和卡西酮类包含的物质数量最多,生产滥用问题突出。新精神活性物质非法制造走私正在从"长三角"地区逐渐向其他地区扩展蔓延。①

(二) 跨境毒品犯罪的特点

1. 犯罪主体组织化、网络化

当前跨境毒品犯罪多呈现"点多、面广、线长"的特点,靠个人力量很难顺利将毒品贩卖到消费者手中,为逃避警方严厉的打击,犯罪人数众多,向组织化、集团化发展。境内外犯罪分子相勾结,形成从入境、运输、联络、中转、过境、到达目的地的职业化贩毒网络。绝大多数的跨境毒品犯罪都是经过精心策划的,有明确的分工,有组织、有纪律、有武装、有据点,逐步形成"分工协作、贩运中转、走私出口"一条龙的严密组织,跨境毒品犯罪主体组织化趋势明显。②

2. 犯罪手段日趋隐蔽化、智能化

目前跨境犯罪分子的自我保护意识和反侦察能力日益增强,犯罪手段变得越来越隐蔽。境外集团假借吸引外资、投资办企业、入股境内企业集团等名义暗中贩卖毒品。境内的毒品犯罪分子利用各种机会与境外毒品犯罪分子取得联系,以备实施重大毒品犯罪后在境内无法立足时潜逃境外,逃避法律的制裁。在跨境毒品运输方面,有的犯罪分子通过陆路、水路、航空、网上交易、包邮快递及物流托运等方式肆无忌惮地把毒品送到目的地。在贩卖方面,多采用的是人货分离,人车分离,单线联系,不断改变交易地点进行周旋;有的用"埋地雷"的方

---

① 数据来自《2014 年中国毒品形势报告》和《2015 年中国毒品形势报告》。

② 祝凤瑞、王孔林:《跨国毒品犯罪的形势与对策研究》,《云南警官学院学报》2005 年第 3 期,第 24 页。

式;有的利用“马仔”遥控毒品犯罪。[①] 这样隐蔽的跨境毒品犯罪手段,加大了各国警方在联合打击跨境毒品犯罪案件时抓获幕后操纵者的难度。

随着边检、海关等部门检测力度的加大和侦查技能的提高,传统的贩毒模式几乎已经被淘汰,走私贩毒手段日益走向智能化。常见的有将毒品藏在食物、掏空后的木制品及体内;将毒品溶在其他液体中或者藏在有刺激性气味的材料中;将毒品吸附于衣服上,穿在身上运输等隐蔽手段。毒品的伪装形式也多种多样,比如“果冻”毒品、“邮票”毒品等。有的犯罪分子购买先进设备作为交通和通讯工具,以便作案前后的联络、指挥和逃匿所用,并且雇用一些优秀人才组成“智囊团”,他们掌握现代的经济管理和运作的知识,精通电脑等高科技手段,作案过程缜密、巧妙、快捷,几乎不留痕迹,给侦破案件带来诸多困难。

3. 运输方式多样化

随着国际毒品消费市场的不断扩大,吸毒人员数量的不断增加,涉毒范围渐渐扩大,于是,毒品的贩运路线也在不断加长。贩运路线变长,贩运风险增大。为了尽量降低跨国的毒品贩运风险,毒贩们往往采用跨国中转、分段运输的方式,通过航空、水运、快递邮寄、“无主潜艇”[②]等多种媒介,给各国警方打击跨境毒品犯罪造成很大困难。

二、跨境毒品犯罪原因分析

(一) 社会原因

毒品产地遍布全球,但主要毒源地仍是东南亚的“金三角”,西南亚的“金新月”,南美洲的“银三角”。而作为主要毒品消费地的美国、俄罗斯、日本、北美、东欧等地区距离毒源地较远。从毒源地直接将毒品运到消费国是很难的,于是毒品犯罪分子就采取分段贩运、走私的方法,即开通多个贩运通道,经过多个国家,多次周转,最终将毒品运进消费地区。比如:“金新月”的海洛因,可以从塔吉克斯坦、乌兹别克斯坦和土库曼斯坦等中亚国家,流向俄罗斯和东欧地区。这样的贩运路径,一起毒品犯罪案件,必将涉及多个国家。

(二) 经济原因

跨境毒品犯罪的诸多原因中,最重要的莫过于经济原因。从三大毒源地到主要的毒品消费地,很难直接将毒品从毒源地运到消费者手中,需要在多国进行

---

① “埋地雷”的方式是事先在银行设立一个账号,收到毒资后,再通知下家到指定地点取货。

② “无主潜艇”是一种半浮半潜式的“贩毒潜艇”。这种潜艇可以紧贴水面以下航行,避免被缉毒机构发现。这种贩毒潜艇具有海上航行能力、有效负载能力以及秘密潜航的能力,增加了缉毒部门的打击难度。

周转运输，这就导致了贩运的路线加长。贩运路线加长和各国边境地区打击力度加大，毒品贩运成本就大大增加，因而当毒品被从毒源地运到毒品消费地时，获得的也是巨额的利润。有的毒贩为拓宽销路和市场，采用赊销、用毒品支付工钱等手段，刺激那些想"无本生利"的人和吸毒人员进行贩毒活动。

（三）法律原因

法律制度的差异，也成为导致跨境毒品犯罪猖獗的主要原因之一。大部分国家之间的法系、法律形式、结构等的不同，使得国家之间在法律的具体规定和应用上有很大的差距；从立案、侦查、起诉、审判到执行整个执法过程的要求都有所不同，即各国之间罪与非罪的划分标准与罪名的划分不同，然而立案的标准也不同；基于对人权保障力度的不同，各国之间在收集证据时的侦查手段是有差别的；由于国别差异，在刑事责任、定罪、量刑方面，甚至执行刑罚方式的不同，都可能会导致某个国家的罪犯未受到应受的惩罚或是该严惩而轻刑。然而，这样的差距就为跨境毒品犯罪分子钻法律漏洞提供了机会，为规避法律制裁奠定了基础。

三、跨境毒品犯罪警务执法合作实践评析

国际警务执法合作是指不同国家之间根据本国的法律或参加的国际公约，在惩治跨境犯罪，维护国际社会秩序时相互配合、相互协调的一种执法活动。警务执法合作是契合世界毒品形势的必然趋势，是有效打击跨境毒品犯罪的必要手段。开始开展警务执法合作以来已取得了显著的成绩，但由于国家之间的政治、法律制度各方面的不同，以及国家之间的权责模糊不清、联合巡逻执法的权力有限、各缔约国之间步伐不一致等问题，在执行警务执法合作的过程中仍会遇到很多困难。

（一）跨境毒品犯罪警务执法合作实践概述

1. 跨境毒品犯罪警务执法合作实践基本情况

中国政府高度重视禁毒国际合作，积极与"金三角"区域、"金新月"区域、东亚次区域、东北亚的各国、东亚各国和南亚各国进行合作，与美国、澳大利亚等西方国家开展禁毒合作。目前我国在与其他国家建立国际禁毒合作机制，签订国际禁毒联合执法条约、签署国际禁毒联合执法协助协议等方面取得很大成就，与他国共同破获多起跨国毒品犯罪案件。2011 年，中老缅泰四国联合破获"湄公河 10·5 案件"，成功抓获"金三角"地区特大武装贩毒集团首犯糯康及其骨干成员桑康·乍萨、依莱、扎西卡、扎波、扎施池等犯罪分子。[①] 2013 年 4 至 6 月，我

---

① 张璁：《中国积极参与大湄公河次区域禁毒国际合作》，《人民日报》2016 年 4 月 19 日，第 3 版。

国组织开展中老缅泰“平安航道”联合扫毒行动,共破获涉及湄公河流域毒品犯罪案件 1 784 起。2013 年 5 月,中国与马来西亚警方联合侦办,成功破获“5·22 跨国跨境制贩毒案件”。2013 年 11 月,上海市公安局在俄国、英国、美国等 50 多个国家(地区)执法部门的协助下成功破获张磊制贩毒(新精神活性物质)案。

2. 跨境毒品犯罪警务执法合作实践的特点

警务执法合作机制之所以在跨境毒品犯罪案件中起着重要作用,一方面是因为能为各相关国家在联合执法的过程中提供法律依据,联合执法时有法可依,减少各国家间因为政治、经济、文化、社会差异等原因而造成的摩擦。另一方面是方便联合执法,节省破案时间。其能够使跨境毒品犯罪在尽量短的时间内被侦破,使犯罪嫌疑人在短时间内归案。跨境毒品犯罪不是简简单单的毒品犯罪,而一般是具有组织性、集团化的跨境犯罪,也不是依靠一国之力就能解决的,更不可能在短时间就破获案件。但是在建立警务执法合作机制的基础上,案件涉及的国家就可以节省每遇跨国案件都需重新与他国联络、向他国申请协助的时间。

(二) 跨境毒品犯罪警务执法合作机制的实践经验及存在的问题

1. 跨境毒品犯罪警务执法合作机制的实践经验

从多次参与的国际警务执法合作中可以看到,在开展警务执法合作时,必须要有法可依。要有共同执法的依据,有相关国际禁毒执法合作的协议、条约或备忘录;或是部长级会议纪要等,在执法过程中对各国在执法过程中的权限、职责进行具体规定;或是案件破获后毒资赃物的归置处理问题具体规定。多与他国签订引渡条约,使犯罪分子接受应受的法律惩治。除此之外,还要有一批高素质、高技能的执法人员。[①]

2. 跨境毒品犯罪警务执法合作机制存在的问题

(1) 难以形成合力。由于各国的国情、文化、历史以及与中国的关系都有所不同,在开展跨境毒品犯罪警务执法合作中,不能使用同一套方法开展合作,这就导致各国在合作中难以形成合力,也就降低了打击跨境毒品犯罪的效能。

(2) 法律制度差异。由于各国在法律的体系、原则、管辖、罪名划分、刑罚种类设定、立案、侦查、审判、证据采用及确认等方面存在不同,在跨境毒品犯罪警务执法合作中适用法律时难免会发生法律冲突,这使得各国在合作打击跨境毒品犯罪时必然面临困难。

---

① 安选选、朱玫:《“一带一路”战略下的国际警务执法合作实践及创新》,《广西警官高等专科学校学报》2015 年第 3 期。

(3) 缺少专门的人才。由于跨境毒品犯罪警务执法合作技术性强,缺乏能够同时掌握多国语言,具有较强侦查本领,具备处理治安、刑事案件能力的专门人才,在合作时,各国很难进行沟通协调。

(三) 跨境毒品犯罪警务执法合作机制存在不足的原因分析

1. 国家之间的政治关系因素

开展联合打击跨境毒品犯罪的警务执法合作,需建立在国家之间的良好的关系上,国家之间关系的好坏程度直接影响国家之间的合作程度。若国家间关系良好,那么警务执法合作能顺利开展就有很大可能;反之若处在恶劣的国际关系中,国际警务执法合作就很难顺利开展,甚至不能进行合作打击跨境毒品犯罪。

2. 国家之间法律制度差异因素

至今,国家之间的警务执法合作依靠的是各国自己的国内法或是国际公约、区域性公约、双边条约等国际法,目前还没有一部被世界公认的国际刑法。由于各国之间社会体制、宗教信仰、风俗习惯等方面的不同,国与国之间的法律制度存在很大的差异。这样的法律制度差异,加上我国联合打击跨境毒品犯罪的机构设置不完善,各缔约国在联合执法时的步伐不一致,易导致联合执法混乱,国家之间权责不明,甚至出现推诿现象。我国存在对联合打击跨境犯罪警务执法人员管理制度的缺陷,更容易导致执法人员权责不清。

3. 警务执法人才不足因素

在早期的警务执法合作中,我国参加警务执法合作中的警务人员的素质高低在合作中影响并不大。但随着跨境毒品犯罪手段的日益隐蔽化、多样化、智能化和国际警务执法合作的不断开展,以及不断增多的国际事务,客观上需要我国警务执法人员积极发挥自身作用;需要具有国际视野,有扎实的国际法基础,有较高的外语应用能力,熟悉国际司法制度,具备娴熟的侦查技能,有敏捷获取并辨别情报信息的能力并具有较强的处理治安案件的能力的综合能力较强的警务执法人员。但由于我国公安类院校能力有限,还未能开设将治安、侦查、信息情报、外语等专业糅合在一起的培训体系,我国国际警务执法人才的培养还在起步阶段,因此很缺乏综合性较高的警务执法人才,这在很大程度上影响了我国参与的国际警务执法合作。

四、跨境毒品犯罪警务执法合作机制构建

(一) 跨境毒品犯罪警务执法合作机制理论构建

1. 国家之间建立良好的合作关系

建立良好的国际关系,可以促进警务执法合作。跨境毒品犯罪案件一般涉

及多个国家,多国共同打击跨境毒品犯罪,国际警务执法合作是重要手段。无论是跨境毒品追缉、联合侦查、域外调查取证,还是控制下交付、引渡犯罪嫌疑人,以及追缴犯罪收益等都离不开国与国之间的共同合作。搞好国际关系,外交官、警务执法合作人员等经常出国的人起着重要作用,都代表着中国形象。因此提高他们的整体素质,树立良好的中国形象是有必要的。长期保持积极的态度,参与其他国家共同协作,继续积极参与联合国维和行动,也有利于与他国建立好关系。

2. 努力完善跨境毒品犯罪警务执法合作法律基础

开展警务执法合作需要有相关法律作为依据,但目前没有一部专门的世界公认的法律来对其作出具体规定,都是分散在国际公约,国家之间签署的双边、多边协议中,或是某些会议纪要、备忘录中。这样零散的规定,显然会滋生出不少问题。努力完善警务执法合作的相关法律法规,减少警务合作中的摩擦,避免出现国家间权责不清的问题。完善警务执法合作法律依据,可以兼顾各相关国家的法律,将国际公约中以及国与国之间签署的协议、协定和相关会议纪要中有关国际合作的条文进行整理,不足的或是没有的方面在经过成员国协商统一之后编纂成一部完整的专门规定国际警务执法合作相关事宜的国际刑法;根据不同国家的实际情况有针对性地统一制定法规。

3. 培养足够的警务执法人才

跨境毒品犯罪愈演愈烈,警务执法人才需求越来越大,且随着跨境毒品犯罪手段的不断更新与进步,需要有一批素质、技能过硬的警务人才来控制这种局面。但就目前看来,我国设置有国际警务执法教学机构与培训体系的公安类院校仅有中国人民公安大学、浙江警察学院、云南警官学院等少数学校。应该在公安部的统一领导和指导下,避免出现人员过剩问题,根据合理配置需求,在国内多所公安类院校中开设警务执法培训班,以服务实战为落脚点,建设一支执法能力过硬、能打胜仗的打击跨境毒品犯罪的执法队伍。

(二) 跨境毒品犯罪警务执法合作机制实践构建

1. 情报信息交流机制

由于毒品犯罪具有高度隐蔽性的特点,情报信息是打击毒品犯罪不可或缺的一部分。在社会信息技术发展的今天,跨境毒品犯罪与打击毒品犯罪之间的较量也更多地体现在现代科技手段的应用和情报信息的掌握上。掌握有效的情报信息,是跨境毒品犯罪警务执法合作机制之一。提高对情报信息的掌握度,有利于提高打击毒品犯罪的成效。打击跨境毒品犯罪更需国家间构建良好的情报信息交流机制,以保障其他相关国家及时了解毒情动态并及时采取相关措施。

在国际公约缔约成员国或参与互惠原则的国家,或是参与国际禁毒合作的国家之间建立一个可靠的、深层次的、全方位的，能够横向集成、纵向贯通、互联互通、高度共享的具有高技术含量的毒情信息共享平台。各个国家建立各自的禁毒情报中心来处理禁毒情报工作的日常事务，迅速及时地为缉毒部门提供准确的咨询参考。禁毒情报中心的主要工作任务是收集、整理、储存、检索、研判以及传递信息情报，并在此基础上各相关国家之间相互交流、沟通、交换信息来满足各个方面对禁毒情报的需求，形成一股有效打击跨境毒品犯罪的巨大合力。①

2. 联合巡逻执法机制

联合巡逻执法机制是联合打击跨境毒品犯罪警务执法合作机制中的重要部分。联合巡逻时，各成员单位权责要统一、分工要明确，相互沟通、交流，互相协助，加强重点海（水）域巡逻监管，实现有效联合执法，打击跨境毒品犯罪。跨境毒品犯罪涉及国均派出执法船艇和人员，采取海区巡逻与巡逻线巡逻相结合，多类型执法船艇联合巡逻执法，分组巡航与单艇巡航、定点查缉与机动查缉相结合。根据各国跨境毒品犯罪情况，共同分析研判海（水）域内治安形势和突出问题，磋商制定行动方案和预案，并适时组织实战演练，检验各国执法部门在实战中的组织指挥、登临检查、搜查取证、押解返航等快速反应能力。

3. 联合整治治安突出问题机制

多国共同联合打击跨国毒品犯罪，每当破获一起特大跨国毒品犯罪案件后，案件所涉及的国家或是国与国之间的交界处的治安秩序都有明显好转，但是总体来看形势都不太乐观。一个跨国贩毒集团被打，将会引发其他的贩毒集团因想去占据原有犯罪集团的位置，控制原集团所操控的还未被警方打击的人员及未被发现的秘密贩运通道而引起争端，就会带来更严重的治安问题，会严重威胁周边国家及地区社会治安稳定和人民生命财产安全，有必要继续开展联合整治打击行动。

制定一套联合整治治安突出问题机制，便于开展联合整治打击行动。在某个案件中，涉案的各国既应该各负其责，分工明确，又要相互沟通、交流，互相协助，在整治治安问题上保持一致的步伐和同样的力度，确保不出现漏管的区域，以免犯罪分子有机可趁。吸收联合执法安全合作机制实践中的成功经验，弥补不足之处。

4. 共同应对突发事件机制

建立共同应对突发事件机制，避免突发事件发生后各国无应对措施，措手不及。在国家之间建立共同应对突发事件机制，应包括预案机制、紧急处置机制、善后协调机制和评估机制。

---

① 蒋丽令、杨令一：《跨境毒品犯罪打击对策初探》，《山东警察学院学报》2015 年第 1 期。

事发前,根据各相关国家的实际情况评估突发事件的可能危害程度,制定出预案,预案的内容可包括:确定指挥中心及指挥人员、预案实施原则、警务联络官、警务人员及各自的职责;规定突发事件处理程序;根据事件的类别成立专案组并确定专案组成员。紧急处置机制是应对突发事件的核心环节,直接关系到应对的质量和效率。事发时,全面收集、分析事态情况及发展趋势;迅速调集人员研究预案的实施并开展指导工作;保障人力、物力、财力等物质供应充足。事发后,为尽快恢复正常秩序,进行扫尾工作。必须关注新闻和社会舆论,随时观察事态有无反复迹象,并着手追究相关责任人的责任。其后,还需对应对突发事件所做的各项工作进行评估。

5. 警务联络官制度

因为警务执法合作机制的建立,需要有人对外开展工作,对内提出意见和建议,也就有了警务联络官这一特殊身份。身份特殊,当然也要有特殊的管理制度。我国警务联络官一般是由公安部机关选派,接受所在国(地区)使领馆统一领导,业务由公安部指导,这样的管理体制有一定的优势,但也不能否认它容易出现多头管理,造成警务联络官职责不清的问题。应实现警务联络规范化管理,进一步明确联络官职责,规避因管理体制缺陷而出现多头管理、职责不清的问题。针对这一问题,可以在地方层面建立警务联络官制度,根据自身实际积极寻求委托开展警务执法合作,提高实际工作能力;或由公安部国际合作部门统一领导和指导,进一步增强指导能力和政策制定能力,根据实际情况指导下级公安机关开展国际警务执法合作;或是在人事训练局或国际合作局成立专门部门,或是将这一工作划归为专门部门管理,实行专事专办。①

6. 双边警务会晤制度

为了加强警务交流与合作,共同维护边境地区社会治安稳定,就双方进行警务合作达成更深层次的共识,不断拓展合作领域,健全合作机制,提高合作水平,携手打击跨境犯罪活动,国家与国家、国家与地区、地区与地区之间建立双边警务会晤制度。由参与警务合作会晤的国家或地方的公安局局长及其他部门领导参与,交流在警务执法合作中所取得的辉煌成绩,相互通报近期需要协查的案件情况,并围绕这些案件开展会谈,达成共识后形成会议纪要。

7. 个案协助制度

在未建立司法协助的情况下,为了共同打击跨境毒品犯罪而建立个案协助

---

① 杜芳、董向东:《国际警务执法合作人才培养论纲》,《中国人民公安大学学报》2014 年第 4 期,第 76—80 页。

制度。向境外人员调取证人证言，要保证证人及其家人的人身安全；追缴的赃款赃物，综合相关国家的法律制度，规定涉案赃物由法院作出决定或通过民事诉讼的方式解决。对于犯罪嫌疑人逃往境外的，协助调查犯罪嫌疑人的逃亡动向，对于非法入境的予以遣回。为了提高个案协助制度的效率，增强案件的协查效果，建立跨境立案机制和开展远程视频取证。[①] 跨境立案机制是对涉案人分别立案、共同调查，协查方可以按照当地法律规定收集证据并分享给对方。远程视频取证不仅可以提高证人出庭做证的意愿，异地法庭的法官和律师还可以当场就证人证言进行质证。

（姜顾峰　上海市海警总队海警支队司令部情报法制科）

① 远程视频取证指请求方司法机关在境内，通过网络科技设备，在被请求方司法机关的安排及协助下，请现处于被请求方境内的证人、鉴定人或其他有关人员，为相关案件做证的调查取证方式。

上海市贩毒犯罪的审理情况与对策分析

——以2015年上海二中院审理的二审贩毒案件为样本

黄伯青　伍天翼

摘　要：打击和治理贩卖毒品犯罪是当前禁毒斗争的一项经常性的重要任务，特别是对于上海这一国际性大都市而言，目前，在毒品消费需求总体较大、地下贩毒市场相对活跃、毒品过境中转情况较多等现象凸显的背景下，上海的禁毒任务仍较为繁重。贩卖大宗毒品往往处于贩卖毒品交易链的“上游”，而大宗毒品需要靠零星毒品的贩卖进行消化，才能真正流向吸毒者手中。与之相应，纵观近年来上海市贩卖毒品案件，也呈现出“两头大、中间小”的特征，具体而言，因贩卖毒品被判处5年以下有期徒刑、拘役等刑罚的人数较多，判处无期徒刑及以上的人数也比较多，而被处5年以上有期徒刑直至无期徒刑的人数则略少。为更好地掌握上海市贩卖毒品的新规律、新形势，更有效地打击贩卖毒品犯罪活动，本文结合上海市第二中级人民法院2015年审理贩卖毒品上诉案件的实践，利用刑事审判的大数据思维，就贩卖毒品上诉案的有关特点和相关问题进行分析，并提出相关对策建议。

关键词：贩毒犯罪　审理　情况　对策

一、2015年贩卖毒品上诉案件基本情况

（一）收案数：5—7月收案达到高峰

2015年，上海第二中级人民法院（简称二中院）共受理贩卖毒品上诉案246件。从每月收案数量来看，贩卖毒品收案数呈现出明显的数量高低规律，5至7月的收案较多，而其他各月的收案数虽有波动，但总体来看呈现相对稳定状态，这种收案数的峰值差异值得我们警惕，在打击贩卖毒品犯罪的时间点上，应注意针对贩卖毒品犯罪的高发月份加大打击力度。

2015年，二中院受理全部上诉案件943件，其中涉毒上诉案件317件，占全部上诉案件的1/3，可见涉毒上诉案件数量庞大，仍是该庭管辖的主要二审案

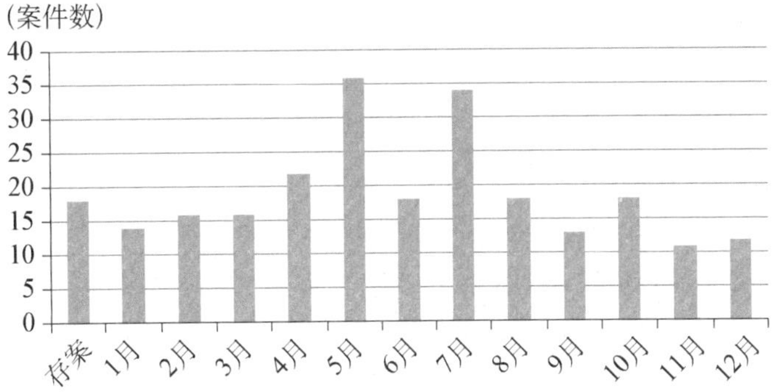

图1　2015年各月贩卖毒品案件收案数趋势

件。而在涉毒上诉案件中，受理贩卖毒品上诉案件247件，占涉毒上诉案件的77.9%，说明贩卖毒品上诉案件在涉毒上诉案中占绝大多数，贩卖毒品犯罪的发案率依然较高，上海市打击贩卖毒品犯罪的形势仍然严峻。

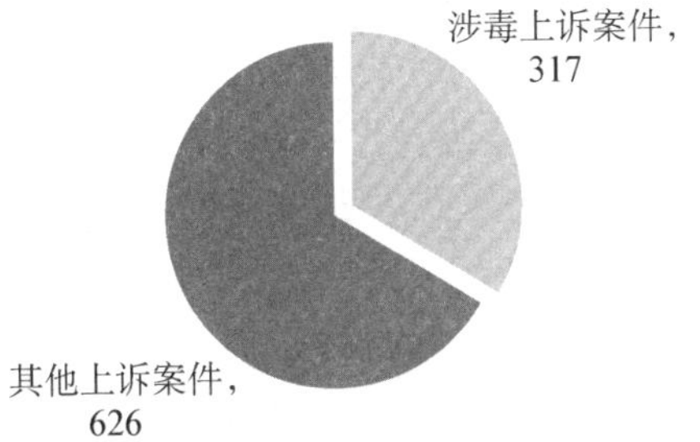

图2　涉毒上诉案件占全部上诉案件的比例

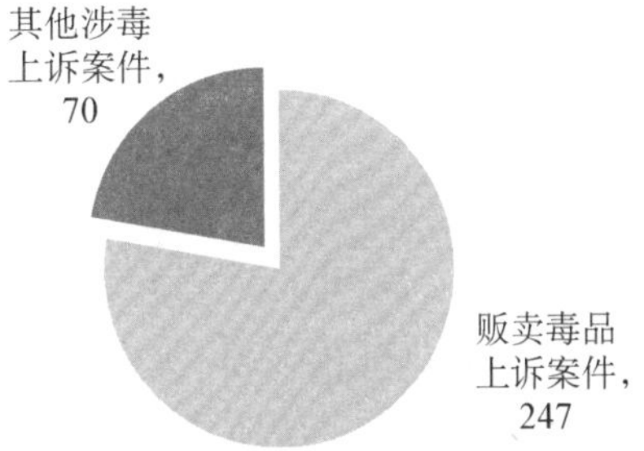

图3　贩卖毒品上诉案件占涉毒上诉案件的比例

(二) 地域分布：虹口、黄浦、静安贩卖毒品发案数明显较多

表1　上海各辖区贩卖毒品上诉案的发案数与人口发案数

区(县)	宝山	崇明	虹口	黄浦	嘉定	静安	普陀	青浦	杨浦
数量	40	1	54	40	28	38	10	8	27
人数(万人)	202.29	70.16	83.82	68.2	156.8	109.71	128.8	120.9	132.37
每十万人发案数	1.98	0.14	6.44	5.87	1.79	3.46	0.78	0.67	2.04

从上海各区的贩卖毒品上诉案件分布来看,虹口、宝山、黄浦、静安四区的贩卖毒品上诉案件数量较多,与之相对,崇明、青浦的贩卖毒品上诉案件数量较少,贩卖毒品上诉案件的区域分布呈现出明显的城郊差异。从城区的统计数据可以看出,贩卖毒品犯罪的发案率与地区经济发展水平与经济活跃度呈现出正相关的关系,从数据上来看,经济较为活跃的城区成为贩卖毒品的高发地。同时,从地区人口的发案数来看,虹口、黄浦、静安的发案数呈现较高态势,特别是虹口区,每十万人中就有 6.44 起贩卖毒品上诉案,黄浦区每十万人口中就有 5.87 起贩卖毒品上诉案,而宝山区虽然在贩卖毒品上诉案的数量上与黄浦区持平,但因宝山区的常住人口众多且区域面积较大,每十万人口的发案数为 1.98 起,远低于黄浦区,故此,从人口发案数的角度综合来看,虹口区与黄浦区的发案率较高,两区的禁毒工作形势严峻。

(三) 犯罪人:以无业男性为主,学历层次较低,再犯率较高

在二中院审理的贩卖毒品上诉案件中,共处理犯罪人 265 人,其中男性 214 人,女性 51 人;从职业分布来看,农民 17 人、职员 3 人,其他 245 人均为无业人员,犯罪人以无业男性为主。

从文化层次上来看,在 265 名犯罪人中,小学 31 人,初中 150 人,高中、中专 70 人,大专、大学 14 人。初中及以下文化程度犯罪人占总犯罪人的 69%,犯罪人的学历层次较低。

从有无前科状况看,在 265 名犯罪人中,一共 162 人有前科,占总人数的 61.1%。与其他刑事案件的犯罪人相比,前科人员释放后再犯贩卖毒品的情况严重。而在 162 名前科人员中,93 人有毒品犯罪前科,69 人有其他犯罪前科,有毒品犯罪前科的再犯情况较为严重。

从户籍情况看,在 265 名犯罪人中,上海本地户籍 197 人,外地户籍 68 人。

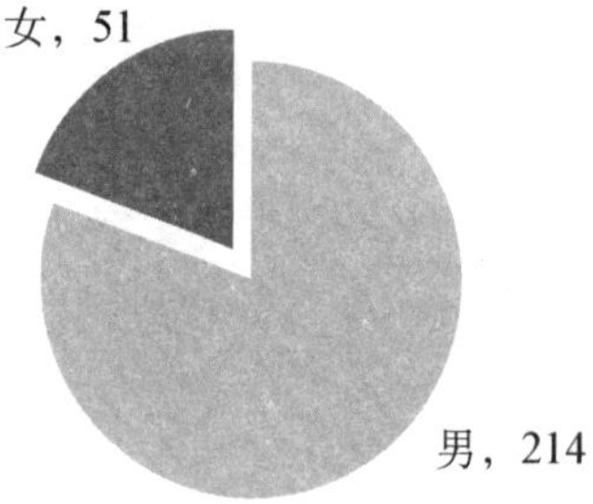

图 4 犯罪人的性别比例情况

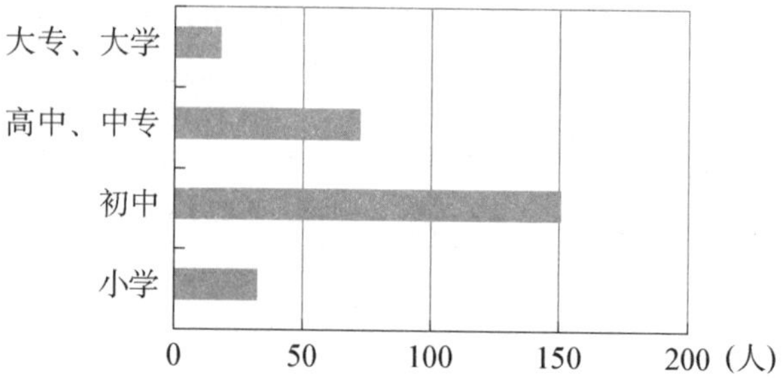

图 5 犯罪人的学历层次

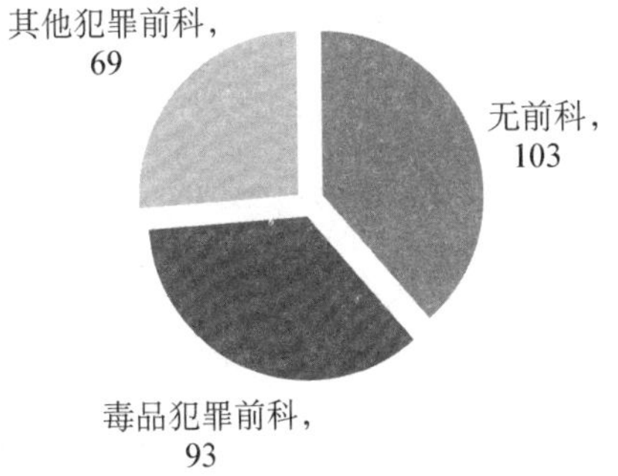

图 6　犯罪人的前科状况

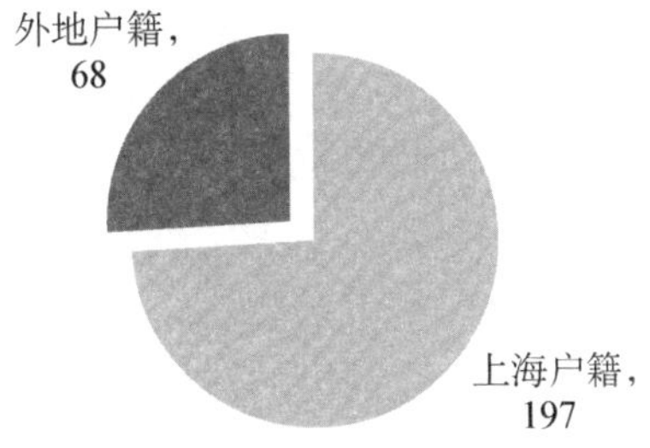

图 7　犯罪人的户籍情况

(四) 量刑：低刑罚比例较大

从量刑幅度来看，在处理的 265 名被告人中，仅有 30 人处 5 年以上有期徒刑，235 人处 5 年以下有期徒刑或拘役。虽然量刑幅度与基层人民法院的审级存在一定关系，但处 5 年以下有期徒刑或拘役的被告人人数占 265 名被告人的绝大多数，反映出低刑罚比例仍然较大。

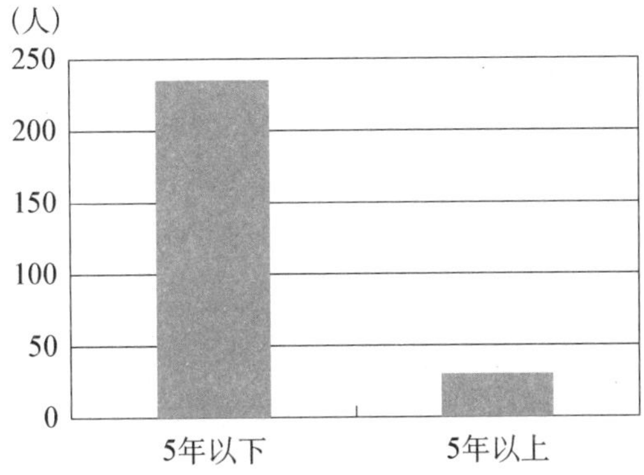

图 8　犯罪人量刑情况

二、对贩卖毒品上诉案件相关问题的分析

(一) 贩卖数量：呈现贩卖零星毒品的新趋势

目前，上海市涉毒犯罪依然是社会治安管理中的突出问题，而贩卖毒品犯罪在涉毒犯罪中占绝对多数，说明上海市的贩卖毒品市场较为活跃。而在贩卖毒品犯罪中，判处轻刑的毒品犯罪人数庞大，究其原因，在于个案贩卖毒品的数量相对较小，因此，从二中院受理的贩卖毒品上诉案可见，目前呈现出贩卖零星毒品的新趋势。贩卖零星毒品案件是相对于大宗贩卖毒品而言的，是指贩毒分子

将毒品化整为零,采取少量(一般在50克以下)分散的办法进行贩卖的犯罪案件。[①] 贩卖零星毒品案件与贩卖大宗毒品案件的直接的、巨大的危害不同,其具有隐蔽性强、风险小、交易快、交易场所复杂的特点,是贩卖大宗毒品案件的继续,是毒品犯罪发展蔓延、屡禁不止的祸根。

贩卖零星毒品是毒品犯罪的一个重要环节。毒品犯罪具有"锁链性"的显著特点,毒品的制造、贩卖、消费等各环节相互衔接,形成毒品交易锁链:生产(制造)—大宗贩卖—中间批发—零星贩卖—吸食、注射消费[②],在这个锁链中,上下紧密相连,零星贩卖不仅与吸毒者紧密相连,更与批发环节紧密联系,根据零星贩卖在毒品犯罪中的环节特点可以揭示,破获零星贩毒案件就可能挖出与之相联系的大批吸毒者,更有可能破获大案要案。

此外,在贩卖零星毒品案件逐渐增加的形式下,打击毒品犯罪的力量配备存在严重缺口。根据表1即可看出,人口超百万的辖区数量达到6个,但某人口超百万辖区的公安分局缉毒队侦办人员仅有7名,在面对大量的贩毒零星案件时,侦办力量与犯罪群体之间的力量悬殊,导致缉毒工作面临人手不足的压力,这种压力也在一定程度上制约着案件的侦办质量,使得缉毒工作在某种程度上陷入恶性循环的困境。同时,这一问题不仅仅体现在侦办力量上,近年来,基层、中级人民法院刑事审判队伍也存在着办案人员匮乏的问题,面对不断增加的毒品案件,案多人少的压力始终伴随着审判全过程,这使得"从重从快"打击毒品犯罪的刑事政策的落实面临压力。

(二) 犯罪人:累犯、毒品再犯情况突出

与其他刑事犯罪相比,毒品犯罪的累犯、毒品再犯情况异常突出。从二中院处理的265名贩卖毒品犯罪人中可以看出,累犯率高达61.1%,而其中尤其应当引起重视的是,有毒品犯罪前科的再犯率高达35.1%,结合贩卖毒品上诉案件其他情况分析,累犯、毒品再犯情况突出的原因在于:一是毒品天然的成瘾性与粘连性,特别对于贩卖零星毒品的犯罪人而言,既贩又吸、以贩养吸的"两面性"情况突出,因此,贩卖零星毒品者的毒瘾难戒,容易因自身吸毒而重操旧业。二是毒品犯罪具有群体性特征,吸毒人员与贩毒人员往往容易相互联系、相互介绍,通过电话、网络等途径相互提供贩卖、购买信息,前科人员释放后容易再次通过该群体途径接触犯罪。三是仍然存在大量毒品需求,目前上海市由于人口基

---

① 陈济鹏、杨九六:《贩卖零星毒品案件的特点及侦查对策》,《中国刑警学院学报》1997年第1期。

② 陈连喜:《浙江毒品案件的特点以及缉毒工作应注意的问题》,《浙江公安高等专科学校学报》2001年第6期。

数庞大、人口流动性较强等情况，吸毒人群数量较大，由此，大量的毒品需求滋生了贩卖毒品犯罪。四是贩卖毒品具有高利润、隐蔽性强的诱惑，前科人员回归社会后，依靠其自身正常途径的收入难以为继，加之毒品犯罪隐蔽性较强，导致部分前科人员仍然存在侥幸心理，重新贩卖毒品。五是前罪刑期较短，难以达到教育与矫正的目的，前科人员的文化水平较低，在较短时间内不能认识到贩卖毒品的行为性质与危害性，依然再犯。

（三）毒品种类：单一性，以甲基苯丙胺（冰毒）为主

分析二中院受理的贩卖毒品上诉案可知，虽然随着化学合成技术的发展，毒品的种类不断翻新，但目前上海市贩卖零星毒品案件中，绝大多数贩卖的毒品为甲基苯丙胺（冰毒），贩卖冰毒的案件约占总上诉案件的 93%，贩卖零星毒品市场呈现出单一性。

从毒品种类来看，目前上海市贩卖毒品案件中，贩卖鸦片、大麻、海洛因等传统毒品的较少，2015 年全年没有一例贩卖鸦片的案件，贩卖大麻的案件仅 1 件，贩卖海洛因的案件 9 件。而贩卖其他新型毒品的案件，如可卡因、咖啡因、氯胺酮、美沙酮、尼美西泮等，共占 10 件。由此可见，虽然目前毒品种类较多，但从贩卖毒品犯罪的整体情况而言，甲基苯丙胺以外的其他毒品并不占据贩卖毒品的主流，其他新型合成毒品在贩毒市场上交易较少。

（四）侦破方法：缉毒侦查工作具有强烈的当场性

毒品案件之外的其他刑事案件的侦破方法往往具有“从案到人”的特点，从案发开始，逐步根据侦查线索锁定犯罪嫌疑人；而毒品案件特别是贩卖毒品案件的侦破方法则具有“从人到案”的特点，往往是根据举报人所提供的线索，察觉毒品案件的发生再侦破。[①] 毒品案件的这一侦破特点使得破获贩毒案件时往往是“人赃俱获”，贩毒事实比较清楚，在案证据也较为扎实，为法官形成自由心证提供了坚实基础。但这种“从人到案”的侦破方法也往往带给审判人员证据使用上的困惑和疑难，这种侦破方法主要依靠技术侦察，但根据相关规定，技侦证据不能直接作为证据使用，也不能在法庭上出示，只能作为侦查取证的线索，将其转化为法定的证据形式才能使用，由此给案件审判带来了适用的障碍。

技侦证据的出现也给被告人辩护权的行使带来困境，如辩护律师阅卷时，出于保密需要，秘侦卷宗不提供给辩护律师查阅，这就造成了控辩双方的信息不对称，使辩护方在证据获取上处于劣势。再者，由于司法实践中，侦查人员往往出庭做证率较低，对于侦查情况往往由侦查机关出具“情况说明”予以证明，而对于

---

① 于成江：《浅谈贩毒案件的侦破方法》，《山西警官高等专科学校学报》1997 年第 4 期。

案件破获过程中的一些细节问题如案件来源、抓获经过、自首立功情况等,一旦控辩双方关于细节的说明不一致,而又难以当庭直接对质,此时审判人员如根据技侦证据形成自由心证,必然不利于辩护权的行使。

(五) 证据采集:公检法毒品证据的取证、认证标准不一

公检法三机关对办理毒品案件的证据标准把握不一。

一方面,三机关对相关法律、司法解释等文件的贯彻落实不一,例如2016年5月出台的由最高人民法院、最高人民检察院、公安部联合印发的《办理毒品犯罪案件毒品提取、扣押、称量、取样和送检程序若干问题的规定》,在目前毒品案件的审理过程中发现,这一规定在实践操作中并没有得到有效的执行,原因在于不少侦办、公诉人员未及时更新和学习,进而导致个案证据存在瑕疵。

另一方面,部分侦办人员的取证意识不强。实践中,不少毒品案件的取证往往出现顾此失彼或者丢三落四的情况,进而在事实的认定上"差一口气",最终导致重罪变轻罪,量刑上出现让步。在一些贩卖零星毒品的案件侦破中存在使用特情的情况,而特情在侦破案件中常常忽略对毒品交易过程的录音或其他证据资料的保存和固定,由此引发了一些案件在查明事实上的疑难,给法律适用带来难题。

如在二中院审理的(2016)沪02刑初19号江某非法持有毒品罪一案中,被告人江某从乐某(另案处理)处购得约1.5千克冰毒后被公安人员抓获,因公安在取证时,未注意收集江某贩卖的证据,导致最后只能以非法持有毒品对江进行定罪处罚,影响了打击毒品犯罪的力度,也影响了司法的权威。

三、对上海市打击贩卖毒品犯罪的相关建议

(一) 治安联动,将打击重点放在贩卖零星毒品犯罪上

根据当前贩卖零星毒品的突出情况,应将打击重点放在贩卖零星毒品犯罪上,以便于挖掘向其购买毒品的"下家",即吸毒者;同时也便于挖出向其提供毒品的"上家",即毒品批发者,从而为破获大型制毒、贩毒案件提供线索。

打击贩卖零星毒品犯罪,不仅需要公安机关具有强烈的信息情报意识,依靠传统的缉毒力量反映案件线索,同时也应当依靠公开管理与公开查缉相结合的方法,形成严厉打击贩卖零星毒品的高压态势。众所周知,上海市毒品的来源几乎都在外地,而人口的流动性为贩卖毒品提供可能,因此,可以利用这一特点和规律,将过境边检、流动人口管理与社区、单位等社会治安面相结合,完善社会监控网络;同时可设置有奖举报制度,公开举报电话和举报信箱,保护举报者个人隐私,鼓励公民积极举报,将公开管理、公开查缉融入日常社会治安管理、巡查之

中，对贩卖毒品犯罪形成遏制，并在心理上对毒贩产生威慑。

（二）多措并举，加强前科劣迹人员的管控与帮扶力度

针对前科人员再犯率较高且本市户籍犯罪人较多这一特征，应当注意多措并举，加强对于前科劣迹人员的管控与帮扶力度。对于前科劣迹人员应实现“属地管理”，掌握前科释放人员的“落脚点”，充分发挥前科人员户籍所在地或居住地司法所、社区、街道工作人员的管控作用，设立专职帮扶管控责任人，定期了解前科劣迹人员的生活现状、思想动态，特别是对有吸毒史或涉毒犯罪的前科劣迹人员，应当加强对其社区戒毒、强制隔离戒毒工作，对于被强制隔离戒毒的人员，责令其接受社区康复治疗，以彻底解除毒瘾。

（三）打防并举，从根源上治理毒品犯罪顽症

在禁毒工作中，要正确处理预防与打击的关系，坚持源头治理原则，以预防为主，有效开展毒品预防工作。根据不同人群特点，建立起三级预防策略，针对社会大众进行以宣传教育为主的一般预防，针对上海市冰毒贩卖占主导地位的特征，加强与之相关的知识教育，提高社会大众的警惕性；针对青少年、演艺界人员、社会闲散人员、公共娱乐服务场所从业人员等高危人群，开展选择性预防，根据不同群体的特征，进行指明性预防，注重建立起有学校、行业特色的管理预防制度，建立健全惩戒措施，预防毒品犯罪；针对毒品前科人员，进行重点预防，杜绝累犯、毒品再犯情况。①

（四）培育人才，建立一支打击毒品犯罪的专业队伍

在打击毒品犯罪工作中，队伍建设是根本，也是保证，因此，应当加强审判、侦办人员队伍建设，培养一支人手充足、专业化程度高的禁毒队伍，以应对日益严峻的禁毒形势，遏制毒品犯罪的蔓延态势。在补足人员缺口时，应当考虑毒品种类不断增多、交易手段不断翻新、新型通讯技术不断发展等新形势，尽快建立一个打击毒品犯罪专业队伍的补充渠道，加强与相关培养单位的合作与交流，在补充人员时向有相关知识背景的在校学生倾斜，注意引进有相关办案经验的人员，鼓励新鲜血液进入打击毒品犯罪的队伍，为队伍建设增添活力和动力。

（五）规范技侦证据的使用和转化，推动侦查人员出庭做证

加强检察机关的法律监督职能，针对使用技术侦查的案件，检察机关可以适时介入侦查活动，并由其决定技侦材料是否可以用作证据使用，减少进而杜绝违法取证的现象，保障技术侦查活动依法进行。同时，检察官审核技侦材料的方

---

① 阮惠风：《论毒品预防应确立的几个理念》，《中国人民公安大学学报（社会科学版）》2013 年第 2 期。

法,还有助于及时发现并排除非法证据,引导侦查机关重新依法调查取证,形成完整证据链条,以提高案件的证据质量,保障检察机关职能的顺利完成。

加强技侦证据的庭外核实工作,根据《刑事诉讼法》第152条的规定,必要的时候,可以由审判人员在庭外对证据进行核实。在保证技术侦查手段的保密性和相关特勤人员的人身安全的前提下,可以由法官单方面对证据进行庭外核实,也可以经法官决定允许控辩双方在场核实,在法官单方面对证据进行庭外核实的情况中,可以由法官将庭外核实结果通知控辩双方,如果控辩双方有重大疑问,则应当再次核实,核实后仍不能合理解释的,应当放弃该证据的使用。[①]

推动侦查人员出庭做证,对于参与实施抓捕工作的侦查人员,应当采取化名、隐蔽做证的方法,鼓励其作为证人出庭做证,针对案件细节进行陈述,并由控辩双方交叉询问,排除案件疑点,利用当庭能够采纳的证言,减少对技侦证据的依赖程度,从而帮助审判人员查清案件事实,准确适用法律。

(六) 统一标准,全面贯彻证据裁判原则

加强相关规定的学习,并在实践中严格予以落实。尤其对于公检法三机关联合出台的有关办理毒品犯罪案件的规定,应当在公检法三机关内引起重视,在印发之后及时组织相关人员学习、培训,并在案件的侦破与证据的采集中严格遵守规定中的相关操作意见。

加强毒品案件侦办过程中的证据意识,在侦破过程中全程留痕。严格依照以审判为中心的诉讼制度改革的相关要求,在刑事诉讼各环节全面贯彻证据裁判原则,严格按照相关规定,规范取证制度,做到依法、全面、客观、及时取证,如在使用特情侦破的毒品案件中,注意对约定毒品交易与实施毒品交易的过程的取证。

在证据存在瑕疵的案件中,公诉机关应当及时退回补充侦查,审判机关也应当严格贯彻证据裁判原则和疑罪从无原则,对案件进行公正审判,严格依法打击毒品犯罪。

(黄伯青、伍天翼　上海市第二中级人民法院)

---

① 苏哲:《毒品犯罪证据研究》,《江苏警官学院学报》2008年第3期。

论毒品案件“幽灵抗辩”之排解

罗　恒

摘　要：毒品案件中，“幽灵抗辩”可能针对构成要件该当性、违法性、有责性等成罪要件的控方证明进行阻击，也可能就其刑事责任的大小进行罪轻辩护。针对“幽灵抗辩”，英美法系、大陆法系对于证明责任的分配有着不同的分配模式，但被告人提出“幽灵抗辩”而不进行任何举证活动往往都会招致诉讼不利结果。基于经验法则、无罪推定原则及毒品案件特殊性的要求，被告人都应当承担“幽灵抗辩”所对应的举证责任。面对“幽灵抗辩”，立法上可考虑对毒品犯罪构成要件进行修正，以概括的故意取代“明知”，并规定持有毒品罪的未完成形态，以合理分配毒品犯罪的举证责任。司法实践中，通过证明责任的转移并明确被告人证明责任承担范围、合理运用事实推定以及使用间接证据证明案件法律事实来压缩“幽灵抗辩”存在空间。

关键词：幽灵抗辩　证明责任　分配　立法　实践

刑事诉讼是一个运用证据与证明规则逐步发现案件法律事实，在此基础上，依据实体法律判断犯罪嫌疑人、被告人是否构成犯罪，承担什么样的刑事责任及刑罚的动态过程。本着无罪推定的原则，控方承担提出证据以推翻无罪推定的义务，为达到这一目的要求达到排除一切合理怀疑的证明标准。犯罪嫌疑人、被告人为争取诉讼有利结果往往会提出难以查证的辩解，即“幽灵抗辩”，以期使审判者产生怀疑从而阻击犯罪的认定。毒品案件同样不例外，在我国刑法对毒品犯罪制裁较重的情况下，犯罪嫌疑人、被告人时常提出“幽灵抗辩”以期瓦解控方的证明体系或者减轻自身的刑事责任，给毒品犯罪的打击造成了一定困难，如何应对毒品案件中的“幽灵抗辩”成为理论界和实务界必须面对的课题。

一、毒品案件中“幽灵抗辩”的提出与表现

（一）“幽灵抗辩”的提出

“幽灵抗辩”的说法来源于我国台湾地区一起走私案。当时，执法人员在一艘船上查获了大量走私货物。在法庭上，被告人抗辩称，其是正常的捕鱼后被强盗强行掳走渔获物而以被查获的走私货物交换。最后，法官认定这一抗辩动摇

了控方指控其犯罪的证明基础,构成合理怀疑,判决被告人无罪释放。该案之后,很多被查获的走私嫌疑人均以类似理由进行无罪辩护,而这一辩护理由难以为控方查实推翻,如同幽灵一般难以为人所证实,故被称为“幽灵抗辩”。在现代刑事诉讼中,“幽灵抗辩”亦时有产生,笔者将其总结为由辩方提出的,针对控方提出的有罪指控,为推翻其指控或者为减轻、免除其刑事责任而提出的难以查证或者违背社会常识的辩解[①]。

在毒品案件中,“幽灵抗辩”亦时有产生,犯罪嫌疑人、被告人往往就是否实施了毒品犯罪行为、是否具有排除违法性的理由及是否明知提出难以查证的辩解,造成毒品案件中控方的证明困难,“幽灵抗辩”应对的关键也就在于破解这类抗辩证伪过程中证明困难的问题。如果对这一问题不及时从法理上进行甄别、分析及破解,无疑将形成政策导向,引发更多犯罪嫌疑人、被告人利用这一证明困难提出“幽灵抗辩”以逃避法律制裁[②],使毒品案件的侦诉及审判工作受到严重影响。

从目前的实践案例看,从控方证伪难度出发,犯罪嫌疑人、被告人更多地从否认对案件发生具有主观明知角度进行辩护,但也存在提出难以查证的理由以否认客观上实施了毒品犯罪等情况。为减轻自己的刑事责任及应当承担的刑罚,也可能会从其在共同犯罪中的作用等影响量刑的因素进行抗辩。[③] 从客观的违法论出发,笔者不赞同目的与动机是主观的违法要件,故将对目的与动机的抗辩纳入对有责性的抗辩之中进行讨论。

(二)对构成要件符合性的“幽灵抗辩”

构成要件符合性是对某一行为是否属于刑法所禁止的行为的第一判断,在司法实践中,犯罪嫌疑人、被告人往往提出其没有实施毒品犯罪的客观行为,并有时通过对行为结果物质表现的隐藏在构成要件符合性上即对控方提出的指控阻击,并且这一抗辩很难为控方所证伪。例如,公安人员当场从某甲汽车的后备

---

① 在万毅教授发表的论文《“幽灵抗辩”之对策研究》(《法商研究》2008年第4期)中,其认为“幽灵抗辩”是指刑事被告人在刑事诉讼中针对检察官的有罪指控,为减轻和免除其刑事责任而提出的难以查证的辩解。对这一定义,笔者认为其覆盖范围不甚全面,“幽灵抗辩”可以发生在刑事诉讼的侦查、审查起诉及审判阶段,在审判监督等程序中亦有可能存在。同时,“幽灵抗辩”不仅阻击刑事责任承担,更重要的是动摇刑事责任的基础,即犯罪的认定。

② 褚福民博士发表的论文《证明困难的解决模式——以毒品犯罪明知为例的分析》(《当代法学》2010年第2期)中认为,证明困难有广义与狭义之分,广义上指证明过程存在困难但仍可获取证据进行证明,狭义上则是指无法取得必要证据以证明案件事实的情形。毒品案件中对于行为人是否具有主观明知往往是无法取得必要证据的,本文亦从狭义的证明困难角度进行论述。

③ 影响量刑的因素较多,包括是否达到相应刑事责任年龄,是否为自首立功坦白等,毒品案件中亦存在这些量刑因素,但对于这些量刑情形的证明与其他案件相比并无特殊性,不在本文讨论范围之内。

箱内搜查出海洛因 22 克，但某甲始终辩称毒品并非其持有，其当日曾驾车送一在赌局中认识的吸毒人员某乙赴棋牌室赌博，不能排除该毒品为某乙为逃避公安机关打击而偷偷放置于车内。鉴于某乙的身份很难查清，加之某甲当天确实出入过棋牌室，其辩解不能彻底证伪，侦监部门只能以事实不清、证据不足为由对其做不批捕决定(下称案例 1)。[①]

案例 1 中，尽管当场“人赃俱获”，犯罪嫌疑人有过多次毒品犯罪前科，但是由于行为人拒绝承认其实施了非法持有行为使得案件遭遇了证明困难。尽管本案中某甲抗辩理由存在诸多不符合社会一般常理之处，如一起打牌却不知其姓名，载其牌友去棋牌室却没有其联系方式，某甲提出的抗辩事由仍然对办案人员的有罪确信产生了一定的动摇。

毒品犯罪中对于实行行为不能实现有效的证据固定以认定案件法律事实的原因在于相关行为认定缺乏直接证据，或相关直接证据证明效力较低，为“幽灵抗辩”提供了可乘之机。与是否明知的抗辩理由对应，对构成要件符合性的抗辩是对客观的否认。案件中由于客观条件限制或者行为人有较为狡猾的反侦查技术与手段的情况下，如毒品犯罪组织者与下级马仔仅通过单线面对面方式布置任务时，无疑会使相关案件直接证据材料收集变得极为困难，在这种情况下必须通过大量间接证据以期说服审判者，行为人必然会提出没有实行行为的抗辩，使控方精心编织的证据体系受到质疑，毕竟，质疑的难度远小于构建。

(三) 对有责性的“幽灵抗辩”

任何犯罪行为都是在行为人对具有违法性认识或者违法性认识可能性状态下发生的。在我国，目前实务界坚持主客观相统一的四要件犯罪论体系下，证明行为人具有犯罪的责任性要件是目前毒品案件中的难点。根据实践经验总结，对于有责性的“幽灵抗辩”主要分为没有违法性认知即“不明知”的抗辩和不具有犯罪目的的意志因素抗辩。

从当前司法实践情况来看，行为人提出主观上“不明知”的抗辩较为常见，以走私、贩卖、运输毒品犯罪为例，行为人必须对行为对象是毒品具有明知，但由于毒品犯罪的隐秘性，各个环节均为秘密进行，司法机关往往不可能收集到直接证据以证明行为人具有主观明知。例如，云南省边境某火车站，公安人员在对下车旅客进行检查时，发现某甲形迹可疑，其座位位于 3 号车厢，但其却从没有公安人员检查的 9 号车厢位置下车，经检查，发现其随身携带的背包内有三包毒品，

① 本案例来自于姚舟、沈威：《幽灵抗辩及其排解机制构建》，《东南法学》2014 年第 3 期。

且包裹有可防止缉毒犬嗅出的辣椒粉和胡椒粉,外侧用三条毛巾有规则地包裹。对此,其抗辩称这三包毒品是其朋友让其带的茶叶,其并不知道是毒品。但其无法说出"朋友"的真实姓名、地址等任何信息(下称案例2)。

除了认识因素,目的和动机等意志要素对于行为人的行为具有指引作用,对实行行为的法律评价构成直接影响。比如,贩卖毒品罪的成立必须要求行为人具有将毒品贩卖的故意,否则就难以评价为贩卖毒品罪。目的与动机作为行为人主观因素,难以为外界所感知。部分行为人利用不具有毒品犯罪的主观目的或动机来脱罪或者减轻刑事责任。例如,居住在外地的某甲与居住在北京的某乙,通过电子邮件商议毒品买卖事宜。某日,某甲随身携带1千克海洛因(装在自己的双肩包内),按约定乘火车到达北京西站,某乙按照约定驾驶轿车前往车站接某甲。某甲下车出站后,身背双肩包坐在某乙驾驶的车内。某乙驾驶轿车上四环路后,警察根据事前掌握的线索,拦截某乙驾驶的车辆,抓获某甲与某乙。被抓获时,某甲坐在轿车后部,一直背着装有毒品的双肩包,某乙也没有向某甲支付购买毒品的对价。本案中,某甲构成贩卖毒品罪不成问题,但购买明显超过自用量毒品的某乙,其坚决否认购入毒品是为了贩卖,辨称购买大量毒品只是为了自己吸食,并且由于按照通说,在某甲与某乙被抓获时,毒品仍处于某甲的控制下,在物理上并没有交付给某乙,对其不能认定为非法持有毒品罪,鉴于毒品犯罪侵害的法益是社会公众的生命健康权①,某乙的行为无疑对这一法益构成了现实的威胁,显然进入了刑法调整的领域(下称案例3)。

(四) 对刑事责任承担的"幽灵抗辩"

除对犯罪构成要件的证明提出"幽灵抗辩"外,鉴于毒品犯罪常见团伙犯罪甚至集团犯罪,很多行为人为减轻其刑事责任,往往就其在共同犯罪中的作用进行抗辩,以期降低对其在毒品共同犯罪中的作用的认定。例如,某甲、某丙进行毒品交易时被现场抓获。某甲不否认参与贩卖毒品并供认了其他贩卖毒品行为,但第二次讯问开始其供述多次犯罪行为均是与另一共犯某乙一同贩卖毒品,其只是负责联系并交付毒品给客户,毒品来源及客户信息均由某乙提供,并认为这些犯罪行为不能仅仅其一人承担责任,其坚称由于只是单线联系故无法提供其所供述的某乙具体情况,但对于其基本情况,在后面的供述中一直较为稳定(下称案例4)。

---

① 传统学说认为,毒品犯罪侵害的客体是国家对于毒品的管制权,这种观点作为形式的违法性的体现,等于说毒品犯罪违反了国家对于毒品的管制法律,受到了越来越多的质疑。国家对于毒品的管制根本还在于维护国民的生命健康权利不受侵犯。

二、"幽灵抗辩"对毒品案件刑事证明的影响

（一）不同诉讼模式对"幽灵抗辩"的证明责任分配

英美法系国家当事人主义的诉讼方式基于控辩平等武装，同时其无罪推定原则与大陆法系不同，并不是指视同被告人无罪，而认为是一种可以被推翻的认定，在检察官举出证据后即可转为有罪认定，被告人若想推翻这一认定就必须提出积极抗辩。考虑到取证的便利性角度，在其证明理论中，积极抗辩（affirmative defence），也称肯定性辩护主张，在被告人拥有特别知识之阻却违法或阻却责任或减免罪责事由，可公平地被要求负担举证责任之抗辩[①]，肯定性辩护要求被告方提出证据以支持他所主张发生的事情。当事人主义举证责任的目的与功能是形成"争点"（提出证据的责任），并在争点未得到证明而转化为"疑点"时决定证明利益的归属（说服责任）。[②] 州法律一般要求被告人负担举证责任以成功提出肯定性辩护[③]，对于说服责任，有的州要求形成争点即可，有的州则要求使控方主张受到动摇，有的州甚至要求达到"证据明确"的标准。[④]

大陆法系奉行职权主义的诉讼模式，该诉讼模式将证明责任区分为"主观的举证责任"与"客观的举证责任"。"主观的举证责任"也称形式的举证责任，指有不利益判断之虞的当事人为摆脱这一不利益判断所负担的举证责任，"客观的举证责任"也称实质的举证责任，指某一待证事实未能明确证明时，由何方负担不利益判断之责任。[⑤] 大陆法系国家无罪推定原则受到成文法的保护，被告人没有提出证明自己无罪或者有利于自己的证据或主张的义务，基于大陆法系三阶层的犯罪构成理论，构成要件该当性、违法性、有责性均为检方证明内容，被告人无主观的举证责任和客观的举证责任。在被告人提出一个积极抗辩却无法举出证明时，证明责任不发生转移，而由法官依职权进行证据调查，即便检察官举出的证据已经足以给被告人定罪，法官仍然应当就在庭审中发现的可能有利于被告人的事实进行调查，以期发现案件真相。如果法官认为，被告人提出的抗辩事由没有任何证据线索，无法开展调查或者经依职权调查，抗辩理由不能成立的，

---

① 吴巡龙：《刑事举证责任与幽灵抗辩》，《月旦法学杂志》2006年第133期。

② 万毅：《"幽灵抗辩"之对策研究》，《法商研究》，2008年第4期总第126期。

③ 黄义明：《刑事证据法研究》，元照出版公司2000年版，第271页。

④ 王兆鹏：《美国刑事诉讼法》，北京大学出版社2005年版，第521—531页。

⑤ 王兆鹏：《美国刑事诉讼法》，北京大学出版社2005年版，第521—531页。

将对被告人作出不利益之判断。[①] 当法官依职权进行调查,认为被告人所提抗辩存在"疑点"时,将依据证据调查结果和自由心证原则,判断目前证据和抗辩是否可以形成有罪确信,如果不能,则将做出无罪判决。实践中,法官的调查绝不是也不可能是万能的,受限于法官的调查手段及精力,加之很多有利于被告人的情况只有本人才可知晓,外人无法调查,大多数被告人为避免不利后果往往会主动提出证据或线索,法官与检察官天然的信任也使法官对"幽灵抗辩"保持警惕,更加大了被告人败诉的风险。

对英美法系与大陆法系对"幽灵抗辩"的举证责任分配方式分析后可以看出,无论是大陆法系还是英美法系诉讼模式,被告人在无法举证或者提供线索的情况下贸然提出"幽灵抗辩",对其本身的诉讼结果都很有可能是不利的,对其而言,提出"幽灵抗辩"除了拖延诉讼进程外,毫无别的作用,反而会因此丧失辩诉交易等可能使自己刑事责任和刑罚减轻的机会。毒品犯罪作为世界各国都严厉打击的重罪,在这类案件中,控方在案件前期基本都会尽全力将案件证据体系完善,加之该类犯罪过于隐蔽,很多支持抗辩主张的证据或线索只可能被告人自身知晓,其不积极提出线索、证据,反而提出"幽灵抗辩",无疑会使自身处于不利地位,事实无法查明时,不利益都将由其承担。

(二) 经验法则与"幽灵抗辩"的证明责任

经验法则(rule of experience)是大陆法系国家诉讼法与证据法中经常使用的一个概念,是人们从生活经验中根据事物因果关系或属性状态的总结得出的法则或知识。其既包括一般人日常生活所归纳的常识,也包括某些专门性的知识,如科学、技术、艺术、商贸等方面的专门知识。[②] 经验法则是一项裁判法则,是三段论裁判的大前提。[③] 裁判规则对于控辩双方而言,显然也具有指引作用。

经验法则之所以能成为诉讼法中的一项重要证明方法,就是因为其具有高度盖然性,"幽灵抗辩"名称之由来很大一部分原因在于抗辩理由违背社会一般生活常识。尽管刑事诉讼中没有明确规定经验法则的地位与作用,但毫无疑问,没有哪一位刑事法官会在事实认定上脱离社会常理。控方根据刑事侦查描绘的犯罪"图像"建立在一系列符合社会一般常识的逻辑判断基础上,如果被告方提出的抗辩违背了社会一般常识,显然无法使法官的认定发生动摇,从根本上就没有形成争点或者疑点,在此情况下,承担举证责任是被告方可能成功脱罪的唯一

---

① 黄东熊、吴景芳:《刑事诉讼法论》,三民书局 2002 年版,第 390 页。
② 新堂幸司:《民事诉讼法》,林剑锋译,法律出版社 2008 年版,第 375 页。
③ 张卫平:《认识经验法则》,《清华法学》2008 年第 6 期。

路径。

(三) 无罪推定原则与“幽灵抗辩”的举证责任

被告人应当就“幽灵抗辩”承担一定的证明责任并不违反无罪推定原则这一刑事诉讼法的基础。前文已述,无罪推定原则在不同法系国家有着不同的理解,但是无论如何理解,“存疑有利于被告”的无罪推定原则要求的控方承担举证责任无论如何都不能被解释为检察官承担排除一切怀疑的责任,或者只要被告人制造了疑点就将证明利益归于被告。刑事诉讼中控方的任务是通过证据还原犯罪发生的“图像”,达到法律真实,合理的怀疑必须有一定的证据线索作支撑,至少符合社会一般认识方可动摇控方的证明体系,否则,无任何线索或者证据支撑且不符合社会生活常识的辩解无异于诡辩。

实践中,犯罪嫌疑人、被告人拒不认罪有多种表现形式,捏造不存在的抗辩理由是常见手段,不能认为被告人不认罪就是存疑,只要提出抗辩就构成合理怀疑,以“存疑有利于被告”用“幽灵抗辩”为被告人脱罪相当于放纵犯罪,是对无罪推定原则的曲解。① 正如英国法官丹宁勋爵(Lord Denning)所言,刑事案件中排除合理怀疑并不需要达到确信,但必须达到很高的可能性。排除合理怀疑并不意味着连怀疑的影子也要排除,如果允许虚假的可能性妨碍司法的过程,法律就无法有效地保护社会。如果证据如此强而有力以至于没有支持某人的可能性,能够以“当然这是可能的,但却是丝毫不能证明的”理由驳回的话,那么此案的证明就达到了排除合理怀疑的标准。②

另一方面,如果认为被告人不认罪就是疑点本身也是对无罪推定原则的背离,因为这无异于告诉控方定罪必须要取得被告人的有罪供述,如此理解不仅违背了“不得自证其罪”原则,也增加了侦查程序中违法侦查行为产生的可能性。

(四) 毒品案件的特殊性对“幽灵抗辩”举证责任的影响

毒品犯罪的特点对被告人提出“幽灵抗辩”时的举证责任有着特殊的影响。

第一,毒品犯罪因其对社会危害较为严重,在世界各国司法系统中均被作为重罪予以严厉打击,刑事诉讼具有社会防卫和人权保障两个价值没有疑问,但面对社会治安与犯罪浪潮不同时期的表现,刑事诉讼法不可能不考虑两种价值发生冲突时的价值平衡。毒品案件同样不能忽视人权保障价值,但鉴于毒品犯罪严重的社会危害性以及行为人主观上证明的难度,如果放任大量“幽灵抗辩”作为行为人脱罪理由,将给社会安全和秩序造成严重危害,刑法权威将大打折扣。

---

① 方海涛:《“幽灵抗辩”与公诉人举证的限度》,《中国检察官》2015 年第 8 期。

② Miller V minister of pensions[1947]2 ALL ER372.

第二，从毒品犯罪案发地看，毒品犯罪均有高发场所和高发地区，在我国，云南、广西等靠近“金三角”的省区，娱乐场所、宾馆等特种行业为毒品犯罪高发地，在这些地区及行业内，禁毒部门进行了大量的禁毒宣传，并对毒品犯罪的作案手段进行了广泛的宣传，社会一般公众面对包装较为隐蔽、反常的物品都会怀疑其是否为毒品，“幽灵抗辩”所提出的理由往往与这些地区或社会一般社会公众认识相违背，明显缺乏可采信的事实基础。

第三，毒品犯罪作案手段具有高度隐蔽性，其主观目的及认识只有自己知晓，控方难以用客观证据加以固定。在我国目前刑法理论要求毒品犯罪必须主观明知的情况下，如果要求控方对被告人提出的所有“幽灵抗辩”都承担证明责任，根本不具备现实可能性。相反，如果相关抗辩理由所描述事实真实发生，即便被告人因为羁押丧失人身自由不具备独立举证能力，其也完全可以针对其抗辩理由中提出的事由说出稳定、详细、符合社会一般规律的线索，甚至举出一定的证据，如果这些线索或证据足以使法官对有罪确信发生动摇，证明责任将再次转移到控方。在英国，立法规定被告人负担举证责任的一个重要原因就是被告人接触证据的来源和提供证据的便利性就是实例。①

总之，毒品犯罪的特性决定了在该类型的案件中，被告人提出的难以查证的“幽灵抗辩”不具有可信性，不能轻易动摇控方先前就案件进行的证明活动，如果被告人想推翻控方先前的证明有罪证据体系，就应当承担一定的举证责任。

(五) 我国毒品案件中应对“幽灵抗辩”时存在的问题

第一，没有明确规定被告人的举证责任。我国《刑事诉讼法》除由控方承担举证责任外，法官作为事实的发现者也拥有除通缉以外的一切调查手段与权力。当被告人提出“幽灵抗辩”时，法官往往依职权宣布休庭，在法庭外进行调查工作，根据调查结果，对证据进行整体观察评价以判断被告人提出的抗辩理由是否成立。在刑事诉讼法中，完全未提到被告方的证明责任，形式上看，刑事诉讼法的规定符合无罪推定的要求，但事实上却不符合刑事诉讼尤其是毒品案件中的实际情况，为司法中违背法律精神的变通性操作埋下了隐患。

第二，法律推定效力存疑。为进一步明确毒品犯罪中“明知”的问题，2007年最高法、最高检及公安部联合发布了《办理毒品犯罪案件适用法律若干问题的意见》，明确规定：“具有下列情形之一，并且嫌疑人、被告人不能作出合理解释的，可以认定其‘应当知道’，但有证据证明确属被蒙骗的除外……”这一解释通过特定客观行为认定主观明知并以司法解释的形式予以颁布被学者认为是法律

① 王以真：《英美刑事证据中的证明责任问题》，北京大学出版社1995年版，第142页。

推定。[1] 对此，笔者认为，法律推定本身属于对于证明责任分配的问题，关系到控辩双方证明责任与证明利益分配，应当属于法律应当明确的事宜，更重要的是，在刑诉法对证明责任分配已经规定的情况下，仍然使用“嫌疑人、被告人不能作出合理解释的……”本身就涉嫌与法律规则相冲突。2012 年新修订的《刑事诉讼法》为打击毒品犯罪等严重犯罪赋予侦查机关更多的侦查权力，却并没有对该类案件的证明责任重新进行划分，毒品案件中法律推定的效力仍存疑问。

第三，间接证据认定案件事实标准不明确。与推定“证明＋认定”的证明模式不同，使用间接证据来证明案件事实遵循的是“两步式的证明方法”，即首先证明若干间接性证据事实，然后根据间接性事实相互印证，进一步证明待证事实以得出唯一性的结论。毒品犯罪是重罪，在证明锁链上无疑应当更加严密，但在毒品犯罪中使用间接证据来认定案件事实，抗辩“幽灵抗辩”究竟应当符合什么样的标准，立法及司法均没有予以明确。

以上论述首先从理论上分析国外立法例，刑事诉讼中要求被告人就“幽灵抗辩”等积极抗辩事由承担至少形成疑点的主观证明责任是通常性的做法。为了使违背社会一般常识的抗辩理由动摇控方证明体系，被告人承担一定举证责任往往成为唯一可能的路径且不违背无罪推定的原则。再从毒品犯罪的特殊性来分析，被告人承担一定举证责任有其正当性。从实然性的角度，法律推定的客观存在以及间接证据运用于诉讼证明都要求被告人承担一定的举证责任。法律不应当简单规定社会运行规则，更多地应当将实践中具有合理性且行之有效的方法纳入法律调整范畴，成为法律规则。

三、以毒品犯罪构成要件立法之完善挤压“幽灵抗辩”存在空间

从我国刑法对于毒品犯罪的立法体系看，对毒品犯罪所涉及的各个环节均有“封堵”，但仍然存在一定漏洞，从实践案例看，毒品案件中屡现“幽灵抗辩”在笔者看来，根本原因在于立法上对于毒品犯罪主观认识及实行行为认定上仍然存在疏漏之处。

（一）以概括的故意取代对于主观明知的要求

第一，现行刑法没有要求毒品犯罪必须明知行为对象是毒品。我国《刑法》第七章第七节规定了走私、贩卖、运输、制造毒品犯罪，从法律规则上看，该罪在有责性上必须具有主观故意，如走私、贩卖、运输、制造或者持有毒品必须具有主观认识，并希望或者放任危害行为的发生及危害后果的实现。现行部分观点则

---

① 褚福民：《事实推定的客观存在及其正当性质疑》，《中外法学》2010 年第 5 期，第 667—680 页。

将该类犯罪有责性要求为具有明确的主观明知,即明确知道行为的对象是毒品并继续实施行为。在笔者看来,这种观点是难以站得住脚的,违背了对于行为人主观认识内容要求的刑法理论。

成文法没有规定只有具备明确的认识内容才是"明知",只要是故意,无论是直接故意还是间接故意,都可以成为本罪有责性的形态。认为毒品犯罪中必须明知自己行为的对象是毒品无异于明确只有具备具体的认识内容才能构成刑法上的"明知",这种观点将对实行行为性质及后果的明知要求为对于行为人主观认识内容明确的认识,将客观的认识异化为主观的认识,这种观点对刑法理论无疑有一定的背离,在运输毒品案件中,受雇人往往受到经济利益驱使,接受委托人巨大财物给付要求以隐蔽的方式运送某一物品,被查获后受雇人辩称其不知运输的是毒品,这一案例司法解释认为其应当纳入刑法规制的根本原因在于其行为具有明确的法益侵犯性,主观上行为人即便不知运输的是毒品,但肯定知晓其是非法物品,足以定罪量刑,如果所有故意犯罪均要求行为人具备明确甚至是具体的主观认识内容,无异于自缚手脚,很多危害行为将轻易逃脱法律制裁。

第二,使用概括的故意符合违法性认识的要求,与毒品犯罪实际情况相符合概括的故意定义有一定的争论,一般认为,概括的故意是指行为人对于故意的具体认识内容并不明知,但明确地知道自己的行为会发生危害社会的结果,而希望或者放任结果发生的心理态度。[①] 概括故意之概括不在于行为人的意志因素的不明确,而在于认识因素的不明确;在于认识程度之明确,不在于认识内容之明确。行为人具有违法性认识的行为方可构成犯罪,即认识到自己的行为是违法的,这是对刑法的禁止规范或者评价规范违反的认识,而不包括刑罚可罚性、法定刑的认识。[②] 因为刑法本身在适用时是评价规范,具体适用属于司法裁判问题,作为事前行为调整规范的刑法只要告诉行为人哪些人是法秩序禁止的,司法裁判不取决于行为人的主观意志,不能认为只有行为人认识到了自己究竟在干什么,会受到什么样的处罚,司法裁判才能按照其主观状态来判定犯罪与刑罚。

具体到毒品犯罪侦办的实际情况,在任何犯罪中去判断行为人主观认识到了什么具体内容都是很困难的,毒品犯罪为减轻自身刑罚也必然会坚决否认自己明知行为对象是毒品,但是其反常表现已经表明其必然认识到自己的行为为法秩序所禁止,尤其在毒品犯罪高发地区,其主观状态上必然有一定的怀疑,但却为了经济或者其他利益继续这一违法行为,对其定罪是合法合理的。

---

① 张永红:《概括故意研究》,《法律科学》2008 年第 1 期。

② 张明楷:《刑法学》,法律出版社 2011 年版,第 295—301 页。

第三，毒品犯罪中采用概括的故意可以降低控方证明难度。采用概括的故意对行为人主观明知具体内容不作要求后必然将有效降低控方的证明难度，控方只要证明被告方种种反常行为能表明其认识到自身在从事法秩序所不容许的行为，加上客观行为表现，就可以认定犯罪。

(二) 明确持有行为的未完成形态

非法持有毒品罪作为毒品犯罪的堵截式规定起着严密刑事法网的作用，立法者意图将毒品犯罪的各个环节均予以规制，但是，在对持有行为是否具有未完成形态上未作出特别规定，给部分案件中的司法证明造成了一定困难，如案例3中某乙在被抓获时因毒品仍处于某甲控制故其未持有毒品，而目前又无法证明其有贩卖毒品罪的责任要件，造成了法律规制的困难。

解决这个问题必须跳出单纯的解决毒品犯罪的思维桎梏，必须从持有行为入手进行研究。一般认为非法持有毒品罪的实行行为是非法持有数量较大的行为，持有作为刑法上相对特殊的行为，能否具有未完成形态是存在争议的，就非法持有毒品罪而言，部分学者认为该罪必须要求对毒品实际占有方可构罪，故不存在未遂等未完成形态。[①]

笔者认为，刑法上的实行行为按照主流观点，并不是仅在形式上符合构成要件的行为，而是具有紧迫的侵害法益危险的行为，持有作为一种行为，很难说在正式占有之前不可能对法益构成威胁。从物理上说，行为人若想占有一个物品，不可能没有身体上的动作，并且这一行为有着主观认识的支配，一律否定持有行为不具备未完成形态是武断的，对符合法益侵害紧迫性的未完成形态进行规定绝不违背刑法以及刑法理论。

毒品犯罪中持有行为的设立本身为堵住毒品犯罪环节而设立，在无法证明走私贩卖等实行行为时，至少可以就其占有毒品犯罪行为进行处罚。可是，如果行为人在为实施其他毒品犯罪而未占有毒品时，行为人必然提出“幽灵抗辩”导致其目的行为证明难度过大而无法证实，加上持有行为的未完成形态未加以明确，那么行为人将轻易逃脱刑罚制裁。所以基于毒品犯罪的严重性、刑事法网必须严密的角度，对于非法持有毒品罪明确未完成形态是具有现实必要性的。

(三) 构成要件修正与证明责任的分配之联系

对毒品犯罪，从立法角度对构成要件进行完善根本目的在于对证明责任规定的完善。将主观故意明确为概括的故意，规定持有行为的未完成形态无疑将使控方的证明难度大大降低，使“幽灵抗辩”的存在空间大大压缩。因为行为人

---

① 张明楷：《刑事疑案研究》，清华大学出版社2012年版，第376—382页。

可以辩驳其主观上不知道是毒品,但是其很难辩驳其不知道自己行为的对象为法秩序所禁止,其可以辩称其绝对没有实施诸如贩卖毒品的主观目的,其行为绝对不是贩卖毒品的实行行为,但却无法否认其即将对毒品实施占有。因为一旦被告人提出这些抗辩,将更加违背社会常识与社会规律。其即便提出“幽灵抗辩”,也有很大可能连案件疑点都无法形成,更妄论合理怀疑。其如果坚持“幽灵抗辩”,那么对其过于违背社会常识的主张无疑应当进行举证,证实这些抗辩理由有可能存在。

四、以证明规则有效适用对抗“幽灵抗辩”

事实上,在毒品犯罪的立法没有进行修订的情况下,有效利用证明规则,进行证明责任的转移,采用事实推定、法律推定等也是应对各种类型“幽灵抗辩”的有效途径。

(一) 证明责任的转移

与“巨额财产来源不明罪”中被告人应当就其财产属于合法收入承担证明责任的举证责任倒置不同,举证责任的转移是在控方已经通过证据体系证明了被告人的行为符合构成要件的全部要件,其犯罪行为已经具有高度盖然性时,如果被告人仍坚持提出“幽灵抗辩”则应当就其主张的抗辩理由承担举证责任。但是,在不同的情形下,被告人的证明责任和证明标准也是不同的。

1. 承担主观的证明责任的情形

笔者认为,毒品犯罪中,行为人一般情况下承担的是主观的证明责任,即提出证据形成疑点或者争点的责任,只有在法律规定的情形下方承担客观的举证责任。换言之,被告人有义务对其“幽灵抗辩”提出“说明义务”,即便不能举出积极抗辩的直接证据,至少也要说明情况并提出相关的线索加以佐证从而使控方已经搭建的有罪认定体系产生合理怀疑。笔者认为,认定被告人是否有效完成了主观的证明责任应当基于以下判断:

(1) 抗辩事由本身是否符合自然规律以及社会一般经验与常识。前文已经叙述过,经验法则是判断一项抗辩理由是否可能成立的判断标准。当被告人提出的抗辩事由明显与自然规律或社会一般常识矛盾的,在被告人无法提出确切的证据来主张自己的抗辩理由的时候,法官应当直接裁定该抗辩理由不能成立。在案例 2 中,针对被告人的抗辩,法官认为,被告人使用辣椒和胡椒粉包裹毒品且将毒品放置在皮包中间用毛巾有规律包裹,明显与茶叶一般的携带方法矛盾,其绕路 6 节车厢从没有公安人员检查的 9 号车厢下车也表明了其主观上具有明知,故直接认定其抗辩理由不能成立。

（2）抗辩事由的提出是否与案件现场情况相一致。被告人为了掩盖自己的犯罪事实常常捏造事实并据此提出抗辩以期脱罪。但是很多抗辩理由经过细致耐心的现场勘查是可以被证伪推翻的。案例1中侦查人员后来对现场勘查笔录进行了认真的总结，同时进行了侦查实验，证实其毒品放置在堆满某甲个人物品后备箱的备用轮胎里，其他任何人不可能在短时间里将毒品放置在如此隐蔽复杂的位置且不被车主人发现，从而证实该抗辩事由与现场情况完全不符合。

（3）抗辩事由是否与行为人自身情况相适应。被告人本人在案件发生时的行动和反应必然要受到自身情况的限制，通过证据材料来审查被告人的抗辩理由是否与其自身情况相适应也是判断其抗辩理由能否成立的重要依据。面对“幽灵抗辩”，办案人员可以紧密结合案件中被告人当时的生理、心理状况，紧密围绕案件现场情况对被告人行为的影响去辩驳抗辩事由。案例4中，针对某甲提出有另一共犯参与贩毒活动且自身作用较低的抗辩理由，办案人员经审查发现某甲对于毒品的种类、特征等认识的确不甚全面，以其认知能力难以全程参与贩毒活动，同时其对某乙的基本情况供述较为稳定，符合毒品犯罪活动的一般规律，故采纳了其抗辩理由。

2. 承担客观的证明责任的情形

（1）行为人坚持提出的违背自然规律或社会一般经验与常识的“幽灵抗辩”。任何法律推理都是建立在自然规律和社会一般经验与常识的基础上的，法官根据控方的基础事实证明在自然规律的演绎下得出内心确信。比如，在国外某案例中，被告人坚称自己的行为被外星人所控制，如果外星人的要求得不到满足，那么自己的家人将受到灭顶之灾。这样的抗辩理由显然与社会一般经验与常识相违背，社会为了正常发展不可能容许社会成员随意编造理由而几乎不费吹灰之力就可以脱罪或者减罪，更何况，倘若真的有违背现有自然规律或社会一般经验与常识的事由发生，必然意味着人类与自然理论的重新改写，被告人对当时情况也必然熟知，由其承担客观的证明责任是必然的。

（2）被告人为推翻法律推定而进行的抗辩。法律推定的本质是法律为了某一目的规定控方在基础事实得到证明的情况下，自然推定出另一事实。被告人为推翻这一推定就必须承担举证责任。如果被告人仅仅提出抗辩而不举出证据加以证实的话，法官将不必审视这一抗辩理由所攻击的构成要件是否成立而径行判决被告人承担不利的诉讼利益。前文已经叙述过，事实推定是法律推定的来源，《办理毒品犯罪案件适用法律若干问题的意见》等司法解释无论其效力如何或者以司法解释形式规定法律推定范围是否合适，毒品案件中法律推定都是客观存在的。更重要的是持有毒品罪本身也具有法律推定的因素，只要控方完成证明“持有”和“主观明知”而被告人无法反驳,那么都将产生法律推定之效果。[①]

(二) 合理运用事实推定方法

事实推定是否具有合理性与合法性是一个一直被讨论的话题。但不可否认的是,事实推定在司法实践尤其是毒品案件中是客观存在的。利用推定来认定案件事实是通过证明基础事实,利用经验法则、逻辑法则等推定依据认定推定事实的过程。具有全国影响的牟其中信用证诈骗案中,一二审法院从南德集团业务真实情况、开具信用证后表现及资金用途来认定牟其中及南德集团具有非法占有的目的。与利用间接证据证明案件事实不同的是,法院所依据的证据材料可以证明其与非法占有有一定证明关系,但不能得出唯一性的结论并排除一切合理怀疑,此时,法院选择了可能性最大的情况作为认定的案件事实并容许被告人提出证据加以反驳或进行合理说明,在被告人提出的证据不能推翻这一认定或无法进行合理说明时认定生效。[②]

毒品案件中可以认定被告人具有主观明知的几种情况已经由最高人民法院通过司法解释的形式将其转化为法律推定,但由于案件类型多种多样,司法解释不可能穷尽一切可能证明被告人具有主观明知的情况,在具体的案件侦办中必然可能涉及对犯罪嫌疑人、被告人是否具有主观明知或其他犯罪构成的推定,毕竟法庭证明不可能达到绝对确信,合理运用事实推定无疑是切实可行的有效措施。同时,经过实践的检验将事实推定转化为法律推定也是合乎客观规律与立法规律的活动。

值得注意的是,事实推定的适用不能违背无罪推定的基本原则。毒品案件中,只有证据表明被告人的行为具有毒品犯罪的高度盖然性时方可适用事实推定并要求被告人承担一定的举证责任。在死刑案件中,有着更高的证明标准要求,可以说在毒品案件中,“应当知道”是毒品的情况不能适用死刑。[③]

(三) 以间接证据认定案件法律事实

使用间接证据认定案件法律事实采用的是在证明若干基础性事实后,利用逻辑推理认定案件实施过程,基础性事实与待证事实是排他性的一一对应关系。被告人的反驳只是承担辩护权的体现,与法官最后认定是否可以生效无关。[④]

---

① 姚舟、沈威:《幽灵抗辩及其排解机制构造》,《东南法学》2014 年第 3 期。

② 褚福民:《事实推定的客观存在及其正当性质疑》,《中外法学》2010 年第 5 期。

③ 赵秉志、李运才:《论毒品犯罪的死刑限制——基于主观明知认定的视角》,《中南民族大学学报(人文社会科学版)》2010 年第 5 期。

④ 褚福民:《事实推定的客观存在及其正当性质疑》,《中外法学》2010 年第 5 期。

事实推定由于介入了法官选择哪种待证事实作为可能性最大的认定事实的主观认定，具有较大的自由裁量性，而利用间接证据认定案件法律事实则客观性较强。在毒品案件缺乏直接证据的情况下，可以利用间接证据形成完整、严密的证据锁链来认定案件法律真实。

对于通过间接证据实现对毒品案件法律事实的认定应当满足以下要件：

（1）每一份证据本身是真实、有效的，具备证明资格。

（2）单个或者其中若干证据的证明力足以可以证明某一基础事实，并且是排他性的，不存在其他可能性。

（3）一个或者基础事实得到证明后，根据一般社会经验法则和自然规律，可以得出唯一性的事实认定结论，不存在其他合理的怀疑。

五、结语

随着禁毒斗争的深入开展，对于毒品案件中时常发生的“幽灵抗辩”必须予以足够的重视。刑事诉讼的过程是证明一个行为符合犯罪构成要件的过程，对于“幽灵抗辩”的排解也必须从构成要件的角度进行阻击。综合刑事诉讼无罪推定、经验法则的规则与毒品犯罪的实际，必须对毒品案件的证明责任进行分配，由被告人适当承担一定的证明责任。除去应然，实践中也应当对毒品犯罪的构成要件进行立法上的完善，并在司法实践中运用证明规则达到“法律真实”。

（罗　恒　上海海警总队情报法制小组）

吸毒行为的刑法边界：论吸毒入刑的困境与出路

吴　鹏

摘　要：现阶段，吸毒入罪的困境主要集中在基于社会危害性的刑法谦抑性评价及基于刑事政策的操作性处置两方面，但从刑法理论看，吸毒行为的社会危害性显然达到了用刑法进行规制的程度，而吸毒入刑也并不违背当前禁毒工作的刑事政策。为有效打击毒品违法犯罪活动，进一步推进禁毒工作，在准确定性、规范罪名，准确释法、把握标准，准确量刑、把握幅度的基础上，可以考虑并推进吸毒入刑的准备工作。

关键词：吸毒　入刑　困境　出路　社会危害性　刑事政策

近年来，我国毒品违法与犯罪现象日益突出，禁毒工作面临严峻的形势，主要表现在三个方面：吸毒群体日益膨胀，滥用毒品情况日益复杂，毒品危害及其次生危害日益加剧。中共中央、国务院已经将禁毒工作提升到了“国家安全战略和平安中国、法治中国建设”的新高度。根据我国现行法律，毒品四禁（禁种、禁制、禁贩、禁吸）中，前三禁已经由刑法进行规制，但对吸毒的行为，仍由行政法规予以规范，即我国立法对吸毒行为采取“非罪说”立场。为进一步有效打击毒品违法犯罪活动，更有效地开展禁毒工作，近年来，无论在刑法理论界，还是在司法实务部门，都有人呼吁“吸毒入刑”。笔者建议，应采取“抑源堵流、综合治理”的办法，将情节严重的吸毒行为入刑，提高刑法对吸毒行为的震慑力，积极扼制毒品违法犯罪活动的发展趋势，深入、全面、有效地推进禁毒工作。

一、吸毒行为入刑的困境

目前，主张吸毒非罪说的理论主要有以下几种：一是吸毒行为的社会危害性小，入刑有违刑法谦抑性原则；二是吸毒入刑将会导致犯罪的绝对数大增，耗费大量司法资源，且不具有可操作性；三是现行戒毒体系完备，尤其是强制隔离戒毒效果较好，能起到惩戒、教育、挽救作用。综合上述各种观点，吸毒非罪说的观点主要集中在社会危害性及刑事政策的考量两个方面。

(一) 吸毒入刑是否有违刑法谦抑性原则?

刑法学理论认为犯罪的根本特征即其社会危害性,故从刑法立场出发,定义某行为是否犯罪最重要的一个因素即要衡量其社会危害性的大小。吸毒的危害有很多,归纳起来主要有三点:一是吸毒是涉毒类犯罪的根源;二是吸毒给吸毒者个人、家庭及社会带来沉重的负担;三是吸毒导致的次生犯罪危害巨大。主张吸毒非罪说的观点认为我国目前还不宜将吸毒定性为犯罪,刑法本身具有谦抑性,其应当作为遏制违法行为的最后一道防线,能够用其他法律手段调整的违法行为尽量不用刑罚手段调整,能够用较轻的刑罚手段调整的行为尽量不用较重的刑罚手段调整,而吸毒行为的社会危害性尚不足以动用刑法进行规范。从目前我国的实际情况看,禁毒法已经将吸毒行为作为治安管理处罚的内容,对吸毒成瘾或符合相关标准的人员,县级以上公安机关还可以强制隔离戒毒,故将吸毒行为入罪不符合刑法谦抑性原则。

(二) 从刑事政策角度考量吸毒入刑是否具有可操作性?

刑事政策是指国家立法机关、司法机关根据国情和犯罪现状制定或运用的预防犯罪、惩罚犯罪以及矫治犯罪人的各种刑事对策。从吸毒行为影响之大、涉及面之广来看,不能不从刑事政策角度对吸毒行为进行评价。根据国家禁毒委公布的《2015 中国禁毒报告》[①],截至 2014 年底,全国累计发现、登记吸毒人员 295.5 万名,其中 2014 年新发现吸毒人员 48 万名。参照国际上通用的吸毒人员显性和隐性人员比例,实际吸毒人数可能超过 1 200 万名。如此大的基数,如果将众多吸毒人员纳入定罪范围,势必会导致一系列问题,如因犯罪数量激增而导致的社会面稳定问题,因司法资源配置而导致的公检法本已紧张的司法资源不堪重负问题,因数量及成本激增导致的司法处置可操作性问题等,这些问题在吸毒入刑后既不可回避,更是不易解决的。

二、吸毒行为的刑法考察

(一) 刑法分析

从刑法共犯理论看吸毒的社会危害性。引诱、教唆和容留他人吸毒者,构成吸毒行为人的教唆犯、帮助犯,从刑法共犯理论看,吸毒行为人成立共犯的实行正犯,而教唆犯和帮助犯成立共犯,根据共犯理论,共犯的刑事责任对实行正犯的行为具有从属性,共犯的社会危害性要低于实行正犯的社会危害性,但从现

---

① 参见中国禁毒网:http://www.nncc626.com/index.htm,2016 年 9 月 25 日访问。

行刑法规定来看,比吸毒行为社会危害性低的教唆、引诱、容留等行为被规定为犯罪,而社会危害性较大的吸毒行为反而不是犯罪,从法律逻辑上分析,似为不妥。

从刑法阻却责任的事由来看,有人认为吸毒行为的自损性和不可期待性使其难以用刑法予以规制,即成为吸毒行为责任阻却的理由。但从实践来看,因吸毒而诱发的犯罪以及吸毒后所导致的次生犯罪,使其与一般的自损性行为不同,其社会危害性远远大于对吸毒者自身的伤害。基于此,从现代刑法法益保护的范围看,吸毒行为理所当然应由刑法予以否定性评价。

从打击的威慑力来说,对吸毒所进行的行政处罚的威慑力显然不能与刑法的威慑力相提并论。我国目前对吸毒行为进行的行政处罚,不外是行政拘留、社区戒毒和强制隔离戒毒,相对于我国现阶段吸毒人员复吸率高达90%以上的实际情况,行政处罚显然力度不够。而从刑法规定的涉毒罪名看,由于吸毒不入罪,导致一些非法持有毒品的毒贩,以自己吸食毒品为借口规避处罚,更有甚者,在一定程度上也放纵了吸毒者在吸毒后,因行为失控而造成其他危害社会的结果,比如近几年关于"毒驾入刑"讨论的情况。

从禁毒的有效性来看,毒品犯罪是当今世界公认的世界性难题,其早已不是一个单纯的犯罪问题,而更是一个严重的社会问题,从毒品犯罪的生态链来看,存在毒品的生产、流通和消费三个环节。涉毒犯罪有很多具体的罪名,毒品问题泛滥绝不仅仅是指种、制、贩,更重要的是指吸毒行为,吸食毒品是毒品违法、犯罪的终端,离开了吸食,其他涉毒行为均无存在必要,故吸毒对涉毒犯罪甚至其他犯罪的诱发性和原罪性是不言而喻的。据统计,"有77.4%的被试认为吸毒必然导致犯罪,而79.8%的被试发现周围很多或较多人因为吸毒而犯罪;而在关于毒资来源的调查中,26.2%的被试的回答是通过不正当手段。这些数据表明,吸毒与犯罪之间有着紧密而直接的联系"①。问题是,目前我国将吸毒行为以行政处罚的方式进行规制是否有效?从目前的实际情况看,除个别情节,如容留他人吸毒及强迫、欺骗他人吸毒等情形被纳入刑事法范畴外,其余情形均由行政法规予以规制。从犯罪发生学角度来看,如要有效实施禁毒工作,有效打击毒品违法犯罪行为,最根本的是要切断贩与吸、供与需的市场链条,吸毒行为理所当然地应当纳入刑事法考量的范畴。

从现代法制的发展看,将吸毒纳入刑法调整的范畴符合现代法制发展的理

---

① 乔利国、陈伟民:《在押男性吸毒罪犯的人格分析》,罗大华、狄小华、马皑主编:《刑事司法心理研究》,群众出版社2006年版,第516页。

念和精神。当前，在取消劳教制度后，各地普遍将原有的劳教场所改成强制隔离戒毒所，名称虽变，但强制隔离戒毒的劳教行政强制措施本质并未改变，现行强制隔离戒毒制度与现代法制精神不符，这也是学界常常诟病的地方。在吸毒入刑后，可以借鉴大陆法系国家的保安处分制度对强制隔离戒毒制度进行替换。

（二）立法借鉴

吸毒并非当代社会的顽疾，也不只是我国的特有现象，可以说，从毒品诞生那天起，世界各国就都曾面临这一顽疾。我国近代法制化的过程是一个立足本国实际、不断吸收借鉴以往及别国经验的过程。就禁毒而言，纵向考察，我国清代黄爵滋曾说过："耗银之多，由于贩烟之盛；贩烟之盛，由于食烟之众。无吸食，自无兴贩；无兴贩，则外夷之烟自不来矣……必先重治吸食。"横向考察，当今世界许多国家都将吸毒纳入到刑法规制的范畴，并均取得不错的治理成效。如德国将吸毒者酌情判处 2 年以上有期徒刑；芬兰按非法使用毒品罪论处，处以罚金和 6 个月以下监禁；韩国对吸毒者的刑罚是世界上最严厉的国家之一，处以 5 年以下劳役；日本、意大利、美国、法国均将吸毒行为规定为犯罪，受到刑法处罚。这些国家之所以将吸毒纳入刑法规制的范畴，正如上文所述，认为吸毒行为不仅仅侵害了个人权益，更侵害了社会法益。①

（三）入罪构想

综上分析，吸毒入罪是禁毒体系中一项必要且有效的措施，虽然目前入刑尚有诸多困难，但从国际禁毒斗争的经验和实践看，吸毒入刑应是大势所趋。笔者建议，在我国《刑法》分则第六章"妨害社会管理秩序罪"第七节中增设"故意吸毒罪"，内容为："因故意吸食、注射毒品被处以两次行政处罚后，仍再次故意吸食、注射毒品的，处 3 年以下有期徒刑、拘役或者管制，并处罚金；情节严重的，处 3 年以上 7 年以下有期徒刑，并处罚金。"

1. 准确定性，规范罪名

由于在实践中吸毒行为的表现形式各异，正如吸毒非罪说所称的那样，部分吸毒行为的社会危害并不大，故对吸毒行为不能一概而论，无论从刑法谦抑性原则出发，还是基于实践可操作性，该类犯罪都应重点打击屡教不改形成吸毒恶习者，可以借鉴我国现行刑法中多次盗窃的情形，既杜绝了"一吸"就入罪，又真正将司法资源放在打击重点上。而在吸毒前加"故意"一词，既排除过失行为构成本罪的可能，又能反映出此类犯罪的本质特征与属性。

① 张明楷：《外国刑法纲要》，清华大学出版社 1999 年版，第 689 页。

2. 准确释法,把握标准

故意吸毒罪理解上需主要注意两点：一是在因故意吸食、注射毒品被处以两次行政处罚后再犯的情形,二是情节严重的把握。可以从以下几点考虑：如具有社会影响力的公职人员、老师、公众人物等群体中吸毒的;吸毒后实施其他犯罪的;曾因此罪被处以刑罚,又因本罪被追究刑事责任的;吸毒造成恶劣社会影响的。同时,要处理好与刑法中原有的引诱、教唆、欺骗他人吸毒罪,强迫他人吸毒罪和容留他人吸毒罪的关系。

3. 准确量刑,把握幅度

关于量刑,在吸毒入刑中不可回避的一个问题是,目前行政处罚中的强制隔离戒毒已是处罚较重的行为,甚至有学者认为,这样的行政处罚比一般的轻微犯罪处罚还要重。故如果吸毒入刑,在强制隔离戒毒没有取消前,要准确把握两者的衔接,法定刑设置的 4 档 3 个刑罚种类,要根据行为人的犯罪情节、主观恶性、对他人和社会的危害程度等方面进行考察,最终由审判机关进行综合评判,做到罚当其罪。

三、结语

习近平总书记在 2014 年“国际禁毒日”前夕,就我国严峻的毒情形势作出重要批示:“禁毒工作是事关人民幸福、安康、社会和谐稳定的一项重要工作,要标本兼治,多管齐下,坚持源头治理,系统治理,综合治理,依法治理,统筹运用法律、行政、经济、教育、文化等手段,综合采取禁吸、禁贩、禁种、禁制等措施,最大限度减少社会危害。”将吸毒行为纳入刑法范畴进行考察,就社会危害性及治理有效性而言有其积极的一面,但就目前而言,如何解决立法层面的顶层设计及入罪后的惩处体系建设,远非仅仅讨论是否入刑这么简单。吸毒行为即便入刑,禁毒工作也不可能一蹴而就,更不可能一劳永逸,需要理论界及实务部门进一步的研讨和探索。

(吴　鹏　上海市虹口区人民法院刑事审判庭)

三、戒治方法研究

女性戒毒人员身体康复训练实践过程的研究

——以上海市女子强制隔离戒毒所为例

姚雪梅　沈　军　蔡建妹　裴小茹

摘　要： 身体的康复与管理对于一个从吸毒者走向健康的社会人来说是十分重要的。本研究从女性戒毒人员身体康复的视角出发，通过对女性戒毒人员进行身体康复方面的训练及干预，探讨"康复内容""康复流程""康复评估"等核心内容，为探索女性戒毒人员身体康复路径及构建场所戒毒康复一体化体系提供新的视角与借鉴。

关键词： 女性戒毒人员　身体康复训练　实践过程

据调查统计，截至2015年底，全国现有吸毒人员234.5万名（不含戒断三年未发现复吸人数、死亡人数和离境人数），其中男性吸毒人员为200.7万名，女性为33.8万名，女性吸毒人员占比14.4%①，且近年来女性吸毒人员呈年龄低龄化、数量高增长的态势。从毒品成瘾的社会学原因来看，男女的交互影响是十分重要的因素，有效地帮助女性吸毒人员戒除毒瘾从一定程度上能够更好地遏制吸毒人员逐年增长的高发态势。

研究证明，药物成瘾是一种慢性复发性的脑疾病。现代医学认为，毒品成瘾与人的生理、心理、社会及精神等诸多方面的因素有关，关于戒毒的治疗方案，也应从成瘾机制出发，综合生理、心理、认知、康复等诸多方面开展综合性的戒治工作。虽有研究证明，女性的戒毒动机普遍高于男性，但戒毒自信、戒毒持续力方面又不如男性。然而，一切的康复干预与戒毒治疗都需要以"身体"作为前提。研究显示，体能训练、身体康复对于戒毒人员的心理康复、认知改变有着重要的作用。然而，女性在其生理、心理、行为、认知及其所承担的社会功能方面都不同于男性。因而，从女性身心康复的视角出发，设计并开展符合女性的身心特点、

① 数据来自《2016年中国毒品形势报告》。

戒断需求、功能恢复等方面的身体康复训练,以帮助女性戒毒人员摆脱对毒品的生理及心理依赖,实现生理、心理、社会的综合平衡是十分重要的。

本文以上海市女子强制隔离戒毒所的女性戒毒人员为样本,目的是通过对女性戒毒人员进行身体康复方面的训练及干预,研究康复动机激发、康复内容完善、康复流程设计等方面的实际效果,为女性戒毒人员身体康复路径的探索及场所戒毒康复一体化的构建提供新的视角与借鉴。

一、研究对象和方法

(一) 研究目的

身体兼具"个体社会""生理文化"的双重属性,是生命载体与价值载体的统一体。[①] 身体的康复与管理对于一个走向健康的社会人来说是十分重要的。本研究从对"身体康复"这一核心概念的界定出发,结合上海市女子强制隔离戒毒所的具体实践,探讨女性戒毒人员身体方面的"康复内容""康复流程""康复评估"等关键内容,以此尝试性地提出女性戒毒人员身体康复训练系统性的机制及策略。

(二) 研究对象

自 2013 年 11 月劳教制度废止以来,强制隔离戒毒工作经历了一次大的转型,戒毒康复、教育戒治是戒毒管理工作的重点,系统性的身体康复训练也进一步深入开展。本研究选取戒毒工作转型以来的收戒对象,也就是自 2014 年 1 月 1 日以来的入所对象,因其从入所以来便受到过系统完整的身体康复干预训练,所以选取这一时间段的群体,研究分析其在生理及心理方面的积极变化更有代表性。

剔除强戒期间转社区戒毒、转逮捕的以及截至 2016 年 3 月 31 日近三个月内的新收戒毒人员,课题组选取了自 2014 年 1 月 1 日至 2015 年 12 月 31 日之间入所的 1 184 名女性戒毒人员样本,作为研究对象。

(三) 研究方法

由于该研究涉及女性戒毒人员身体康复训练的实践研究,又涉及相关理论及经验层面的研究,因此,本研究采取的研究方法也是多样化,主要有文献法、问卷法、访谈法及实验法等。

通过文献法搜集国内外关于戒毒人员身体康复方面的理论研究和经验研究。通过问卷调查和深度访谈,了解女性戒毒人员对身体康复的动机、看法和期

---

① 胡倩:《价值管理与健康管理的失衡与再平衡——湖北 XY 市乡村艾滋病人的身体管理实践》,硕士学位论文,华中师范大学社会学系,2014 年,第 16 页。

望。通过对民警的访谈，了解身体康复训练的开展情况。而实验法主要是通过所内的新收初评、一年诊断评估、一年半诊断评估及国民体质检测标准（灵敏、耐力、协调、平衡、力量）等指标，衡量身体康复训练开展的实际效果，为后续康复策略的调整及完善提供经验参考。

1. 调查对象的基本情况

表 1　年龄结构

年龄结构	频数	比例(%)
1960 年以前出生	46	3.9
1960—1969 年出生	104	8.8
1970—1979 年出生	348	29.4
1980—1989 年出生	391	33.0
1990 年以后出生	295	24.9

表 2　吸食毒品类型

吸食毒品类型	频数	比例(%)
吸食传统毒品	122	10.3
吸食合成毒品	955	80.7
传统和合成毒品混吸	107	9.0

根据前期的调查数据显示，女性戒毒人员 1969 年及之前出生的较少，有 150 人，占 12.7%；1970—1979 年出生的有 348 人，占 29.4%；1980—1989 年出生的有 391 人，占 33.0%；1990 年以后出生的有 295 人，占 24.9%。由此，可以看到 1970—1989 年出生的占了大多数。另外，调查数据显示，吸食合成毒品的占调查总数的 80.7%。这需要我们根据戒毒人员的年龄、吸食毒品类型、身体素质等，科学地设计身体康复训练内容。

表 3　入所次数

入所次数	频数	比例(%)
初次入所	648	54.7
多次入所(2 次及 2 次以上)	536	45.3

表 4　户籍类型

户籍类型	频数	比例(%)
上海籍	696	58.8
非上海籍	488	41.2

女性戒毒人员的年龄状况是影响其身体素质情况的重要因素,也为我们选择康复训练项目提出了一定的要求;另外,吸食毒品的种类、入所次数及户籍类型等方面的不同,对康复训练的具体要求和期望也不同。

2. 调查对象对身体康复的认知

表 5　调查对象对身体康复的认知

项　　目	频数	比例(%)
戒除毒瘾	1 184	100
强健体魄	1 176	99.3
生理毒瘾减少或消除	957	80.8
心理毒瘾能够有效控制	1 184	100
基本生理健康：心肺耐力、肌耐力、柔韧性及身体成分等	679	57.3
基本运动,灵敏性、协调性、平衡性、速度、反应时间、爆发力等	687	58
竞技类的活动：跑步、打羽毛球、篮球等	873	73.7
文娱类项目：唱歌、跳舞等	1 051	88.9
膳食搭配营养健康	1 184	100
把身体养好	1 184	100
社会适应能力增强	1 184	100

调查显示,女性戒毒人员戒除毒瘾的动机较强,对膳食营养的期待较高,对娱乐类活动的接纳度较高,但对身体康复训练的认可度较低。不少戒毒人员认为,“我是来戒毒的,不是来学这个广播操、那个韵律操的……”,甚至对基本生理健康、基本运动都持拒绝、排斥态度。因此,对其植入体能康复、健康管理的理念十分必要。

3. 女性戒毒人员身体康复训练的实践过程

在对女性戒毒人员开展身体康复训练之初,课题组围绕“身体”和“康复”

两个基本概念出发，结合“康复医学”“体能康复”等概念，对“女性戒毒人员身体康复”的基本概念进行了清晰的界定，以此为身体康复训练的科学开展提供依据。

课题组将“女性戒毒人员身体康复”定义为：“戒毒场所遵循国家戒毒原则，为帮助女性戒毒人员戒除毒瘾，以增强女性戒毒人员体能素质为目的，以体能训练和康复训练相结合为手段，以科学严谨的训练方案为指导，以专门的康复器械为依托，同时兼顾相应的膳食营养措施，而使得女性戒毒人员在强制隔离戒毒期限内生理机能、身体功能得以恢复，心理健康程度得以增强，社会功能得以重建的一种综合性、专业化、科学化的体系。”①

（1）康复训练的理念原则：

一是身体管理与健康管理相结合。从社会学意义上说，“身体”有着价值载体和生命载体的双重属性。因此，课题组在项目实施的过程中，跳出了对“身体”单一认识的思维局限，引入了身体管理与健康管理的理念，既注重引导女性戒毒人员认识到自我身体的价值属性，将身体康复理念融入戒除毒瘾的目标中，又注重从“健康维系”的角度，为女性戒毒人员提供营养摄入、医疗关怀和体能康复等系列性的康复服务。

二是需求为本与分类实施相结合。开展项目之初，课题组调研走访一线基层民警、相关科室民警、功能部门民警及女性戒毒人员自身，了解其对于身体康复训练的形式、内容、时间、强度等方面的需求期望，结合现有场地、器材、警力等现状，根据女性戒毒人员的年龄结构特点、身体健康状况、戒治阶段等，最终确定身体康复训练开展的具体形式及内容。

三是动态监测与效果评估相结合。身体康复是一个长期性与阶段性的过程，需要不断地进行训练效果的测评。为充分保证身体康复训练的效果，课题组采取季度性测评与诊断评估相结合的方式。季度性测评作为日常动态监测的手段，诊断评估中一年评估与一年半评估作为效果评估的一种方式，检验康复训练开展的实际成效，并作为及时调整训练项目的依据。

（2）康复训练的流程设计：

一是初始数据搜集。结合诊断评估工作要求和实施办法，课题组在新收入所时，借助医疗仪器及运动器械对其进行体检、稽延性症状、体能指标等方面的测评，建立了新收戒毒人员身体健康档案，以此作为其身体康复训练的基数，便

---

① 贾东明，郭崧：《试论强制隔离戒毒人员身体康复工作流程的设计》，《中国药物滥用防治杂志》2015年第4期，第217页。

于日后康复训练后的各项指标比对。

二是分期分类实施推进。按年龄分区。第一梯队：36 岁以下，无身体疾病的戒毒人员；第二梯队：36—45 岁，无心肺疾病、高血压疾病戒毒人员；第三梯队：46—55 岁，无心肺疾病、高血压疾病戒毒人员；第四梯队：55 岁以上，心肺疾病、高血压疾病戒毒人员。

三是戒治阶段分区。依据生理脱毒期、身心康复期、回归社会期三个不同阶段女性戒毒人员的心理特点来开展相应身体康复训练项目。

四是身体康复与心理康复协同开展。研究表明，身体康复对心理康复有一定的积极作用，同时，心理康复对身体康复的开展也有促进作用。课题组在进行身体康复训练的同时，重视心理康复、认知重建的反作用，辅以一定的心理介入方法，如生命意义团询、防复吸训练等，进一步促进身体康复训练的有效开展。

(3) 康复训练的内容设计：

一是身体素质初评。根据《国民体质测定标准(2013)》以及《强制隔离戒毒人员体能测试合格参考》的要求，结合强制隔离戒毒场所的实际，对公安机关移送的新收女性戒毒人员开展身体素质初评，在入所之初为每名女性戒毒人员建立健康档案、身体康复训练档案。女性戒毒人员身体素质检测主要有三个方面：体检，包括常规生理体检(筛选重大疾病)、毒瘾检测。人体成分分析检测，进行身体素质的健康评估。体能检测，包括耐力、速度、力量、柔韧性、灵敏性、平衡性的检测。借助场所医疗器械及运动训练器械所得出的初评数据，为日后身体康复训练计划的制订及项目的筛选提供了重要的依据。

二是膳食营养的跟进。膳食营养是提高女性戒毒人员身体素质、促进康复运动有效开展的重要保障，也是康复训练内容设计中的重要一环。根据女性戒毒人员独特的生理结构和因毒品导致的身体机能的损坏现状，制定适应其生理特征的食谱，并根据不同阶段身体康复训练的需要，调整不同食物所占比重，完善其膳食结构，使其营养更加均衡化、科学化。

三是身体康复训练项目筛选。根据女性戒毒人员的年龄结构、吸食毒品类型、生理特点、身体素质情况及戒治阶段等，科学设计身体康复训练项目。

四是生理脱毒期。主要是针对新收女性戒毒人员，因其刚入所不久，在心理、认知、行为上，未完全接纳强制隔离戒毒场所的环境，部分人的情绪状态并不稳定。针对新收，主要开展音乐舒缓、动作缓慢有节奏的健心康复操，辅之以冥想练习，这些项目的年龄区分度小，基本适合各个年龄阶段的人。主要帮助其缓解内心焦虑紧张的情绪，放松心态，尽快融入场所环境中。

五是身心康复期。这段时期内，根据其年龄状况、初评身体素质情况、个人兴趣等，开展相应的训练项目。47 岁以上的女性戒毒人员心肺疾病、高血压疾病较为集中，主要开展太极康复操训练，运动强度以中小强度为主，运动时心率范围控制在 83—98 次/分，每周一、二、三、五中午运动半小时。每周四为主题教育日，下午运动 45 分钟。通过太极康复操的练习，使其身心放松，不断提高身体机能水平。36—46 岁身体无明显疾病的戒毒人员，主要开展广播操、韵律操、手语操等常态化的康复训练，身体素质允许的人员可参加仰卧起坐、有氧慢跑、坐位体前屈等运动项目，以提高其身体的耐力、柔韧度、心肺功能等。除前述常规的康复训练项目外，针对 36 岁以下的女性戒毒人员还开展了瑜伽、广场舞、T 台秀、健美操、民族舞等运动项目，提高其身体机能，更增进其对身体美感的接纳与欣赏、管理与维护，进一步提高其内在自信。

六是回归社会期。这一时期，主要是对其已改善的身体机能的巩固，以及对身体指标有欠缺的部分进行有重点的训练。另外，还将女性戒毒人员身体康复情况、身体素质综合情况进行汇总，获取其回归社会前的身体健康情况，为其回归社会后的身体康复训练提供指导建议。

身体康复训练评估方法。依据司法部戒毒管理局《强制隔离戒毒人员诊断评估实施办法(试行)》、上海市戒毒管理局《强制隔离戒毒人员诊断评估实施细则(试行)》及《国民体质测定标准(2013)》来对所选取的样本进行前测、后测对比分析，来检验身体康复训练的效果，也为调整完善康复训练项目提供依据。诊断评估主要有一年评估和一年半评估，来看女性戒毒人员分别在入所一年和一年半时，生理、身体的恢复状况。运用专业的运动器械，参照国民体质标准数据，分季度检测女性戒毒人员在耐力、速度、柔韧性、灵敏性、力量、平衡性等方面的改善状况。

二、研究结果

从身体康复训练的评估结果来看，对女性戒毒人员实施的康复训练项目有一定的效果，其生理康复、身体机能、身体素质方面较之新收初评均有不同程度的提高。具体如下：

(一) 稽延性/精神症状

运动训练对女性戒毒人员的稽延性症状有一定的改善作用。诊断评估的数据表明，女性戒毒人员经过身体康复训练后，睡眠障碍、焦虑、疼痛等方面有了明显的缓解。

图 1 显示,两次诊断评估中,戒毒人员的稽延性/精神症状都没有不合格,对比发现:成绩较好的人数,一年半诊断评估比一年增加 7.75%。

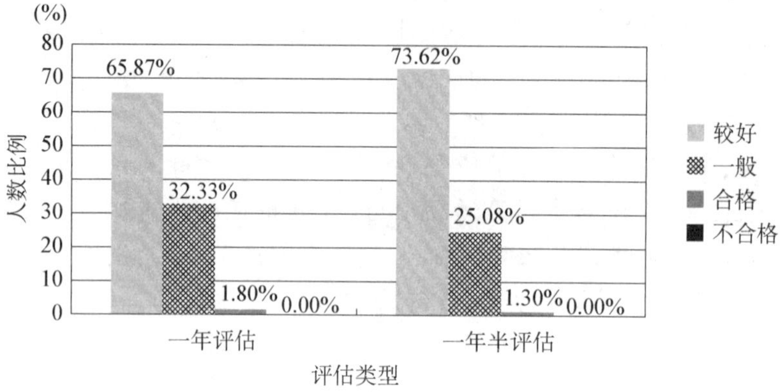

图 1　稽延性/精神症状

(二) 体能恢复

女性戒毒人员体能恢复情况以体能测试结果为准,采用坐位体前屈测试仪、握力测试仪、一分钟仰卧起坐测试仪、闭眼单脚站立测试仪、灵敏度反应测试仪,具体从速度、灵敏度、力量、耐力、柔韧协调性、平衡性等 6 个方面测试,测试结果分为四个等级:优秀、良好、合格、不合格。

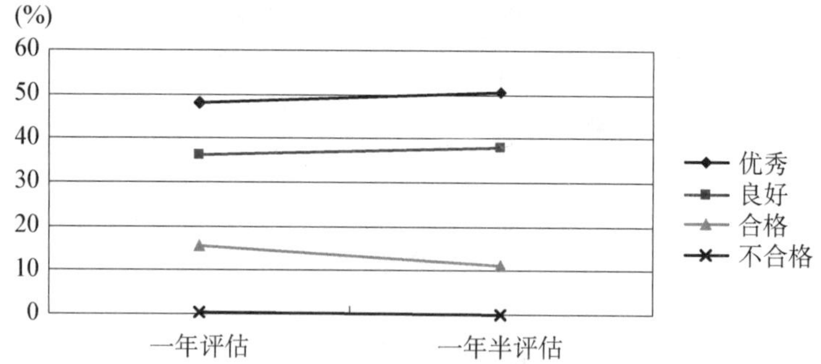

图 2　体能恢复

测试结果显示,女性戒毒人员的体能指标方面有了较明显的改善,且一年半诊断评估的数据较一年诊断评估的数据更好。

(三) 认知神经功能康复

综合性的康复训练内容对女性戒毒人员的空间感知、记忆力、思维能力、注意力等均有明显的改善。女性戒毒人员的认知神经功能也有了一定的恢复。

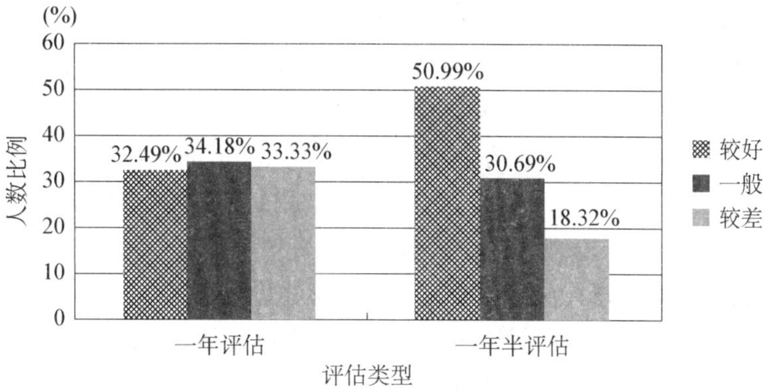

图 3　认知神经心理康复情况

三、结论

通过对 1 184 名样本的前测与后测的对比数据来看，对女性戒毒人员的身体康复训练效果显著。从具体的实践过程来看，所戒毒管理科与生活卫生康复科负责制定身体康复训练项目；所诊断评估中心及卫生所（保健站）负责女性戒毒人员身体康复数据的采集、训练过程的督导、评估效果的诊断、评估建议的汇总等；后勤膳食部门负责出具女性戒毒人员的营养处方，调整膳食结构；各个大队负责具体实施身体康复训练内容。项目实施流程顺畅完整，促进了身体康复训练的有效开展。

在实施过程中，还注重对女性戒毒人员身体康复、健康管理理念的培养，激发康复主体的主观能动性，将体能康复、身体健康逐渐培养成她们的一种行为习惯与生活习惯，有效地扩大了身体康复训练的影响力；另外，还将身体康复与心理康复相结合，在身体康复中促进心理健康，在心理康复中调动身体健康的潜能，着力于构建场所内一体化、综合性、系统性的戒毒康复体系。

自 2014 年开展系统性的身体康复训练项目以来，积累了一定的实践经验，也培养了一批专业的体能康复师、膳食营养师队伍。现阶段，场所的收戒人数增加，管理压力及难度加大，尤其是滥用合成毒品的人员日益增多，为了进一步提高康复训练的效果，完善康复训练体系，还需要从以下几个方面做进一步的探索。

（一）完善女性戒毒人员身体康复数据库建设

现行的戒毒人员数据库主要是戒毒人员基本信息、本案信息、社会关系、前科劣迹等，也包含有诊断评估方面日考评、行为等方面的信息，身体素质方面的信息由卫生所(保健站)统计,心理方面主要是16 PF测试,由心理诊断评估中心测评,体制改善方面的综合报告由国民体质监测系统出具。可以看到,目前各个方面的数据不是十分完善,还缺少整合和共享。需要建立一个涵盖戒毒管理、身体康复、身体素质、心理康复等方面的综合数据库,一方面可以减轻基层民警的工作量,提高工作效率;另一方面,也能够提高数据的使用率,形成具有戒毒人员特质的常模,实现身体、心理、行为、认知方面的进一步融合。

(二) 加快女性戒毒人员身体康复评估指标建设

现行的评估方法主要是依据诊断评估操作细则开展,依据各个项目的标准分值、优秀分值来进行测评。具体操作上的标准化、规范化及科学化还亟待完善;另外,国民体质监测标准,主要是针对正常人的指标。毒品对人的脑神经、生理、心理都造成了极大的破坏,即使是经过了系统的身体康复训练,有些戒毒人员的身体机能水平的确得到了提升,但仍难以达到正常人的水平。戒毒人员中男性与女性的身体特质又十分不同,因此,针对戒毒人员尤其是女性戒毒人员的身体素质检测参照标准还需要在实践中进一步摸索,形成一套专业、科学、有效的评估标准。

(三) 加强女性戒毒人员身体康复训练中心建设

当前,收戒压力增大,康复难度增大,康复任务增多。专业的康复训练师数量难以满足现实的需求,亟须尽快培养一批与康复治疗有关的精神医学、中西医康复学、心理学、运动学、教育学背景的康复治疗师,以回应现实的巨大需求。还需要扩大康复训练场地,引进专业的康复训练器材,完善康复训练的基础设施建设。另外,合成毒品对人的脑神经破坏十分严重,需要结合精神学、医学的相关知识进一步探索有助于合成毒品滥用者身体康复的训练项目,以完善现有身体康复训练内容。

(姚雪梅、沈　军、蔡建妹、裴小茹　上海市女子强制隔离戒毒所)

同伴教育服务模式在戒毒康复工作中的应用及思考

——以上海市长宁区“星连心”同伴教育服务项目为例

王谢英　朱维水

摘　要：社区戒毒康复人员的复吸问题一直是困扰禁毒工作的世界性难题，通过近十年的不断探索和实践，上海将同伴教育引入戒毒康复领域，并发展成为本土化的禁毒社会工作服务模式。同伴教育方法在社区戒毒康复中的应用，有效地降低复吸率，巩固戒断率。长宁作为上海市同伴教育起步最早的区县之一，积极致力于戒毒康复工作中同伴教育模式的运用与建设。本文主要以长宁区“星连心”同伴教育服务项目为例，阐述该服务模式应用于戒毒康复领域的现实意义与实际成效，并就实践过程中存在的若干问题、相关建议进行分析、探讨。

关键词：同伴教育　社区戒毒　思考与建议

一、同伴教育应用于戒毒康复领域的背景

为从源头上预防和减少犯罪，加强社区戒毒康复人员的管理服务工作，2003年11月，上海按照“政府主动推动、社团自主运作、社会多方参与”的总体思路，采用政府购买服务的方式成立了国内首家为药物滥用人员提供服务的非盈利性社会组织“上海市自强社会服务总社”，开启了社区戒毒康复领域禁毒社会工作职业化、专业化的发展之路。随着专业服务的不断深入，社区戒毒康复领域的同伴教育服务方式应运而生。在此宏观背景下，长宁同伴教育也从点点星火到发展壮大，除整个预防犯罪体系的促进与推动外，还有其自身的背景基础。

（一）同伴教育概念及其理论基础阐释

同伴教育亦称同辈教学、朋辈辅导或同辈辅导，是指具有相同背景、相似经历或由于某些原因而具有共同语言的人在一起分享信息、观念或行为技能，以实

现教育目标的一种教育形式。行为科学研究证明，人们通常愿意听取年龄相仿、知识背景、兴趣爱好相近的同伴、朋友的意见和建议。特别在一些敏感问题上，相关人群往往更加能够听取或采纳同伴的意见和建议。同伴教育就是利用人们的这种趋众倾向及同伴之间的这种共性和相似性所引发的信任感，通过榜样的示范带头作用，使同伴更好地接受信息，并潜移默化地施以影响。① 上海在禁毒领域实施同伴教育的过程中把同伴教育定义为：同伴教育是一种具体的、专业的教育方法，它通常邀请受过培训且具有相同年龄、背景、经历或有共同语言的同伴辅导员在他们自身同属的同伴群体中开展工作，以达到预期目标。

上海之所以将同伴教育应用于禁毒领域，且效果颇佳，主要是根植于两大理论基础，即“社会学习理论”与“亚文化理论”。社会学习理论认为示范是学习过程及学习效果的一个重要影响因素，即主体通过亲身观察模范的行为后，就会效仿；但要成功地效仿，主体还必须有机会去实践这种行为，且得到正强化。这一理论正契合了“同伴能充当正确行为的典范并影响学习者以及同伴与学习者的持续接触可以强化对受教育者的影响”这一观点。亚文化理论认为违背世俗者沿袭着一套反映自己价值观和行为的亚文化，是与主流文化背道而驰的，特定的群体必定会拥有自己特殊的亚文化。据此，同伴教育应可以在吸毒群体的亚文化圈内开展。②

(二) 同伴教育的应用是禁毒社会化管理服务创新的结果

长宁“星连心”同伴教育项目顺利实施不仅源于上述同伴教育理念解释及专业理论的支撑，也是长宁区多年来禁毒社会化管理服务创新的结果。2011 年，长宁区在上海市委领导和市禁毒委的指导下，认真落实中共中央关于禁毒工作的重要指示精神，坚持问题导向、需求导向、项目导向，聚焦禁毒工作制度性、源头性、根本性问题，积极探索和实践禁毒社会化管理服务新模式。在突出戒毒康复人员服务为先方面，优化就业扶持政策，加大民生救助力度；同时从深化专业帮教、创新戒毒模式、提炼工作规范三个方面突出以人为本的管理服务理念。实践过程中，长宁区禁毒职能部门注重依法管理、注重社会参与、注重综合联动，逐步形成社会化、专业化、精细化的吸毒人员服务管理格局。这种创新的禁毒社会化服务管理格局为长宁同伴教育的政策指导与政府支持提供了制度保障，亦为同伴教育探索与应用提供了广阔平台。

---

① 赵婧：《同伴教育在社区戒毒中的应用模式探析》，复旦大学硕士论文，2009 年。
② 赵婧：《同伴教育在社区戒毒中的应用模式探析》，复旦大学硕士论文，2009 年。

（三）同伴教育的应用是禁毒社会工作专业化发展的需求

2004年，长宁区将禁毒社会工作纳入预防犯罪工作体系，禁毒社会工作者作为重要主体参与到体系中，成为戒毒康复领域主力军。初始阶段，禁毒社工们单一地运用个案工作方法开展帮教服务，从一定程度上夯实了戒毒康复的基础。然而随着禁毒态势越发严峻，禁毒任务日益繁重，一方面迫切需要系统、综合的专业理论、方法为戒毒人员提供生理、心理、生活、家庭支持、社区融入等多元化的服务；另一方面，来自各行各业、无专业背景、未接受正规系统的社会工作专业知识学习的禁毒社会工作者们，面对一些错综复杂、个案工作难以深入的瓶颈问题未免力不从心。如何以非专业化手段推进社会工作专业化发展，引起长宁区禁毒主管部门及区禁毒工作站管理人员的关注与重视。通过区政府激励性政策的扶持与推动，禁毒社工们以各种形式参加社会工作相关内容的培训与学习，并获取社会工作师、心理咨询师等资格证书，进而提升服务能力与专业水平。

与此同时，长宁区十个街镇纷纷走上探索专业化之路，在戒毒康复工作中尝试各类团体工作方法，如针对美沙酮维持治疗人员的"美宁湾"小组，社区康复人员的"彩虹康苑"小组，女性戒毒人员的"才艺展示"小组，药物滥用家庭未成年子女的"成长之旅"小组等。蓬勃开展的各类成长、支持型团体工作已经包含、融入了同伴教育元素，为长宁区的戒毒康复工作注入了专业要素，带来了全新的视角。而从丰富多彩的小组工作中积累、提炼的经验、方法也为同伴教育服务方式的应用与实践奠定了良好基础。

二、同伴教育视角下的戒毒康复工作成效

纵观长宁区同伴教育发展历程，其起源于2008年为美沙酮服药人员开展的"美宁湾"支持性小组。2009年，上海市自强总社"涅槃重生"同伴教育辅导计划公益创投成功，并以项目化方式运作，基于前期扎实的团体工作基础及丰富经验，长宁被邀参与其中。这为长宁区同伴教育的培育、实践带来契机，也标志着长宁同伴教育工作正式起步。这一年，长宁区以"彩虹驿站"命名同伴教育，开展团体工作、专题活动和演讲、访谈、书信、热线等子项目活动。2010—2012年，依托总社的"涅槃重生"项目，长宁同伴教育工作持续开展。2013年，长宁区挂牌"叶雄工作室"，参加上海市志愿者协会为期三年的"拾星者同伴辅导计划"。2014—2016年，长宁同伴教育从部分街镇辐射至全区，并由"彩虹驿站"同伴辅导小组拓展为"星连心"同伴教育项目。

回顾、梳理长宁同伴教育，由萌芽探索、稳步发展到全区范围扩大，在尝试、

实践、运用的过程中,长宁区按照市层面"自助、互助、助社会"的同伴教育理念、运作机制、工作流程等一套完善的服务体系开展戒毒康复同伴教育工作,成效明显。作为受众的戒毒人员更坚定了康复信心,恢复了社会功能,实现了生命意义的建构,同伴教育工作团队也因此获得成长,项目管理运作的专业能力得到提升,同伴辅导员"滚雪球"效应逐步扩大,得到了政府、社会的一致认可。笔者以长宁区"星连心"同伴教育项目为例,从区级操作实施层面就同伴教育模式、特点、成效等进行阐述与分析。

(一) 长宁同伴教育运作模式

1. 项目的筹备与招募

截至2016年,"星连心"同伴教育项目已持续开展三年,每年初,长宁区禁毒工作站组建由项目负责人、督导、执行人、同伴辅导员联系人(核心辅导员)成立的项目团队召开同伴教育项目筹备会,根据本区禁毒工作要点及目标任务,共同讨论、策划项目书。区禁毒主管部门按项目书"标的"以购买服务的形式提供项目资金支持。项目负责人通过"长宁禁毒微信""同伴教育微信群"等公众网络平台发布项目宣传广告,在全区招募戒毒康复人员、同伴候选人、历届的同伴辅导员、个案社工、志愿者、家属等参加"星连心"同伴教育项目。

2. 项目的实施与评估

项目执行团队依据分工,运用个案、小组、社区等工作方法开展同伴牵手、同伴信箱、"星工坊""星启程"同伴小组、同伴社区巡讲、"霞飞"主题公益等子项目活动。与此同时,项目评估分层次、分类别地贯穿于整个实施过程。上海市总社同伴教育督查与指导给予了项目技术性支持;长宁区主管部门监督与审核促进了项目规范性运作;同伴组员及同伴辅导员问卷测评保障了项目实施的进程;志愿者、家属第三方参与式的评估为项目整合了充分资源。

3. 项目的辐射与延伸

随着"星连心"同伴教育项目深入开展,同伴效应越来越明显,同伴教育理念也已经辐射、拓展至戒毒康复领域内的各部分。通过阶梯式培养、晋升的同伴辅导员融入、延伸到长宁区其他类项目,"美味心灵"优势拓展小组中,同伴辅导员以才艺示范,从激发优势的角度增强其他组员的自信与效能;在"成长之旅"关爱药物滥用家庭的未成年子女项目中,同伴辅导员转换为家属角色,与小组员们一起"大手牵小手",进行社区倡导;在药物滥用人员家属中开展的"蓝莲花"后续照管家庭互助会,核心组员被发展为家属同伴辅导员;将成功创业的戒毒人员培养为同伴辅导员,发挥其创业方面的榜样示范作用,建立阳光就业基地;同伴教育模式更渗透于长宁"禁毒妈妈"工作室,使同伴教育元素融合、贯穿在"禁毒妈妈"

志愿帮教服务中。

综上所述,长宁同伴教育模式(如图1)是在禁毒主管部门财力支持下,以培养、壮大同伴辅导员队伍为目标,由站务管理人员、骨干社工、同伴辅导员、志愿者、家属共同参与,覆盖于戒毒康复领域各部分的一种综融、整合式的同伴教育服务模式。

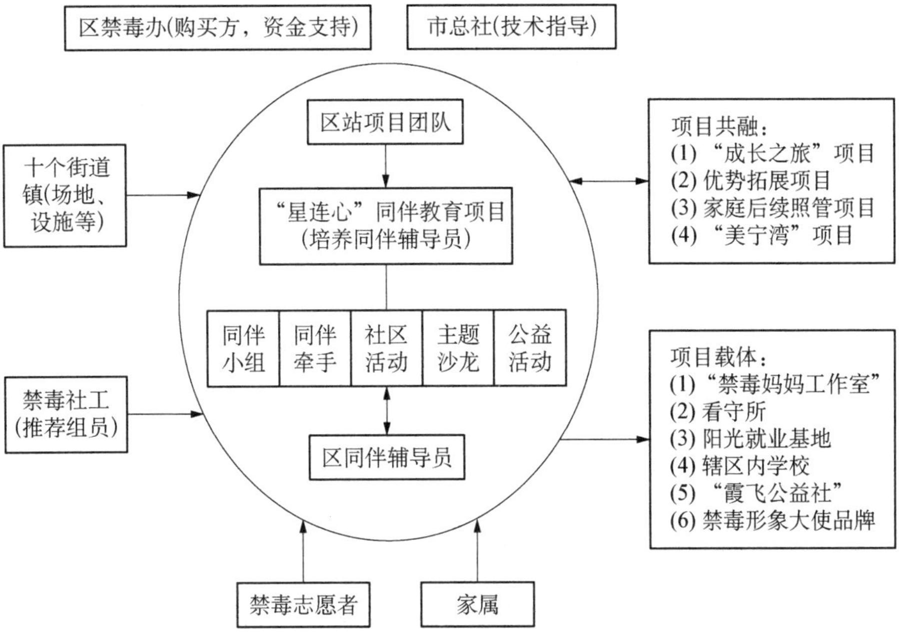

图1 长宁同伴教育模式

(二)长宁同伴教育呈现的特点

第一,从政策制度方面看,长宁"星连心"项目是本区禁毒系统内扶持的一种"保护"性同伴教育模式。长宁区创新的"以人为本、服务为先"的禁毒社会化综合管理服务模式为同伴教育提供政策方向性的指导;各级职能部门在统筹协调辖区内单位、街镇应用推广戒毒康复同伴教育模式方面给予大力支持。为推动项目顺利实施,长宁区禁毒主管部门以购买"星连心"同伴教育项目的形式,为项目资金、场地、设备等物资提供一定的保障。

第二,从禁毒社会工作视角来看,长宁同伴教育是通过禁毒社工团队不断探索与实践逐步发展,而同伴教育项目的运作又促进了禁毒社会工作专业理论与技术的提升,二者相辅相成,互为前提。

第三,从同伴教育服务内容来看,长宁区按照市自强总社"自助、互助、助社会”的总体目标与理念，借助于总社层面的同伴教育平台开展各类子项目活动，还在本区搭建多种平台，如同伴“霞飞公益社”与社区活动的整合，同伴牵手与“禁毒妈妈工作室”链接，同伴禁毒宣讲与青少年禁毒形象大使评选活动结合，同伴辅导员参与长宁看守所的警示教育等，进一步丰富拓展了长宁区同伴教育的内涵与外延。

第四，从同伴教育服务体系来看，同伴教育理念、方法运用不仅局限于项目服务期内受众的戒毒康复群体，而且扩大到家庭、社区、学校、场所、“禁毒妈妈”工作室、阳光就业基地等禁毒工作的各领域，成为彼此融合、互为嵌入的综合性同伴教育服务体系。

（三）同伴教育工作突显的成效

同理于市层面的同伴教育，几年来，长宁戒毒康复领域的同伴教育工作无论是从同伴教育受益者本人、主导者社工、购买方政府，还是从项目产生的社区效应、社会影响方面来说，都取得了突显的成效。

1. 项目受众人员戒毒信心增强，提高了康复操守保持率

以 2014—2016 年开展的“星连心”同伴教育为例，三年来，通过同伴牵手、“星工坊”两期及“星启程”小组，“霞飞”公益社社区活动，同伴禁毒巡讲等子项目干预，直接受众人数共 45 人，他们从项目中体会到同伴教育及辅导员榜样示范的魅力，获得同伴群体的归属感、家庭与社会的责任感，进而改变戒毒动机，增强了戒毒信心，提高了康复戒断巩固率。如果将项目中社区戒毒康复人员的康复年限与长宁区全体戒毒康复人员的康复年限加以对照，显然，前者的戒断成效更为明显(如图 2)。

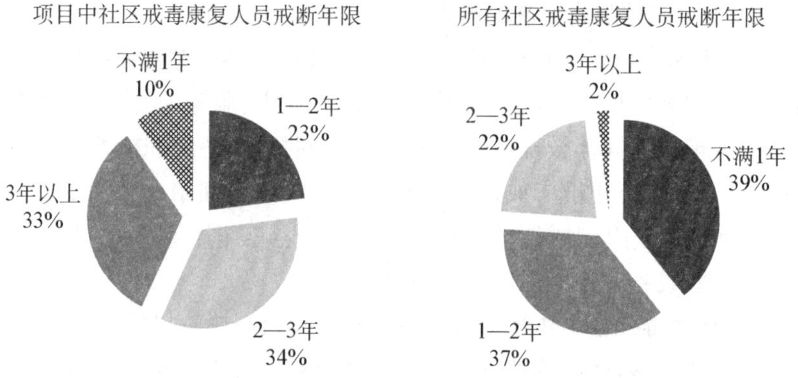

图 2　戒断年限对比

注：数据统计截止时间：2016 年 8 月 25 日。

2. 同伴辅导员人数递增,扩大了同伴教育"滚雪球"效应

长宁同伴教育工作从起步阶段到项目化的运作,经过严格而又专业性的阶梯式晋升制度,同伴辅导员从最开始的"一个"递增到"一群","滚雪球"效应在不断扩大,截至2016年8月,长宁区同伴辅导员共有15人(如图3)。

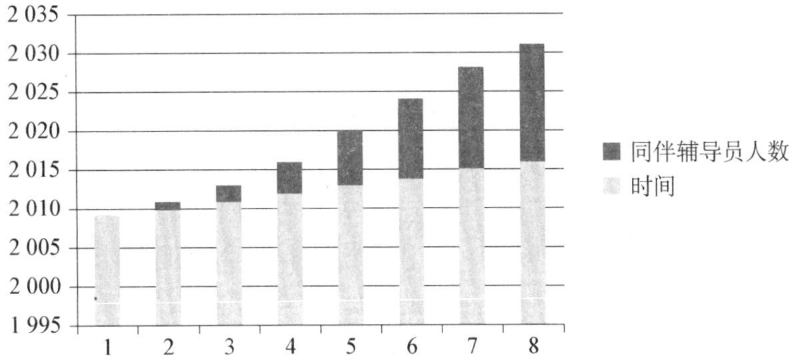

图3　长宁区同伴辅导员人数

3. 同伴教育项目持续开展,同伴教育地位在戒毒康复领域得以确立

同伴教育运用于戒毒康复领域,所发挥的积极作用越来越明显,通过项目为戒毒人员提供正常社会交往的机会和平台,利于其适应并融入正常的社会生活,充分整合家庭资源,以最大限度维持戒毒康复人员的正向改善和变化。同伴教育在戒毒康复工作中的积极作用与意义得到区政府部门认可并提供资金,保障了项目持续开展。

4. 同伴教育社会影响力提高,同伴辅导员积极的社会形象得以树立

通过同伴社区倡导、同伴公益活动、同伴禁毒巡讲等系列专题活动,长宁同伴辅导员的社会公众形象逐步树立,社会影响力、社区接纳度均得到提高。如同伴辅导员阿伟在同伴禁毒巡讲中表现突出,被上海市禁毒志愿者协会评为优秀同伴巡讲员;在上海市自强总社"我的专业助人故事"演讲大赛中,同伴辅导员阿于与社工同台演讲荣获二等奖;2016年6月,阿涛等多位同伴辅导员接受上海电视台采访,面对全市观众展示了长宁戒毒康复群体风采与魅力。

三、同伴教育服务模式实践性思考与相关建议

(一) 若干问题及困境

作为药物滥用人员一种重要的戒毒康复方法,同伴教育在上海禁毒工作领域广泛运用,并产生了良好的社会效益。但正如其他新生事物一样,同伴教育在

其发展过程中也存在着问题与不足，面临着困境与挑战。

1. 同伴辅导员发展速度缓慢，同伴辅导的专业知识与能力不足

几年来，同伴教育虽然在戒毒康复领域发挥了积极的重要作用，培育、发展的同伴辅导员人数也在逐年增加，但相对于整个社会面的吸毒人员持续增长的速度，同伴辅导员的发展仍较缓慢。据 2016 年第三季数据，长宁区社会面吸毒人员共 1 576 名，其中，期满解除经认定戒断毒瘾的有 378 名。而同伴辅导员人数当时仅为 15 名，占期满解除经认定戒断毒瘾的比例只有 3.97%，同伴辅导员较缓的增幅率成为长宁区戒毒康复同伴教育工作中不可忽视的一个关键问题。

究其原因，首先是社区戒毒康复人员对同伴教育的理解普遍存有偏差，有些人员完全不了解“同伴教育”，认为自己千辛万苦戒断毒瘾，又要与“毒友圈”接触，会导致交叉感染而重蹈覆辙。不论是与同伴牵手，还是被牵手都避之不及。其次，部分戒毒康复人员已恢复正常的家庭、社会功能，成家、就业，忙于各自事务，认为没有多余的时间和精力来参加同伴教育活动，导致同伴组员参加活动的坚持率降低，甚至有个别人员退出项目。同时，受吸毒人员社会标签的影响，他们对参加同伴教育颇有顾虑。最后，专业知识与辅导能力的欠缺也制约了同伴辅导员的发展。长宁区的同伴辅导员多曾为传统毒品滥用者且学历水平不高，对吸食化学合成类新型毒品造成的各类问题缺乏系统性的了解与掌握，难以提供专业性、个性化的同伴牵手服务，不能满足被牵手人员专业性示范需求，持续参加活动的兴致与意愿也就大打折扣。

2. 项目管理运作的经验缺乏，禁毒社工对同伴教育的认识不足

同伴教育项目的推动与发展需要一支管理高效、能力很强的专业团队才能胜任，然而现实的困境是，长宁区的社工在承担繁重的一线工作同时还要开展同伴教育项目，精力有限，加之缺乏项目管理经验及专业督导，同伴教育项目方案策划、活动实施、成效评估等方面专业程度欠缺，项目活动的某些内容出现了走过场、浮于表面的形式化倾向。

另外，禁毒社工对同伴教育应用于戒毒康复领域重要性的认识还不够到位。认为这是给自己的戒毒帮教工作增加的额外工作量，加之社工流动性大，个案基础薄弱，挖掘、推荐有潜质、适合同伴教育项目的个案量不够，有些只是完成任务式输送个案，对参加项目中的个案未能跟进，也未将同伴教育的方法融入个案服务中。

3. 政府购买同伴教育服务项目某些制度还不够完善

长宁的同伴教育是由区禁毒部门购买，区站项目团队运作的服务模式，这种体制内部保护性的“购买”方式虽然能够促进项目持续推进，但易于导致长宁区

同伴教育缺乏竞争的活力与空间，从某种程度上制约了同伴教育社会效应的扩大，故而跳出“温室内保护”，积极参与、承接社会其他部门的招投标项目，也是摆在我们眼前的一个问题。此外，政府购买的同伴教育项目的服务定价标准和结构不太合理，尤其是项目管理人员费用过低的比例，为项目运作实施带来一定困难，进而影响项目的服务质量。按照政府购买服务的政策规定，长宁区“星连心”项目一万元左右的服务费用中，能够用于团队工作人员管理费用及同伴辅导员少量的交通、辅导报酬几乎没有，影响了项目社工、同伴辅导员参与的积极性与主动性。

（二）实践性思考与建议

针对上述问题与困境，为进一步推动同伴教育的深化与发展，结合长宁区“星连心”同伴教育项目，提出几点实践性思考、建议：

1. 建设系统性的同伴教育保障制度[①]

一是在“政府主导扶持、社会组织主导干预”的制度基础上，完善长宁区同伴教育政策性保障制度。区禁毒主管部门继续以购买的方式提供项目资金，支持禁毒工作站完善社工人员的调配，减少项目社工一线工作量或将其抽离一线，让其投入全部的精力、能力专注于同伴教育项目的承担，促进项目质量提高，积极参与、承接社会其他部门的同伴教育项目的招投标，使同伴教育不只是单纯地依赖政府的资助，而是以社会项目化的运作方式不断扩大同伴教育社会效应和社会影响力。

二是进一步完善同伴教育项目管理机制。禁毒职能部门及社会组织就提高政府购买同伴教育的服务项目的定价标准、适当提高项目管理费用比例等方面向政府相关职能部门提出积极倡导与建设性意见，如通过第三方，对长宁区同伴教育项目进行评估，合理制定项目的服务价格等。建立完善项目运作的激励与管理制度，将参与项目社工、推荐组员的个案社工纳入激励机制的考核评估体系。

三是进一步完善同伴教育操作运行机制。丰富、活化同伴教育活动内容与形式，避免出现讲座、咨询、表演、旅游等形式化的倾向。严格项目组员选择和筛选，避免出现个案是出于社工压力或面子而非自愿参加的人员进入项目组。做好同伴教育风险的规避，将“交叉感染”的风险降低到最小程度。

2. 加强全方位的同伴教育培训力度

扩大对街镇、全体禁毒工作者关于同伴教育理念、制度等全方位、系统性的

---

① 张昱、费梅萍、厉济民、叶雄：《禁毒社会工作同伴教育服务模式研究》，华东理工大学出版社 2016 年版。

培训,让街镇禁毒工作者、个案社工充分认识到同伴教育不是戒毒康复服务中可有可无的一个环节,而是社区戒毒康复帮教服务的一种重要方法,禁毒社会工作者不是同伴教育工作的参与者,而是主导者。[①] 作为戒毒康复帮教工作中的主力军,禁毒社工应该明确运用此种方法于个案服务中是工作职责,同伴辅导员是个案工作的得力助手与合作伙伴,可以发挥其独特的同伴示范作用,协助社工开展个案工作。鼓励社工最大程度地挖掘潜在的戒毒康复人员并输送到同伴教育项目中,逐步扩大同伴辅导员队伍。

3. 搭建规范性的同伴辅导员管理平台

首先,加强同伴辅导员培训。同伴辅导员是否经过系统有效的培训,将直接影响到同伴教育的实施效果,设置系统化的培训课程,提高同伴辅导员的自身素质和文化水平,能更加有效地发挥辅导员和骨干组员的主导、示范作用。培训过程中应注重发现、培养优秀的核心同伴辅导员。其次,建立同伴辅导员激励监督机制。制定同伴辅导员的考核标准,以开展同伴活动情况、进度等作为评价或晋升标准;业绩和报酬挂钩,付给同伴辅导员相应的报酬。评估同伴辅导员操守情况,发现偶吸行为的,可降级为同伴候选人、普通同伴,甚至退出。最后,进行政策倡导,推动同伴辅导员队伍建设。

分析长宁区同伴辅导员参加活动的坚持率降低的原因,除部分人员是工作时间与活动冲突而无法参加外,还有部分人是担心在公众场合参加社区、公益等活动等仍然不能摆脱"吸毒人员"的标签而顾虑重重。这就需要进行各种政策的倡导,营造良好的同伴教育环境,为他们搭建柔性的政策平台,消除他们的顾虑。如打破制度条框的限制,吸纳符合条件的优秀同伴辅导员加入禁毒社工队伍,对此总社已有先例,区站层面也可试行;聘用本区优秀的核心同伴辅导员到同伴教育工作室,协助工作站专项开展同伴教育工作,既能发挥其独有的榜样性、权威性的优势,联络、召集同伴辅导员及候选人开展各类子项目活动,也能解决就业问题;倡导将"同伴教育""优秀的同伴辅导员"通过规章、制度的设立给予他们正确的社会定位和政策性的保障,以推进同伴辅导员队伍建设与发展。

(王谢英　上海市自强社会服务总社长宁工作站;朱维水　上海市长宁区禁毒室)

① 张昱、费梅萍、厉济民、叶雄:《禁毒社会工作同伴教育服务模式研究》,华东理工大学出版社 2016 年版。

女性戒毒人员社会适应的研究

——仿真模拟剧场的作用

张克帅　盛园园

摘　要：回归社会期的女性戒毒人员面临能否重新融入社会，能否重新为社会群体所接受等现实问题，她们普遍存在焦虑、压力、人际交往等社会适应问题，本研究选取上海市女子强制隔离戒毒所100名回归社会期戒毒人员作为被试，探讨心理剧治疗对其社会适应的影响，结果表明：心理剧治疗在改善回归社会期女性戒毒人员焦虑、压力、自我控制及社会交往不良状态上产生正向影响，对促进回归社会期女性戒毒人员适应社会有积极意义。

关键词：女性戒毒人员　社会适应　心理剧　回归社会期

强制隔离戒毒是我国戒毒措施基本体系之一，其主要承担主体为强制隔离戒毒所，强制隔离戒毒所内的戒毒人员是毒瘾严重或采用其他戒毒措施失败的人员，他们的戒治难度很大。[①] 而在回归社会期中，戒毒人员面临能否重新融入社会、能否重新为社会群体所接受等现实问题，普遍存在对未来生活的焦虑、缺乏抵制毒品诱惑的信心、不知如何进行人际交往以获得社会接纳以及对回归后碰到挫折困难滋生的压力无所适从。[②]

心理剧(Psychodrama)是由精神科医生莫雷诺(Jacob Levy Moreno) 于20世纪30年代创立和发展起来的一种心理治疗方法。[③] 它是一种治疗师通过演出让当事人的身体开口说话，协助当事人聚焦问题症结所在的团体心理治疗方法。其目的是帮助当事人自由表达自己的观点和情绪，使其冲破现实生活中的种种束缚，充分释放自身的自发性和创造性，尝试新的角色，赋予原角色新的生

---

① 李晓娥、姜祖桢、王海波：《强制隔离戒毒人员团体治疗的参与倾向及相关因素分析》，《中国人民公安大学学报(社会科学版)》2014年第1期，第9—14页。

② 李勋、赵晋岳等：《回归适应期戒毒人员团体心理训练模式的构建研究与实践》，《中国司法》2015年第2期，第87—91页。

③ 何艳丽、赵山明：《心理剧在犯罪青少年心理矫治作用中的研究》，《重庆科技学院学报(社会科学版)》2012年第10期，第77—79页。

命,从而得到健康而有创意的适应,使个人的问题得以解决。①

尽管目前对戒毒人员的研究亦不少见,但针对回归社会期的女性戒毒人员的研究并不多见,并且对戒毒人员的社会适应研究大都停留在对于现状的描述和对社会戒毒帮教工作中适应行为的简单归纳的阶段,很少有研究关注心理剧对戒毒人员社会适应的影响,这样的研究方式存在一定的缺陷,使得对即将回归社会的戒毒人员的引导和教育不够完善,为弥补已有研究的不足,本研究针对回归社会期戒毒人员生理、心理特点,以焦虑情绪、压力、自我控制及社会交往为指标,探讨心理剧对戒毒人员社会适应的影响,旨在为强制隔离戒毒所采取更适当有效的方式促进戒毒人员顺利回归社会提供实证依据。

一、研究对象和方法

(一) 研究对象

随机选取上海市女子强制隔离戒毒所回归社会期女性戒毒人员 100 名作为研究对象,分为实验组和对照组,每组各 50 名,共发放问卷 200 份,回收有效问卷 200 份,有效率 100%。

(二) 研究工具

1. 焦虑自评量表(Self-Rating Anxiety Scale, SAS)

焦虑的测量选用 Zung 编制的焦虑自评量表②,该量表共 20 道题目,采用四级计分方法,其中:1 表示“没有或很少时间有”,2 表示“有时有”,3 表示“大部分时间有”,4 表示“绝大部分或全部时间都有”。分数越高者,代表其焦虑程度越高。本研究中,该量表的内部一致性检验的 Cronbach α 系数为 0.87。

2. 压力知觉量表(Chinese 14 - item PSS)

选用中文版压力知觉量表(CPSS)研制,引进国外英文版知觉压力量表(PSS),由 14 个反映压力的紧张和失控感的问题构成,要求被试者根据自己的感受应答,为五级计分,即 1“从不”,2“偶尔”,3“有时”,4“时常”,5“总是”,分数越高代表知觉到的压力越大。本研究中,该量表的内部一致性检验的 Cronbach α 系数为 0.78。

3. 自我控制量表(Self-Control Scale, SCS)

选用谭树华修订的自我控制量表③,该量表分为冲动控制、健康习惯、抵御

---

① 黄艳:《心理剧治疗的理论与实践》,鲁东大学硕士学位论文,2012 年。

② 汪向东、王希林、马弘:《焦虑自评量表(Self-Rating Anxiety Scale, SAS)》,《中国心理卫生杂志》1999 年增刊。

③ 谭树华、郭永玉:《大学生自我控制量表的修订》,《中国临床心理学杂志》2008 年第 5 期,第 468—470 页。

诱惑、专注工作和节制娱乐五个维度。共19道题目，采用Likert五点计分法，即"1'完全不符合'—5'完全符合'"。分数越高者，代表其自我控制能力越高。本研究中，该量表的内部一致性检验的Cronbach α系数为0.86。

4. 社会交往量表(SOC)[①]

该量表由Wigging's于1966年编制，其内容是根据明尼苏达多项人格测验(MMPI)中反映与缺乏社会交往技能有关的同质性条目，该量表主要测量的是个体的社交技能、自我态度和与异性交友能力。共27题，为二级计分，即"1=是、0=否"，有反向计分题，高分提示害羞、退缩，在新的或生疏的社交场合中往往显得拘谨和不安，低分反之。本研究中，该量表的内部一致性检验的Cronbach α系数为0.80。

(三) 施测程序

首先，对实验组、对照组戒毒人员分别进行焦虑、自我控制、社会适应不良以及压力知觉量表的前测，得到有效问卷100份。其次，对实验组戒毒人员采用心理剧排演的方式进行干预治疗后，再次对两组戒毒人员进行四种量表的后测，得到有效问卷100份。最后运用SPSS17.0统计软件对数据进行分析，以验证假设。

二、研究结果

(一) 焦虑因子

焦虑量表，用于评定个体对外部事件或内在想法与感受的不愉快体验程度，通过对实验前后测的比较分析可以看出心理剧对戒毒人员焦虑的干预效果(见表1)。

表1 实验组与对照组焦虑因子的差异比较

	N	前测(M±SD)	后测(M±SD)	*t*	*p*
对照组	50	51.90±3.54	52.00±3.65	−1.00	0.343
实验组	50	52.70±4.16	46.80±0.42	4.68***	0.001
t		−0.46	4.47***		
p		0.649	0.000		

注：* $p<0.05$，** $p<0.005$，*** $p<0.001$，下同。

① 杨廷忠、黄汉腾：《社会转型中城市居民心理压力的流行病学研究》，《中华流行病学杂志》2003年第9期，第760—764页。

由表1可知,对照组被试的焦虑量表前测总分为51.90,实验组被试的焦虑量表前测总分为52.70,对照组和实验组的前测得分进行独立样本 t 检验分析,$t = -1.00$,$p > 0.05$,无统计学意义,说明两组被试的焦虑水平前测在同一水平上,具有可比性;对照组和实验组的后测得分进行独立样本 t 检验,$t = 4.47$,$p < 0.001$,说明对照组和实验组的焦虑水平后测差异显著;采用配对样本 t 检验分析,对实验组被试焦虑水平前测和后测得分进行比较,$t = 4.68$,$p < 0.001$,实验组后测焦虑水平显著低于前测水平。

(二)自我控制因子

自我控制是个体因抑制或克服自身的欲望、需求而改变固有的或者习惯的行为、思维的方式的过程,是一种行为、思维的方式代替另一种的过程。自我控制量表是测量个体自我控制能力最常用的方法之一。通过对实验前后测的比较分析可以看出心理剧对戒毒人员自我控制能力的干预效果(见表2)。

表2 实验组与对照组自我控制因子的差异比较

	N	前测(M±SD)	后测(M±SD)	t	p
对照组	50	52.40±6.22	53.00±6.39	−0.18	0.864
实验组	50	51.20±7.94	59.00±2.30	−3.56**	0.006
t		0.38	−2.79*		
p		0.711	0.012		

由表2可知,对照组被试的自我控制量表前测总分为52.40,实验组被试的自我控制量表前测总分为51.20,对照组和实验组的前测得分进行独立样本 t 检验分析,$t = 0.38$,$p > 0.05$,无统计学意义,说明两组被试的自我控制水平前测在同一水平上,具有可比性;对照组和实验组的后测得分进行独立样本 t 检验,$t = -2.79$,$p < 0.05$,说明对照组和实验组的自我控制水平后测差异显著;采用配对样本 t 检验分析,对实验组被试自我控制水平前测和后测得分进行比较,$t = -3.56$,$p < 0.01$,实验组后测自我控制水平显著高于前测水平。

(三)社会交往因子

社会适应是指当个体所处的社会环境发生改变之后,其观念和行为方式也会随之而改变,从而使个体适应所处的社会环境的过程。社会交往,用于评定个体在社会适应过程中出现的各种反应。通过对实验前后测的比较分析可以看出心理剧对戒毒人员社会交往的干预效果(见表3)。

表 3　实验组与对照组社会交往因子的差异比较

	N	前测(M±SD)	后测(M±SD)	t	p
对照组	50	13.80±1.23	13.90±1.37	−0.25	0.811
实验组	50	14.00±1.63	11.70±1.34	4.12**	0.003
t		−0.31	3.63**		
p		0.761	0.002		

由表 3 可知,对照组被试的社会适应不良前测总分为 13.80,实验组被试的社会适应不良前测总分为 14.00,对照组和实验组的前测得分进行独立样本 t 检验分析,$t=-0.31$,$p>0.05$,无统计学意义,说明两组被试的社会适应不良水平前测在同一水平上具有可比性;对照组和实验组的后测得分进行独立样本 t 检验,$t=3.63$,$p<0.01$,说明对照组和实验组的社会适应不良水平后测差异显著,采用配对样本 t 检验分析,对实验组被试社会适应不良水平前测和后测得分进行比较,$t=4.12$,$p<0.01$,实验组后测社会交往水平显著低于前测水平。

(四) 压力知觉因子

心理压力指生活中的各种刺激事件和不利因素对人在心理上所构成的困惑或威胁,表现为心身紧张和不适。压力知觉量表就是测量这种反应压力的紧张和失控感的量表,通过对实验前后测的比较分析可以看出心理剧对戒毒人员压力知觉的干预效果(见表 4)。

表 4　实验组与对照组压力知觉因子的差异比较

	N	前测(M±SD)	后测(M±SD)	t	p
对照组	50	38.50±5.56	38.90±4.63	−0.29	0.782
实验组	50	40.90±4.36	34.20±3.79	3.75**	0.005
t		−1.07	2.48*		
p		0.30	0.023		

由表 4 可知,对照组被试的压力知觉前测总分为 38.50,实验组被试的社会交往前测总分为 40.90,对照组和实验组的前测得分进行独立样本 t 检验分析,$t=-1.07$,$p>0.05$,无统计学意义,说明两组被试的压力知觉水平前测在同一水平上,具有可比性;对照组和实验组的后测得分进行独立样本 t 检验,$t=2.48$,$p<0.05$,说明对照组和实验组的压力知觉水平后测差异显著,采用配对

样本 t 检验分析，对实验组被试压力知觉水平前测和后测得分进行比较，$t = 3.75$，$p < 0.01$，实验组后测压力知觉水平显著低于前测水平。

三、结论

实验组与对照组被试焦虑、压力、自我控制及社会交往状态前后测的差异显著性检验显示，实验组被试的焦虑、压力、自我控制及社会交往状态在实验前后有极显著的差异，表明心理剧治疗在整体上能够减轻女性戒毒人员在回归社会期的焦虑、压力、自我控制及社会交往方面的不良状态。

在戒毒人员回归社会期，即出所前三个月内，戒毒人员的心理状态一般会打破平静，与生理脱毒期的失落、担忧和心理康复期的相对稳定构成一个明显的“马鞍形”曲线，由于她们剩余的强戒期屈指可数，对未来的憧憬、对自由的渴望、对能否再次融入社会的担忧、对能否抵制诱惑的迟疑，将原先的许多负性情绪、偏激想法和不良行为重新激活，这些不稳定因素的重现，对她们顺利回归、适应社会产生不利的影响。心理剧治疗用具体、直观的技术，使得戒毒人员能在多角色的真实性心理体验中宣泄负性情绪，提高社会适应能力。首先，心理剧剧本描述的是戒毒人员回归社会后真实的生活冲突事件(如：勇敢地对毒友说“不”)及内心体验，结合表演及心理剧治疗技术，将她们的想法、感受和行为以具体化的方式即时呈现，这是一种有血有肉的形式，它使戒毒人员能够在真正地体验和思考中受到震撼和启发。其次，心理剧对于当事人及参与者都有一定程度上的觉察，能够帮助当事人从多层角度审视自我心理状态、情绪体验、社会交往等。最后，心理剧作为一种实用技术，可以引导、激发所有参与者的角色认知，指导宣泄和整合，是一种团体社会学习教育活动。①

心理剧治疗在改善回归社会期女性戒毒人员焦虑、压力、自我控制及社会交往不良状态上产生正向影响，对促进回归社会期女性戒毒人员适应社会有积极意义。

(张克帅、盛园园　上海市女子强制隔离戒毒所)

---

① 何艳丽、赵山明：《心理剧在犯罪青少年心理矫治作用中的研究》，《重庆科技学院学报(社会科学版)》，2012 年第 10 期，第 77—79 页。

个案工作在社区戒毒实践中的应用研究

——以上海市长寿路街道为例

潘　虹

摘　要：社区戒毒人员的问题是近年来出现的一个新的社会问题，由于案主的特定性和特殊性，虽然他们碰到的问题与其他人一样是各种各样的，如基本生活问题、家庭矛盾问题、心理情绪问题、就业问题等，有共性的一面，但是由于该群体是特定的群体，又有其特性的一面，无法一概而论。为此，运用个案的工作方法有针对性地解决问题，对特殊群体开展工作，通过协助解决日常生活中碰到的困难和情绪问题，从而来加强社区戒毒人员远离毒品彻底戒毒的信心，达到维护社会稳定的目的。

关键词：社区戒毒　个案工作　长寿路街道

当前，全球毒品持续泛滥，毒品产量居高不下，毒品危害着全人类的健康，世界范围内都在打击毒品犯罪，但是至今没有找到最有效的方法去遏制它，各国有着不同的处置方法，但最终的目的是一致的，那就是减少毒品犯罪率。吸毒人员的居高不下、戒毒人员复吸率高、回归社会难问题很突出，对于吸毒成瘾人员，找出可行方案让其彻底戒毒、远离毒品、珍爱生命是当务之急。本文所要研究的就是社会工作者以长寿路街道为例的社区戒毒人员中能否通过运用个案的工作方法和技巧，寻找让社区戒毒人员提高戒断率、降低复吸率的途径，最终能彻底戒断毒瘾，重新回归社会。

一、个案工作

个案工作①是专业社会工作三大直接方法之一，综合当前对个案社会工作的研究来看，个案工作主要指专业的社会工作者运用专业的社会工作方法与技巧，面向处于困境的个人或家庭，寻求并整合社会资源，改善受助对象自身及其

---

① 苏香菊：《个案工作介入社区矫正研究》，《传承》2015 年第 3 期。

与社会之间的关系,促进受助对象更好地融入社会,最终达到受助对象自助的目的。

个案工作的本质应该是协调服务对象与社会环境之间的适应状况,恢复和增加个人或家庭的社会功能。社区戒毒人员是特殊的高危弱势群体,缺乏一定的回归与融入正常社会生活的能力,这样的群体需要社会工作者通过人本的理念,运用专业的个案工作方法,鼓励其重构生命的意义、体现自我价值并建立健康的社交圈,达到再社会化。以长寿路街道为例的社区戒毒人员中,具体涉及方面会有基本生存问题、心理情绪问题、家庭关系问题、就业问题、社会交往问题、毒友引诱和毒品诱惑问题等,都是需要社会工作者去解决或协调的。

在开展个案工作过程中需要运用个案工作的服务模式,个案工作的服务模式是社会工作者针对某个服务对象开展专业服务、设计专业服务程序和方法的重要依据。一般常用的个案工作的服务模式有:心理社会治疗模式、认知行为治疗模式、理性情绪治疗模式、任务中心模式、危机介入模式、人本治疗模式和家庭治疗模式。

虽然个案工作的服务模式形式多样,但是在实际专业服务中并非所有服务模式都会经常被社会工作者采用。本文的几个个案中主要采用的是人本治疗模式,它是由美国心理学家卡尔·罗杰斯在总结自己的临床辅导经验后提出的,以人本主义心理学为基础,注重以服务对象为中心,创造一种有利于服务对象自我发展的辅导环境,具有注重社会工作者自身的品格和态度、强调个案辅导关系以及关注个案辅导过程等特点。

二、社区戒毒的现状

(一) 社区戒毒的定义

目前学术界并未对社区戒毒形成统一的概念,通常认为,社区戒毒就是指吸毒成瘾人员在社区的牵头、监管下,整合家庭、社区、公安以及卫生、民政等力量和资源,使吸毒人员在社区里实现戒毒。2008 年 6 月 1 日开始实施的《中华人民共和国禁毒法》指出,把乡镇(街道、社区)政府作为基层开展禁毒、戒毒工作的主体,并确定了自愿戒毒、社区戒毒、强制隔离戒毒、社区康复戒毒几种戒毒形式,而社区戒毒将成为戒毒的主阵地。

(二) 社区戒毒的重要性

社区戒毒是禁毒法明确规定的一项戒毒措施,依托社区资源,建立戒毒治疗、康复指导、救助服务兼备的工作体系,充分发挥社区、家庭的作用,帮助吸毒成瘾人员戒除毒瘾,是社会管理创新的重要举措,充分体现了戒毒工作以人为本的原则，同时，对规范戒毒工作、帮助吸毒成瘾人员戒除毒瘾、维护社会秩序发挥着重要的作用。

（三）社区戒毒面临的主要问题

1. 吸毒成瘾人员的人数呈逐年上升的趋势

以长寿路街道为例，从2012—2016年的数据中可以看出，吸毒成瘾人员的人数呈逐年上升的趋势，而且至今还未有止步的趋向，这数据只是表明了已知的显性吸毒成瘾人员，其背后隐藏了多少隐性吸毒成瘾人员犹未可知，毒情形势日趋严峻。从图1中可看出社区戒毒人员每年上升的趋势也日益增加，另一方面表明我国对毒品和吸毒人员的打击力度和重视程度还不够。

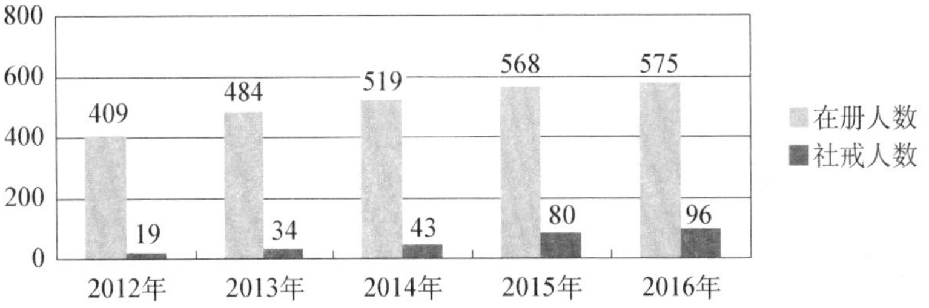

图1　吸毒成瘾人员人数

数据来源：上海市普陀区长寿路街道禁毒办。

2. 吸毒成瘾人员的年龄呈低龄化的趋势

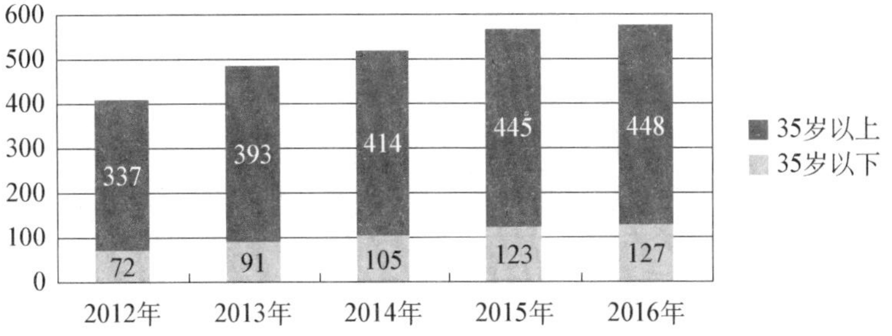

图2　吸毒成瘾人员年龄状况

数据来源：上海市普陀区长寿路街道禁毒办。

从以上图表中可看出，长寿路街道吸毒成瘾人员的年龄越来越低龄化了，虽不是非常明显，但是一直有所改变，五年中35岁以下人员所占比例从17.6%上升到了22.1%，最小年龄从24岁降低到了21岁，不得不让人警醒。仅一个小小的街道的吸毒人员在五年中就有如此的变化,那么整个区、市、全国的变化更会大得惊人。

3. 吸毒成瘾人员就业率低、失业率高

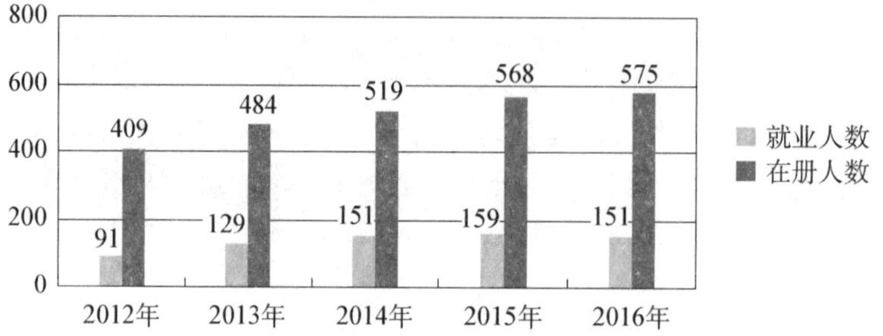

图 3 吸毒成瘾人员就业状况

数据来源:上海市普陀区长寿路街道禁毒办。

长寿路街道吸毒成瘾人员的就业率一直是没有多大提高,这不仅仅是该街道的问题,从局部也可体现整体,吸毒成瘾人员由于自身因素,常会刚入职未过试用期便又失业。长寿路街道五年间的就业率从22.2%提升到26.2%,尤其在2012—2013年提升明显,这和近年来政府出台的相关优惠政策有一定的关系,另外,长寿路街道为特殊群体成立了乐业工作室,该工作室专门为刑满释放人员、吸毒人员等建立交流就业平台。但从总体上看,26.2%的就业率与一般就业者的就业率相比低了太多,这与多个因素有关,如无法过政审关、学历低、就业技能差、受社会歧视等。

4. 吸毒成瘾人员家庭矛盾突出

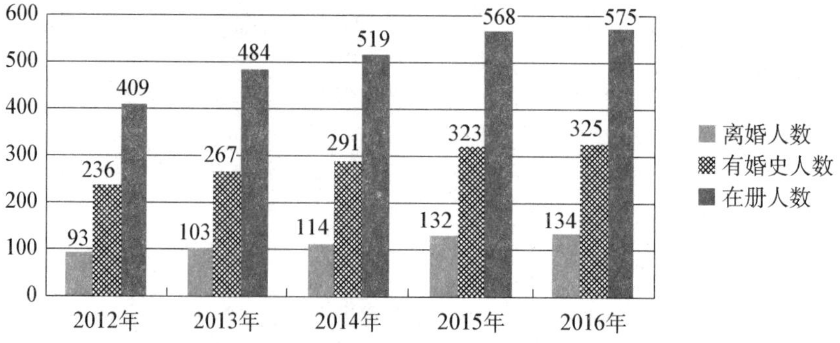

图 4 吸毒成瘾人员家庭状况

数据来源:上海市普陀区长寿路街道禁毒办。

以长寿路街道为例，截至调查时共有在册吸毒人员575人，其中的325人有婚史，但已离异的却有134人，离婚率在41.2%，可见吸毒人员婚姻的稳定性较差，家庭问题较多。通过调查，家庭矛盾出现在几个方面：吸毒人员不承担家庭中的责任和义务，只知道索取不懂付出，因涉毒而产生经济纠纷，长年涉毒无法戒断家人失望而放弃，以及家暴等因素。

三、个案工作在社区戒毒中的应用

为了让社区戒毒人员能坚定戒断毒品的意愿，在戒毒的路上走得平坦点、长远点，本文以长寿路街道的吸毒成瘾人员为主体，运用个案工作的方法、以人为本的理念，将社会工作方法理论应用到实际社区戒毒服务对象的个案中，希望通过有针对性的个案研究，为提高社区戒毒人员的戒断率、降低复吸率贡献一份微薄之力。

（一）低龄吸毒成瘾人员的个案社会工作介入

1. 案主基本情况简介

案主徐某，男，1988年出生，高中学历，父母离异，与母亲同住。2013年6月因吸毒被行政拘留后被责令社区戒毒，调查时处于被责令社区戒毒第三年。案主原是家里的独子，童年生活是单纯快乐的，爱交友爱网络，性格开朗。在青少年时父母因矛盾不可调和而离异，他的生活发生了很大的改变，原本自信的少年变得自卑，尤其是高中毕业后就业期间他曾交往过一个女友，在得知其是单亲家庭的情况后，果断分手，这对案主的打击更彻底，他开始拒绝接触社会，基本一直宅在家里，只和网友略有交流，生活在网络世界中。最初的涉毒就是在网友的挑唆和自身好奇心的驱使下导致的。

2. 个案介入辅导

通过社工对案主及其母亲的多次访谈，取得了案主和家人的信任后，社工与案主一起探讨生活中需解决的实际困难，分析其目前的现实情况：作为一名"80后"，应该是充满青春活力的，爱表现自我、展示自我的。不该像迟暮老人蜗居在家中。社工多次接触案主的家人，做沟通工作，建议家属支持案主的形式从物质上的尽量转为精神上的，让其少依赖，多独立。对于案主的网络技术能力给予充分的肯定，鼓励案主发挥所长，参加职业能力培训，获取相应的资格证书，为其今后就业铺垫道路。随后根据案主的实际情况和就业意愿，发挥家庭支持系统的能动性，在亲戚朋友的协助下，先让案主做了份兼职的工作，稳定地工作了半年多后，在其就业意愿强烈的情况下，成功应聘到某电子商务公司从事网络管理的工作。由于案主朋友以网友为主，社工提醒，网络交友更需要谨慎对待，要学会选择性地交友。能一起在网络上遨游的并不一定都是良友,选择能让自己积极向上、有人生目标的朋友,则会给自己带来正能量,对自己树立正确的人生观、价值观、世界观,良好地融入社会有很大帮助。朋友圈的好坏对自身的影响是很大的,需理性对待。设定自己的人生目标,跳出狭小的空间,思想不要过于局限于一点。没有人的一生是完美无缺、没有遗憾和缺陷的,关键是在碰到意外和挫折后用怎样的态度去对待,有时缺陷也是生命的一种意义,一个过程,一种体验。

(二)就业率低的吸毒成瘾人员个案介入

1. 案主基本情况简介

案主吴某,男,1967 年出生,高中学历,离异,有一个上预初的女儿,现与母亲、女儿同住,2013 年 5 月因吸毒被责令社区戒毒三年,调查时处于被责令社戒第三年期间。案主是家里的小儿子,有两个姐姐,父亲已经过世,父母非常传统,有重男轻女的思想,因而对其从小就疼爱有加,可以说是溺爱的。姐姐们因其是家中最小的孩子的关系,一直也颇照顾他,使其养成了依赖父母姐姐、好吃懒做的恶习。由于长年混迹于社会,无所事事染上毒瘾。出所后吴某未找工作,全靠母亲的退休金、姐姐们的接济和孩子的低保费生活。由于性格上的自私自利,虽是男人,但却缺少担当的胆量和气度,缺乏家庭责任心。即使已人到中年仍无照顾子女、赡养母亲的自觉和意识,把姐姐们的关照和接济当成了理所当然。

2. 个案介入辅导

在社工与家属的谈话中,母亲和姐姐曾为案主不愿找一份稳定的工作而伤心和无奈。与案主的访谈交流中了解到,其认为有姐姐的接济、母亲的退休金和孩子的低保,生活还能过得去,没有必要为了一点点的工资而去辛苦工作,上班还要看老板的脸色。从侧面可以看出,案主对自己极没自信。社工支持家人的想法,让其找份稳定的工作,但是要先纠正其观念。社工与案主交谈,分析其目前的现实情况,作为中年人还在当啃老族实在是说不过去,何况母亲年老又能帮衬几年呢? 家中孩子还在上学,需要父亲的关爱和正面形象当榜样,如果能正常就业,有一份稳定的工作,不仅能让母亲和姐姐放心,还可以为家庭减少压力,增强自信心。社工针对案主心理问题进行透彻分析,自哀自怜、等着天上掉馅饼是不可能的,靠自己的努力去充实自我、给自己加码才能越来越好,要相信自我改变、自我实现的能力。由于吸毒人员无法通过政审关,案主的年龄偏大,学历低,工作经验少,在就业岗位选择上存在很大的局限性,通过多方资源连接,根据案主的情况和意愿,为其谋得某医院的护工一职,但是未过试用期,案主因怕脏怕累而放弃。之后他通过居委会的协调到物业公司当车辆管理员,案主自认为工作时间过长,以身体吃不消为由,依旧未能最终就业。在此期间社工多次对案主进行面访，进行心理情绪疏导，让其明白每个人都是独立的个体，都需要关注自己的各种潜在能力的发挥，没有谁必须承担照顾谁的义务。在案主有一定的自我认识后，终于谋到在某花鸟市场担任夜间看守一职，促使其就业，能承担起家庭的一点责任和义务。

(三) 吸毒成瘾人员家庭矛盾突出的个案介入

1. 案主基本情况简介

案主王某，女，1974 年出生，初中学历，离异，有一子，2015 年 2 月因吸毒被行政拘留后，被责令社区戒毒，调查时处于被责令社区戒毒第二年。王某平日里爱美，非常注重自身装扮，注重品牌，赶时尚，一直与一男性朋友同居，依靠男友养活并供其吸食毒品，涉毒最初是为了漂亮减肥。家中父母在发现其吸毒后，多次劝导无果而报警。王某父母与其弟一家同住，是新疆回沪知青，自小父母将其送回上海外婆家抚养，与父母的感情并非十分深厚，此次社戒直接导致男友与其分手，她认为这都是父母造成的，为此拒绝与父母、弟弟往来，怨恨心理强烈。

2. 个案介入辅导

社工从谈话中体会到案主在亲情上的缺失和对亲情的渴望。根据其家庭情况，通过梳理寻找出还真正关心案主的亲戚——她的阿姨和舅舅的同时，社工与其交流了对家庭的理解和感受，帮助其逐渐恢复对家庭的信任和接纳，建议阿姨、舅舅在空闲时间多关心照顾一下她，另外，从侧面潜在地让案主明白父母并非是在与其作对，他们的举动体现了对她的关心和爱护。另外，社工向其宣传和普及禁毒知识，让其意识到毒品根本就不是减肥产品，不会让人变得更美好漂亮，考量一个人的标准也不是品牌的包装，不应一味追求虚华的表面，而是应该注重内在的修养；交友不是光够义气就好，在大是大非面前不能妥协，把人引入歧途的并非真正的朋友。社工力求像朋友一样与其沟通，在潜移默化下影响或扭转她的一些错误的人生观、价值观，并邀请其参与各类小组、禁毒活动，肯定其能力，多交流沟通，树立信心。在多次鼓励下，案主积极参加小组活动、“6·26”禁毒日的禁毒活动等，从中得到了一定的自信，也向社工表示自己会多看书，更好地充实自己，为了自己更好的明天而努力，拥有属于自己的天地。

四、个案工作实践反思

(一) 低龄吸毒人员的个案工作经验和反思

1. 低龄吸毒人员的个案工作经验

案主在社工的帮教下已步入社区戒毒的第三个年头，已经有了一份稳定的工作,一个谈得来、不介意其家庭情况的女友,生活趋于正常化。在帮教案主的过程中,接受和尊重案主是开展个案、帮教的基础。在这个个案中,社工基本能够为案主提供与营造一种安全、温暖、尊重、接纳的沟通环境,潜移默化地激发案主对人生的思考。

在与案主接触的开始阶段,除了要建立良好的合作关系,还需要根据具体情况,让案主认识到真正导致自己情绪、行为困扰的原因是自身而非他人或外界因素,社工创造一种有利的辅导环境,让案主接近自己的真实需要,变成一个能够充分发挥自己潜在能力的人。在该个案中,成功的关键在于家庭支持系统发挥了很大的辅助作用,不仅在心理情绪的疏导安抚方面,在案主的就业问题上也是功不可没的,对相对年轻的吸毒成瘾者而言,得到家庭的支持和认可是非常重要的,同时,健康的良好的交友圈能让其更快更好地回归社会,融入社会。

2. 低龄吸毒人员的个案工作反思

当然,在该案例中值得社工反思的是,为何如今吸毒人员的年龄越来越小、人数一直在不断上升呢?归纳起来有几个方面的原因:一是我们的禁毒宣传做得还不够,没有完全做到覆盖全社会,还是有盲点存在;二是年轻人的好奇心和爱刺激的特点,事物不分好坏都想去尝试,自我控制力不够;三是家庭监管力度不足,在低龄吸毒人员中很大一部分是缺少家庭监管的,父母平时对子女的关注度极低。

(二)就业率低吸毒人员的个案工作经验和反思

1. 就业率低吸毒人员的个案工作经验

社工在帮教案主的过程中,不批判、不评价和同理心是个案工作的基本技巧,但这些技巧往往会被忽视或使用不当,社工是发自内心的还是只是为了向他说教而进行的逢场作戏,案主能在第一时间就感受得到,一旦他发现是虚假的,或者社工不能体会他的真实心情,他就可能在心理上树起障蔽,让你不能再深入地与他交流,他也很难再信任你。在这个个案中,社工采取的不批判、不评价、表里如一的态度应该还是得当的。能够为案主提供与营造一种尊重、接纳的沟通环境,潜移默化激发案主对人生的思考。

通过这次个案,社工认为在个案工作中会谈应和实务结合起来。先用会谈方式帮助案主找出需求并帮助案主初步打开心结。但语言的力量还要通过事实来辅助并增强,仅仅安慰案主或是帮助案主认清事实,并不能解决实质性的问题,通过联系资源提供帮助,可以使其意识到你是真正地热心于帮助他解决困难的,从而对社工产生信任感,消解在个案工作中可能出现的不合作情绪。所以,个案会谈和实务工作相辅相成,应该结合起来。

2. 就业率低吸毒人员的个案工作反思

社工通过对案主的情绪疏导，帮助案主缓解心理压力，但案主自觉才是最重要的。因为归根到底，应该让案主懂得并学会如何对自己负责，要让案主明白，自己有责任使自己得到更好发展。由于社工并非专业的心理咨询人员，在进行情绪辅导方面还存在很大的不足之处，在对案主开展工作的时候，有时不能很好地把握住其心理变化，及时进行疏导，这方面亟须增加专业知识以弥补不足。同时，通过联系相关单位，帮助案主寻找资源、更好地建立自信，从而更好地巩固个案工作的成效。本次个案不仅让案主得到了成长，也让社工积累了经验，提升了专业水平。在该个案中长寿路街道的乐业工作室发挥了很大作用。社工在就业渠道方面略少了点，能依靠的机构不多，还需拓展。

(三) 家庭矛盾突出的吸毒人员个案工作经验和反思

1. 家庭矛盾突出的吸毒人员个案工作经验

把案主当自己的朋友来对待，真诚平等地接纳他们，多交流沟通，能让社工了解案主深层次的思想动态，从而建立帮教的良好专业关系。案主向社工表述心中对父母的那份怨恨和不理解、讲述小时候对父母的想念等都是一种对社工信任的表现方式。社工对她的关心和沟通交流，对她不断地鼓励和支持让她很是感动。一年多来虽然案主还没能完全谅解父母当初的做法，但时间是治愈一切的良药，如今的她已没有了当年强烈的反感和排斥，正在慢慢地敞开心扉。

2. 家庭矛盾突出的吸毒人员个案工作反思

案主一年多来的改变和成长，使社工更坚信要提高和完善自己的知识，以更专业的方法与理念帮助她和更多吸毒人员回归社会。真诚地对待每一位服务对象，做好每个个案，哪怕结果并非如我所愿，但是曾经为此而努力付出了，亦是无怨无悔。

综上所述，戒毒不仅仅靠个人的努力，还需要家庭、社会共同支持帮助才能实现。当然，作为社会工作者的我们会一直陪伴着一起走下去的。只要坚定信念、不放弃，美丽的生活在向我们招手！

（潘　虹　上海市自强社会服务总社普陀工作站）

一个重新被社会接纳的仪式：

从“融合性耻辱”视角探讨同伴教育在药物滥用者回归社会过程中的作用

郑 诚 叶 雄

摘　要：同伴教育可以作为一个提供“融合性耻辱”的平台，尤其可作为提供“接纳仪式”的媒介在协助康复者回归社会的过程中起到积极的作用。同伴教育中的“同伴沙龙”活动整体上能为康复者提供各种“接纳仪式”，从而达到以下两种作用：让康复者感受到“重新被社会接纳”；帮助他们重新建立和“重要的人”(significant others)，尤其是和家人之间的良好关系。

关键词：同伴教育　融合性耻辱　接纳仪式　同伴沙龙　回归社会

截至2015年底，全国现有吸毒人员234.5万名(不含戒断三年未发现复吸人数、死亡人数和离境人数)。①在《禁毒法》颁布后，每年有大量的药物滥用者(以下统称为康复人员)完成强制隔离戒毒回归社会。为了帮助他们重新融入社会和巩固戒毒成效，从2005年开始，上海开展同伴教育模式至今已经十多年。为了更好地了解同伴教育对康复人员的作用，本文尝试以融合性耻辱理论(reintegrative shaming theory，以下统称“融合理论”)作为出发点，通过分析同伴教育里的“同伴沙龙活动”来探讨同伴教育对康复人员回归社会的作用②。本文认为同伴沙龙中的活动可以作为一个“重新被社会接纳的仪式”(ritual of reintegration，以下统称“接纳仪式”)，来帮助回归社会的康复人员(1)感受到被社会重新接纳，(2)重新建立和家人的关系。根据“融合理论”，在越轨者的康复过程当中需要经历一个“接纳仪式”，这个仪式对于行为偏差者的康复至关重要。本文认为同伴教育可以为康复人员提供一个“接纳仪式”的平台。

---

① 中国国家禁毒委员会办公室：《2015年中国毒品形势报告》，2016年2月，http://www.nncc626.com/2016-02//8/c_128731173_3.htm，2016年10月。

② J. Braithwaite, *Crime, shame and reintegration*, Cambridge: Cambridge University Press, 1989.

1989年澳大利亚学者约翰・布莱特怀特(John Braithwaite)提出融合性耻辱理论。他提出耻辱(shaming)是最有效的社会控制手段。他认为我们可以把耻辱分为两种:排斥性耻辱(disintegrative shaming)和融合性耻辱(reintegrative shaming)。① 排斥性耻辱是对越轨者的个人做出羞辱,这也会让越轨者感到自己被这个世界排斥,从而减少越轨者改过的决心和机会。也就是说,排斥性耻辱会增加越轨行为。相反,融合性耻辱只谴责越轨者的"行为",而避免羞辱越轨者的"个人"。融合性耻辱可以分为两个阶段。第一个阶段,越轨者被告知过去的行为是错误的和可耻的,在这个过程当中,告知越轨者其行为为他人带来伤害,从而引发越轨者的耻辱感。在第二个阶段里,越轨者经历一个"接纳仪式",而这个仪式对于越轨者的改过和康复来说是至关重要的。② 在这个仪式里,越轨者表示歉意和改过的意愿,而"被害者"及对越轨者来说"重要的人"则以言语和操作表示对越轨者的原谅和重新接纳。③ 布氏和其他学者认为这种两阶段式的融合性羞辱一方面能通过对越轨者行为的羞辱和谴责来抑制越轨者的越轨行为的复发,另一方面通过重新接纳的仪式来让越轨者重新回归社会,从而达到社会控制的效果。④

一、研究对象和方法

本文的研究对象为曾经在上海参加同伴教育活动的康复人员。他们参与同伴教育活动至少一年。为了了解在同伴教育中是否能够让他们感到被社会接纳,本文采取质性研究方法。本文其中一个作者长年参与同伴教育活动,过程当中对同伴教育的过程作详细记录,并储存了大量的一手数据。这些数据包括同伴教育活动的详细记录、大量对参与同伴教育的康复人员的访谈和康复人员在参与同伴教育过程中书写的文字材料。本文提出的论点正是基于对这些材料的详细分析。

二、研究结果

同伴教育包含各类活动,当中包括正式活动和非正式活动。正式活动包括

---

① J. Braithwaite, *Crime, Shame and reintegration*.

② Shadd Maruna, "Reentry as a rite of passage," *Punishment & Society*, Vol. 13, No. 1(2011), pp. 3 -28.

③ T. R. Tyler, L. Sherman, H. Strang, G. C. Barnes, & D. Woods, "Reintegrative shaming, procedural justice, and recidivism: The engagement of offenders' psychological mechanisms in the Canberra RISE Drinking - and - Driving Experiment," *Law & Society Review*, Vol. 13, No. 1 (2007), pp. 553 - 586

④ X. Chen, "Social control in China: Applications of the labeling theory and the reintegrative shaming theory," *International Journal of Offender Therapy and Comparative Criminology*, Vol. 46, No. 1(2002), pp. 45 - 63.

"同伴个案辅导""同伴小组""所内辅导""家庭辅导""同伴信箱""禁毒宣传"等。正式活动主要根据专业的社工理论和实践方法进行,结构式的策划严谨性比较高。非正式活动主要通过"同伴沙龙"进行。这类活动虽有策划、目标,但比较轻松,具有娱乐性和灵动性等特点。通过对收集的资料进行分析,我们发现同伴教育中的非正式活动包含各种让康复人员回归社会的"仪式"。本文针对其中两类"仪式"做出分析:新生日纪念仪式和感恩类活动。

(一)"新生日纪念仪式"

"新生日纪念仪式"一般在比较正式的会场举行。为回归社会1年、3年、10年的康复人员"庆生"并邀请他们的家属、社工等一起参加,通过特定的"仪式"让康复人员感受到自己有一个新生命的开始,也感受到他们被关爱、关注,被社会所接纳。就如活动的名称所说,新生日纪念活动的设计重点在于带出"新生"这个概念,目的是要让康复人员感受到自己有一个崭新的开始,一个重新被社会接纳的新生命。一般这样的仪式会用数个环节来完成。第一部分会回顾康复人员回归社会后康复的经历。主持人会播放预先制作好的视频,里面会有背景音乐、照片、日记、一些活动场景、作业、微访谈影片等,通过这些呈现他们的康复经历与故事。这一环节彰显了康复人员为新生命的诞生所付出的努力,也让康复人员在回忆中,看到自己的改变与成长的痕迹,提高自我认同感,感恩所有帮助自己康复的人。

新生日仪式第二个部分是"颁奖与答谢"。这一环节主持人邀请颁奖嘉宾为康复人员颁奖(嘉宾一般是受康复者尊重的领导、专家、社工等)。在掌声中康复人员接过嘉宾手上的奖杯,康复1年、2年、3年的人奖杯上会刻有"新生"字样,10年的奖杯上则刻有"涅槃重生"的字样,一些与会的康复人员、社工等也会送上一些表达祝福心意的礼物给"寿星"。然后,获奖者发表新生感言和答谢辞,同时也会将预先备好的答谢礼物,如献花、锦带等送给最想感恩的人。

最后环节是推出"生日蛋糕"(组织者会准备推车、礼仪小姐),点燃蜡烛、熄灯、许愿、全体参与者起立合唱生日歌、分食蛋糕……将整个仪式推向高潮。整个活动中的每个策划细节,都被刻意地渗入各种与"新生"有关的符号,代表着对新生的祝福,对新生命的敬意与接纳,让康复人员充分地感受到融入社会的温暖及康复的意义。活动中,上海市禁毒办、自强总社领导、大学教授、社工和家人都会有代表发言表示祝贺与鼓励,这种嘉许也从另一方面代表了社会对他们的接纳。

(二)"感恩类活动"

"感恩类活动"旨在让康复人员感受真、善、美,感受爱与被爱,体验价值;同时通过一些特定日子的活动,搭建回报的平台,让他们通过行动感谢给予关爱和鼓励的人们。

这类活动一般会在“母亲节”“父亲节”“教师节”“中秋节”等举办。会邀请康复人员的家人、社工等一起参加。用“母亲节”举例，通过策划，主持人会先讲述母亲节的由来，并播放一个经过仔细挑选、能彰显母子情深的视频，目的是让参与者感受人性中美好的情感，一方面引导康复人员和家长一起回忆并反思他们之间的关系，另一方面触动他们对亲情的渴望与感激。活动中康复人员会在准备好的卡片上写下给妈妈的话，然后让每个人到妈妈的面前朗读给妈妈听。然后邀请妈妈分享感受。这一环节中很多的妈妈在分享时都会哭泣，也有妈妈说：“在孩子吸毒以后，就没有经历过这样暖心的场景。”康复人员还会给妈妈送上康乃馨和贺卡，彼此拥抱对方，合影留念。活动中主持人会带领大家做游戏，目的在于增加康复人员与母亲的互动，让他们感受到生活上少有的肢体接触。

其中一个游戏叫“妈妈您在哪里”：康复人员被蒙眼转圈，让妈妈们排成一排，康复人员被要求通过触摸手掌来寻找妈妈。有康复人员在游戏中表示：“记不清有多少年没有摸妈妈的手了，妈妈的手变得那么粗糙了，所以我找错了妈妈，心里很难过，今后我一定不再让妈妈为我操心了，我要牵着妈妈的手在康复的道路上走下去。”工作人员经常会在活动中融入一些仪式感比较强的设计，如将蜡烛设置成心形图案，给妈妈戴花环，举行承诺、宣誓、朗读誓言等仪式，搭肩围圈唱歌等。

三、结论

以上所说仪式活动包括了仪姿、动作、行动，以及仪式行为和行为者的情态、心理等因素。这些因素会在一个特定的时间、特定的环境中通过一系列行为综合展现出来，在仪式情境中，表现出神圣性、戏剧性、程序性的特征，对康复人员的康复会起到一定的促进作用。通过仪式营造出一种蕴含仪式情感基调的氛围，让参与者由于情绪上的相互感染而对他人和情境做出期望发生的反应，康复人员的情感被仪式化为一种力量，而这种力量对他们来说是重要的。通过仪式化的过程对康复人员做出精神上的刺激和心灵上的安抚，从而让他们感受到社会对他们的肯定和接纳，起到巩固康复成效的作用。

很多康复人员因为成瘾行为和家人关系变得很差，这些仪式不但让康复者感受到被社会接纳，而且也成为康复人员和家人重新建立良好关系的平台。“融合理论”告诉我们康复者是否感到被社会接纳，是否感到被家人关爱，对他们顺利回归社会非常重要。所以在康复人员回归社会后，亟须修补破裂的社会和家庭关系。

据统计，从 2007 年开始，机构在社区组织了 186 场“同伴沙龙”活动，5 000 多人次的康复人员参与了活动。其间，在 193 人的团体中(2015 年 9 月统计数),我们为17名康复10年以上的同伴颁发了“涅槃重生奖”,为47名康复1—3年的同伴颁发了“新生奖”,邀请57个家庭进入沙龙活动中,在各强制隔离戒毒所做了12次沙龙活动,受益人数5 000余人次(闭路电视直播)。通过沙龙活动中的各类“仪式”感谢了社会各方的爱心人士与禁毒工作者,让他们感知了工作的意义,改变了对药物滥用人群的看法。至2016年底参与同伴教育活动的康复人员操守率为93.45%。他们不仅保持了操守,其中35名还成为同伴辅导员,12名是准同伴辅导员,组成了一支50人以上的康复同伴禁毒志愿者,获得市级荣誉的有8人,1人成为签约社工。

我们认为同伴教育中的“仪式”化的活动,确实能在某程度上给予康复人员一个Braithwaite和Maruna所说的“重新被社会接纳仪式”的平台。这一平台,一方面提供各种能刺激康复者正向情绪的“仪式性”的活动,给予康复者一个重新开始、重新被接纳的感觉,另一方面,通过“仪式”让康复人员和他们的家人之间增加了理解,提供了修复家庭关系及功能的机会,帮助康复人员重新融入家庭。虽然其他的组织也可以提供类似的平台,但是以同伴辅导员为主干的同伴教育活动能更有效地在康复人员回归社会的过程中发挥不能替代的作用。

然而,部分康复人员会对外界社会抱着惧怕和怀疑的态度,因为他们曾感受或者经历了社会对他们的歧视,他们不愿意社会上的其他人知道自己药物依赖的经历。正因为药物依赖者至今依然受到污名化(stigmatization)的影响,所以被正常人发现自己过去药物依赖的经历往往就会导致被歧视而失去得来不易的工作和尊严。[①] 从这一客观现实来看,同伴教育活动会有其局限性。

同伴教育对康复人员来说,只是干预的一种手段,虽然同伴教育能帮助部分的康复者因为典范作用而建立信念,因为“融合性耻辱”平台上繁衍的接纳仪式,让他们感受被接纳,协助他们修复家庭关系,却无法帮助他们完全被社会大众接受。因此如何让同伴教育发挥更大的作用,让其成为减少社会上对药物滥用者污名化的桥梁,是同伴教育未来的发展方向之一。

(郑　诚　香港公开大学人文社会科学院;叶　雄　上海市禁毒志愿者协会)

① E. Goffman, *Stigma: Notes on the management of spoiled identity*, New York: J. Aronson, 1974.

ACT治疗理论在戒毒人群心理康复中的运用

夏梅凤

摘　要：随着人类对毒品危害的认知，禁毒工作已经成为全世界共同探讨的课题。国际上对于毒品犯罪的打击近年来取得了不少的成绩，但毒品仍在全世界肆虐蔓延，我们一刻也不能放松警惕。我国从禁制、禁种、禁贩、禁吸，全方位控制毒品蔓延，但由于高利润的驱使，仍有不少犯罪分子铤而走险贩卖毒品甚至引诱未成年青少年吸毒。今天我们除了要不断加大对于毒品犯罪的打击以及禁毒知识的宣传，更要从吸毒人员入手，控制买方市场。缘何吸毒人群的复吸率居高不下？其中有着复杂的社会因素和生理、心理因素。吸毒人员已经被列为脑类疾病患者，得到了全世界医疗界的关注，而ACT治疗理论作为一种全新的、最前沿的心理疗法，在吸毒人员的心理康复治疗中起着积极的作用，ACT治疗核心六维模型除了关注个体的身体、行为、价值观和社会因素，同时关注到了个体的心理弹性空间，使治疗更加全面可行。

关键词：禁毒工作　戒毒康复　ACT治疗六维模型

作为一名禁毒社工，在日常工作中我们常会用到一些社会工作的伦理和价值观去协助案主去发现问题，制订目标计划，并去行动改变。而认知行为治疗理论是我们在帮助戒毒康复人员的工作中最常用到的理论，旨在协助案主发觉对于事件的非理性认知，从而达到改变行为结果的目的。然而案主的问题不是单一不变的，处理起来也不是一蹴而就的。这就需要我们不断地更新我们的知识。认知行为治疗理论也是如此，从第一代的A—B—C，到第二代开始关注人类无意识，到第三代的ACT六角理论模型。①

我们的知识也在不断地更新中。作为一名禁毒社工，我们在工作中直接与康复戒毒人员联系，我们看到他们在戒毒路上的辛酸与坎坷。缘何吸毒人群的

① 罗斯·哈里斯：《ACT就这么简单——接纳承诺疗法简明实操手册》，祝卓宏、张婍、曹慧等译，机械工业出版社2016年版，第11页。

复吸率居高不下?其中有着复杂的社会因素和生理、心理因素。吸毒人员已经被列为脑类疾病患者,得到了全世界医疗界的关注,而 ACT 治疗理论作为一种全新的、最前沿的心理疗法,在吸毒人员的心理康复治疗中起着积极的作用。本文讨论 ACT 治疗理论在戒毒人群心理康复中的运用。

一、ACT 在认知方面发挥的作用

(1) 帮助求助者勇敢面对现实(拥抱当下)[①],直面存在的问题,不退缩,不回避,正确认识它。

(2) 提高心理灵活性(心理弹性,接纳全部):引导求助者学会接纳痛苦,不抗拒,不逃避,用悦纳的心态将其作为客体观察和欣赏。帮助求助者建立一种积极而无防御的态度拥抱各种经验。

(3) 启发求助者区别痛与苦。人类的痛苦是普遍存在的,但可以通过练习将痛苦减少或令之消失。换一种表述即"认识痛是无法避免的,苦是可以阻止的"[②]。注重认知功能,接受情感反应。

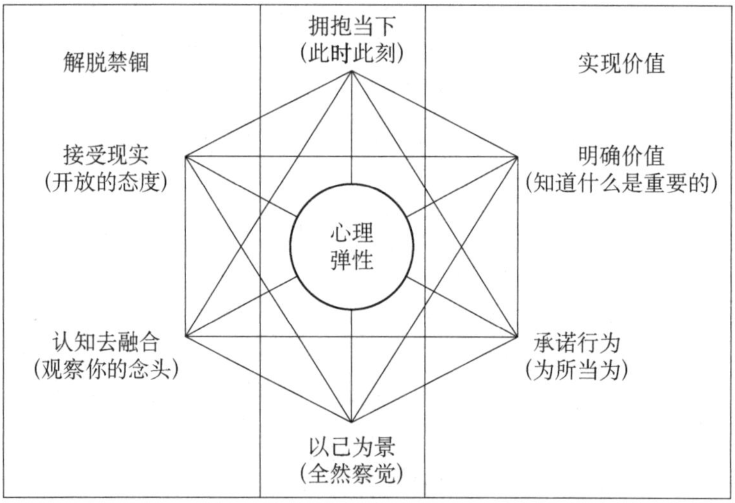

图 1 ACT 六角理论模型

案主甲某由于患有甲亢,引起很多并发症。心动过速、易饥饿导致血糖偏

---

① 帕特里夏·A.巴赫、丹尼尔·J.莫兰:《接受与实现疗法理论与实务》,方双虎、王维娜译,重庆大学出版社 2011 年版,第 129 页。

② 史蒂夫·C.海耶斯、斯宾斯·史密斯:《学会接受你自己——全新的接受与实现疗法》,曾早垒译,重庆大学出版社 2013 年版,第 13—14 页。

高、失眠多梦。情绪一直很低落，工作也受到了影响。有时流露出想要借助毒品逃避现实或者解脱的意愿。社工运用 ACT 理论，协助案主认识到这些症状都是由于甲亢引起的，而甲亢在我国已经是可治可控的了，目前要做的就是积极配合医生的治疗，按时服药。只要甲亢好了，其他的症状也将自动消除。目前的身体状态不能一下子改变，但我们却可以改变我们的情绪，去接受它，尤其是睡眠，它受我们身体的植物神经控制，而植物神经受情绪的影响，我们人类在放松下来时才会轻松地入睡，不能太多地关注睡眠本身，不刻意追求，顺其自然，那么睡眠也将水到渠成。目前所有经历的事件是身体能感知到痛的，但苦却是我们心理的感受，以此为乐，才是我们真正要追求的。在经历过这些事件后，我们必将成长，拥有一个强大的内心能量，并且成为我们活着的意义。而求助于毒品，我们能获得的只是一时的解脱，但得到的却是永远的痛和无尽的黑暗。认知到这一切之后，案主开始不再焦虑，淡然地接受甲亢治疗过程中的并发症，随着病情的恢复，身体各方面的机能也在好转，最大的改变源自案主的内心变得强大、自信，同时感觉到自己可以面对不吸毒带来的痛苦，感受也是可以接受的，自己一定可以克服心理上的依赖。

二、ACT 在行为方面发挥的作用

(1) 帮助求助者领悟，认识过程是言语控制行为，是自我注意力局限而引至行为作用变化的原理。

(2) 让求助者界定主观与客观的变化关系，自我概念化，导致行为不灵活，全部生活的愉悦、乐趣被过程目标消耗。

(3) 通过接纳、分离、专注当下、观察性自我，达到解脱心理禁锢。

案主乙某，平时给邻居的印象一直是老好人一个，特别在乎别人对自己的看法。一次邻居的狗咬死了自己相依为命的小猫，发生了一些口角，自那天起开始闷闷不乐，心理压力大。和邻居也不知道该如何相处了，有时邻居还以他吸毒的经历，挑唆别人隔离他。他开始觉得都是自己的错，既然他们不接受自己已经戒毒，怀疑自己，那么自己还有什么可以坚持的呢。社工协助其一起分析，事件中猫咪是自己的精神寄托，为其去争取是理所应当的事。对于其老好人的评论，则这样开导他：我们不能让 100％的人都喜欢我们，知道 70％的人喜欢我们就可以了，不能因为别人说我应该是这样的，我就不能去争取，对于猫咪的争取，要站在猫咪的角度，它是十分支持自己的主人的，这恰恰反映其是一个善良的好人，并且猫咪肯定是希望自己的主人可以好好生活的，不要因为它的离去而沉浸在悲伤之中。同时我们戒毒不是为了邻居的评论，是为了我们自己可以生活得很好,可以一如既往去关心帮助他人。这一切都是为了我们自己在物资以及精神生活上的满足。很多的时候是我们对于自己的绝对化的要求,束缚了我们的行动,影响了我们的情绪。当案主认知到这些之后,他开始接纳自己,接纳自己真实的情绪,不再对自己提太绝对的要求,焦虑情绪减轻,行为也恢复正常。

三、ACT在正念[①]和价值方面发挥的作用

(1) 正念是独自接受,是一种注意,是一种顿悟。让求助者从概念化的过去和将来转到现在,帮助求助者与现在发生的事情衔接。

(2) 帮助求助者寻找价值。聚焦价值观是ACT的关键特征,明确价值是ACT的核心。价值观创造生命的意义和方向,贯穿在生活的每一个有目地的行动中。价值与人类的行为不可分离,突破思想中自我界定概念化行为,直面阻碍价值活动的障碍物。要活出价值,就要找到自己的兴趣,做有意义的工作。

案主丙某20世纪90年代就下海经商,做工程,是最早的百万富翁,当时赢得一片赞许,后来接触海洛因,当时觉得自己无所不能,这个自己也可以控制,到最后提不起精神做生意,变卖家产,从此陷入泥潭不能自拔。他认为自己不再是有能力的人,认为这个东西就在自己脑子里生了根,难以拔除。现在自己什么也做不到,过去的辉煌不再,说起来都不会有人相信。社工协助案主分析过去的成功,种种经历证明了自己是有能力的人,今天经历的困难有时可能还没有过去那么棘手,今天的自己缺的只是过去的自信和意气风发。而过去的自信源于自己的能力,而人的能力是不会随时光消逝的。今天的自己可以一步步来,先从解决自己的生活开始,找一份工作,改善自己的生活,从当下的每一次事件中重新找回自信,并且去打一场和毒魔抗争的仗,这就如20世纪90年代起下海经商一样,没有多少先例,也没有多少人有这样的魄力。当我们老去,面对死亡的时候这一切都将成为我们可以骄傲的经历。我们人生的价值在于我们克服了我们人性的弱点,向着每一个未知出发,并在一路中获得经验与成就。于是他开始反省自己过去的种种,审视并建立起自己的价值观,知道当下什么是对自己最重要的。案主目前找到了一份工作自食其力,决心和毒品抗争。

---

① 罗斯·哈里斯:《ACT就这么简单——接纳承诺疗法简明实操手册》,祝卓宏、张婍、曹慧等译,机械工业出版社2016年版,第10页。正念与ACT六维模型的每一个过程紧密相连,与拥抱当下联系最紧密,也与以己为景相联系,促进了认知去融合。

四、ACT在解脱禁锢方面发挥的作用

（1）帮助求助者突破思想中自我界定的概念化，就要做思想分离。去融合过程旨在使求助者的行为与言语控制的刺激相分离（认知去融合）[①]，是改变个人与思维和情感的关系。让求助者将思想看作客观物，把思想看作是工具，视思想为外物。将自我思想、臆想从记忆中分离。首先将思想看作是语言和文字本，不代表任何意义，意义是历史背景下形成的，并非实用于现在情况。思想要从远的地方看情绪，情绪化（产生症状）是自我太重。

（2）帮助求助者改变行为，就要做认知分离。认知分离就是把思想与行为的认识做对比，掌握运用的原则是：教导语言的选择与限止（针对求助者主题，适合求助者接受，明了、语义深刻、利于良性发展语言），制造思想者之间的距离是必须一次到位。

（3）ACT运用的方法是：要求求助者看思想而不是通过思想看事情，而是看行为与思想的联系反应，也就是思想与行为的关系。大声重复诵读思想负想法，或重复写、制作卡片、表格随时多看（加深印象）等方法，从而达到把思想中自我界定的概念化（负面、厌恶等情绪）从记忆中分离出去的目地。

案主小丁，从小在父母的关爱下长大，后来跟朋友接触冰毒。回来后反复戒吸。问起原因他说："朋友让我弄，他们说不玩就不是朋友。而我就是这样的，我是个没主意的人，别人说什么就是什么。我不敢拒绝朋友的要求，我也讨厌这样的自己，太让父母伤心了，可我就是没勇气拒绝。"社工协助案主一起认知"朋友"一词的意义。什么样的人才可以被称作为朋友？自己是什么时候开始被别人和自己认定为没主意的？自己既然讨厌这样的自己，有想过去改变么？同时自己觉得自己对什么事件是最有主意的？"我很多时候觉得自己有主意，是否是自己在某些事件上特别擅长？我们没主意，是否是自己这方面比较弱势？"最后在社工的帮助下，案主开始回顾成长的经历，其实小时候自己挺有自己的见解的，后来有一次朋友考试没考好，自己出主意找别人代签家长名字，被知道后，被父母严厉地批评了，让他以后少自作主张，管好自己，听大人的话就可以。而朋友也因为此事被父母打，认为他出了个馊主意，从此绝交。自那之后他变得沉默寡言，特别怕事。社工让服务对象明白这次事件对其的影响在于："从此认为自己没主意就不会挨骂，也不会失去朋友。"而这一切不是他的错，可能因为那时的年

① 帕特里夏·A.巴赫、丹尼尔·J.莫兰：《接受与实现疗法理论与实务》，方双虎、王维娜译，重庆大学出版社2011年版，第167—168页。

纪还小没能力解决这样的事件，要放到今天相信其一定可以有更好的能力去解决这一事件。所以自己对于自己没主意的认知是非理性的，自己对于自己胆小的认知也是不正确的。相信自己可以有能力走出创伤，过自己想过的生活，做最真实的自己。在此过程中可以多读写萨提亚的《自尊宣言》，增强自信心的同时，制作卡片列出自己要认知并改变的负面情绪和行为状态。从没主意、胆小等负面定义状态下走出来，增强自己的人格独立性。

五、ACT 目标(实现价值)

简而言之，ACT 的目标是帮助我们开创丰富、充实且有意义的生活，同时接纳生活中那些不可避免的痛苦[①]。

在个案运用中，运用此法，能直接针对案主的问题，协助案主了解自我，接受自己目前的状态，不焦虑、不逃避，相信自己有能力改变，过更好的生活。

幸福这么难，生活这么难，痛苦这么多，我们能够做些什么呢？接纳承诺疗法对以上问题给出了深刻的答案。这是行为疗法第三浪潮的核心疗法，由美国内华达大学临床心理学教授海耶斯及其同事于 20 世纪末创立，目前正迅速成为全世界最流行的心理疗法之一。ACT 在治疗抑郁症、焦虑症、强迫症、创伤后应激障碍、成瘾症、精神病性症状等心理障碍与精神疾病方面的效果，都有大量实证研究支持。

最后，作为一名一线禁毒社工，我们做的是一份“以生命影响生命的工作”。有句话和大家互勉：“只要我们时时留意，保持好奇，悦纳自己，从而悦纳他人，我们就会跳出来，更好地生活与工作！”

（夏梅凤　上海市自强社会服务总社静安分站）

① 罗斯·哈里斯：《ACT 就这么简单——接纳承诺疗法简明实操手册》，祝卓宏、张婍、曹慧等译，机械工业出版 2016 年版，第 9 页。

异地社区戒毒相关问题简析

——以社区检察室为切入点

孟庆华

摘　要：通过对社区戒毒基本问题的引入，包括概念、性质以及存在的优点等进行简要介绍，文章对异地社区戒毒的相关内容以及目前存在的问题进行了分析。同时，以社区检察室为切入点，提出了解决异地社区戒毒相关问题的一些建议和措施。

关键词：社区戒毒　异地　社区检察　戒毒小组

毒品问题是一个关系国家长治久安的重要问题，关注毒品工作，充分认识当前我国毒品问题的现状，严厉打击毒品犯罪，是当前的一个重要任务，在深入贯彻落实《中共中央国务院关于加强禁毒工作的意见》的基础上，在《上海市禁毒条例》实施之际，笔者作为一名基层检察工作人员，对异地社区戒毒存在的相关问题作简要分析，以期能够为实践提供一定的借鉴。

一、社区戒毒基本问题简介

社区戒毒作为四种主要戒毒措施之一，已经不是一个新鲜的概念，2008 年《中华人民共和国禁毒法》以及 2011 年的《戒毒条例》都对其作了相关规定。《中华人民共和国禁毒法》第 33 条规定：对吸毒成瘾人员，公安机关可以责令其接受社区戒毒，同时通知吸毒人员户籍所在地或者现居住地的城市街道办事处、乡镇人民政府。社区戒毒的期限为 3 年。

对于社区戒毒的概念，学者也有不同的界定。有学者认为，社区戒毒是指吸毒成瘾人员在社区的牵头、监管下，整合家庭、社区、公安以及卫生、民政等力量和资源，使吸毒人员在社区里实现戒毒。[①] 也有学者认为，社区戒毒是指吸毒成瘾人员在户籍所在地或者居住地的城市街道办事处、乡镇人民政府或者其指定

---

① 林建：《我国社区戒毒管理工作科学化探析》，《法制与社会》2011 年第 12 期，第 204 页。

有关基层组织(如居委会、村委会)的监督下自愿进行戒毒。[①] 笔者认为社区戒毒是指公安机关依法责令符合社区戒毒条件的吸毒成瘾人员到相关联社区内接受由政府机关负责,相关行政机关提供指导与协助,以多方面工作人员共同参与的具有一定强制性的戒毒措施。

对于社区戒毒的性质,观点相对比较统一,即社区戒毒是一种带有强制性的行政措施。[②] 其强制性可以从其适用由公安机关作出、期限以及戒毒者的相关义务体现出来。

相较于其他几种戒毒措施,社区戒毒有其有利之处。戒毒的目的不仅是吸毒者戒除毒瘾,更重要的是使其能够回归社会,彻底与毒品断绝联系,真正做到发现一个吸毒者,断绝一个,而不是同一个吸毒者反复被抓,反复戒断,这实际上是对社会资源、司法资源的浪费。社区戒毒的优势在于能够更好地实现戒毒的目的,真正减少毒品的危害。

首先,社区戒毒具有针对性和一定的强制性,可以确保吸毒成瘾者开始戒毒。公安机关作出社区戒毒决定后,吸毒者需在 15 日内到相关社区报到并签订社区戒毒协议,开始其为期三年的社区戒毒过程。在此过程中,社区戒毒工作小组的人员会针对社区戒毒者的情况进行教育、辅导或者培训,戒毒者也需履行相关汇报、检测义务。上述规定都可以有针对性地帮助戒毒者进行戒毒。

其次,社区戒毒可以有效整合各方资源力量。根据《上海市禁毒条例》的规定,社区戒毒需要成立专门的社区戒毒小组,并由其负责具体戒毒工作。社区戒毒小组包括社区戒毒专职工作人员、参与社区戒毒工作的民警、社区医务人员、禁毒社会工作者、社区戒毒人员的家庭成员以及禁毒志愿者等人员。[③] 据此可知,社区戒毒可以整合专业的戒毒人员、医务人员、公安、法律、社区服务以及吸毒者家庭人员等各方力量和资源,从生理上、心理上全方位地对吸毒者进行帮助与治疗,这种整合有一部分具有自愿性,对于禁毒志愿者以及吸毒者家人来说,他们属于积极主动加入该队伍,不存在成本问题,并且社区戒毒相较于强制戒毒具有一定开放性,可以接受各方社会资源的帮助,能够利用更少的资源达到更好的戒毒效果。

再次,社区戒毒更人性化,利于戒毒者回归社会。社区戒毒虽然签订戒毒协议,并且需要履行一定的义务,但是戒毒者的生活是自由的,并且不脱离原来的

---

① 王苹:《论实行社区戒毒的意义》,《辽宁警专学报》2011 年第 1 期,第 55 页。
② 沈晓宇:《论我国社区戒毒制度的法律完善》,安徽大学硕士学位论文,2014 年,第 5 页。
③《上海市禁毒条例》第 32 条第 2 款。

生活环境，相对来说更具有人性化。这种方式一方面可以不脱离家人，能够得到家人的关心照顾，时刻得到身边人的鼓励，从心理上帮助戒毒者远离毒品；另一方面，继续生活在原来的社区环境中，不脱离社会，在戒毒者协议期满、完成戒毒后，可以非常自然地融入社会中，不存在难以回归正常生活与工作的状态。这一点的优势在于，戒毒的目的就是吸毒者彻底远离毒品，如果戒毒者在戒毒后受到歧视，无法完成回归社会，开始新的、正常的生活这个环节，那就很可能自暴自弃，重新回到原来的毒品生活圈，从整个戒毒目的来看，戒毒是失败的，所有的资源投入也被浪费了，打击毒品、维护社会和谐稳定的目标没有做到。所以戒毒工作需要重视回归社会这一步，在这一点上，社区戒毒优势明显。

社区戒毒作为一种最具优势的戒毒措施，在戒毒体系中占有极其重要的地位，是需要我们倾注力量进行发展的，但同时，社区戒毒在实践中也存在一定问题，需要我们进行研究和探讨。笔者下文从异地社区戒毒的相关问题切入进行分析。

二、异地社区戒毒相关问题分析

根据《中华人民共和国禁毒法》第 33 条第 2 款的规定：戒毒人员应当在户籍所在地接受社区戒毒；在户籍所在地以外的现居住地有固定住所的，可以在现居住地接受社区戒毒。

笔者此处的异地社区戒毒是指戒毒人员在户籍地以外的地方被抓后适用社区戒毒，但是被遣送回户籍地或者现居住地接受社区戒毒的情况。

其一，戒毒人员被抓地非户籍地，被遣送回户籍地接收社区戒毒。

其二，戒毒人员被抓地既不是户籍地，也不是现住地，被送回现住地接受社区戒毒。

在上述两种情况下，异地社区戒毒可能存在的问题有如下几个方面：

首先，接收地是否有相应的社区戒毒组织。根据法律规定，城市街道办事处、乡镇人民政府负责社区戒毒工作。城市街道办事处、乡镇人民政府可以指定有关基层组织，根据戒毒人员本人和家庭情况，与戒毒人员签订社区戒毒协议，落实有针对性的社区戒毒措施。[①] 对于上述基层组织，《上海市禁毒条例》对其进行了细化规定："乡、镇人民政府和街道办事处成立由社区戒毒专职工作人员、参与社区戒毒工作的民警、社区医务人员、禁毒社会工作者、社区戒毒人员的家

---

① 《中华人民共和国禁毒法》第 34 条第 1 款。

庭成员以及禁毒志愿者等组成的社区戒毒工作小组,具体实施社区戒毒工作。"[①]对于上述条文规定的这样一个负责社区戒毒工作的基层组织,在许多地区可能并不存在,对于新出台的戒毒条例规定的一个整合各方力量的戒毒小组,在偏远落后地区更是很难做到。而根据笔者实际办案经验来看,被抓到案的吸毒者,需要遣送回原籍接受社区戒毒的,大多是偏远落后地区。

其次,接收地相关社区戒毒组织是否有能力和意愿接收。承接上文来看,假设相关接收地存在社区戒毒的基层组织,对于从外地移送过来的吸毒者,是否愿意接收?接收后是否有能力进行管理?尽管法律规定,送回原籍接收社区戒毒的,户籍地公安应当予以配合。我们也需要考虑接收地的意愿。对于一些地区来说,可能出于各种原因的考虑,并不愿意接收吸毒者到本社区戒毒,举例来说,对于一些户籍地在本地,但是常年在外地打工的吸毒者来说,其实家属以及活动圈完全不属于本社区,贸然接收上述类型的戒毒者,对于本社区来说工作难度相对较大并且可能成效甚微,故而接收地相关组织主观上并不愿意接收。接收后的管理,对于接收地来说也是一个挑战。一方面,正常地开展社区戒毒的管理,接受外地遣送过来的戒毒者,必然会加大接收地工作量以及资源投入;另一方面,接收地相关戒毒组织是否有能力应对各种情况?该社区戒毒组织是否有专业的戒毒人员、医务人员、警务人员、法律人员?在发生不同的情况时,能否及时作出准确的判断和采取相应的措施?对于大部分落后地区来说,这都是极大的挑战。

再次,特殊情况处理。本应采取其他戒毒措施而出于其他原因需要适用社区戒毒的情况。怀孕或者正在哺乳自己不满一周岁婴儿的妇女吸毒成瘾的,不适用强制隔离戒毒。不满十六周岁的未成年人吸毒成瘾的,可以不适用强制隔离戒毒。[②] 上述两类人员,基于身体的特殊情况或者年龄问题,也需要适用社区戒毒,相对于普通吸毒人员,有其特殊性,可能需要根据不同阶段现实情况随时变换戒毒措施或者采取其他措施。在上述两类人员特殊情况下,再叠加异地社区戒毒的情况,情形就变得更加复杂,一般的社区戒毒场所以及普通的乡镇政府人员、街道办事处工作人员或者一些社会工作者已经无法应对上述纷繁复杂的情况,产生问题也无法及时采取正确的措施。

最后,异地社区戒毒的效果。对于戒毒人员,对其进行戒毒是希望对其进行改造并使之回归社会,而不是惩罚,在社区戒毒进行期间,如果不能很好地使其

---

① 《上海市禁毒条例》第 32 条第 2 款。

② 《中华人民共和国禁毒法》第 39 条第 1 款。

回归并融入社会，开始正常的社会生活，那么其实不能说社区戒毒是成功的，进行社区戒毒想要的效果并没有实现，对于吸毒者来说，如果没有离开以前的吸毒环境并开始新的生活，那么有很大的可能会再次回到那个生活圈并复吸，陷入恶性循环。对于许多遣送回户籍地接受社区戒毒的人员来说，户籍地是相对落后的地区，在社区戒毒这一块可能并不完善，无法做到后期回归社会的相关工作，因而，社区戒毒的目的有可能功亏一篑。而戒毒人员在回归社会后，最有可能的就是回到被抓地继续吸毒，因而对于被抓地来说，吸毒人员其实并没有减少，对于被抓地的毒品打击治理工作来说，这是非常大的问题。

三、检察机关在异地社区戒毒方面可为之处

异地社区戒毒相关问题的解决关键在于找到连接点，由于社区戒毒组织的相关责任机关是乡（镇）人民政府、城市街道办事处，实际上与办案地公安机关进行沟通比较困难，而通过办案地的司法机关和执行地的司法机关进行连接则相对便捷。笔者作为检察机关的一名工作人员，以对戒毒工作以及检察工作的认识为出发点，建议将社区检察室这一机关作为解决问题的切入点。

以上海为例，2011 年上海市检察院先后颁行社区检察室的一系列文件，初步建成派驻社区检察室制度体系。社区检察室的设立也是为了适应我国检察工作对不断展开的社区矫正制度进行监督以及参与社会综合治理的要求。

根据上海市颁布的相关规定，社区检察室职能中与社区戒毒相关的内容包含如下两条：其一，负责对街镇社区矫正工作机构矫正活动的监督；其二，结合检察业务工作，参加社会治安的综合治理，开展法制宣传。①

从上述条文内容我们可以知道，社区检察室与社区戒毒工作的连接点就在于此。社区检察室对社区矫正工作有监督的职责，并且参与维护社会治安的综合管理，而社区戒毒工作的推进与良好运行正是对社区矫正工作的促进和社会治安的维护。

从社区检察室作为检察机关派驻机关的性质来说，其优势就在于检察室与检察机关和公安机关以及法院都可以比较方便地取得联系并相互配合工作，相对于社区戒毒的相关负责机关乡镇政府以及城市街道办事处有着很大的优势。同时，社区检察室作为检察机关的一部分，对于法律以及相关戒毒程序的了解，也远远超过乡镇政府、城市街道办事处的人员，在面对戒毒人员发生的不同情况，能够及时地采取相关措施，通知相关负责机构，防止出现各种脱管、漏管等问题。

---

①《关于本市检察机关在社区（街镇）设立检察室的意见》第 3 条。

通过上述分析可以看到社区检察室在社区戒毒以及异地社区戒毒方面大有可为,笔者从如下几个方面提出自己的建议:

首先,社区戒毒组织的建立问题——社区检察室对口成立。根据《上海市禁毒条例》的相关规定,社区戒毒工作由各部门共同成立的戒毒工作小组负责。笔者建议戒毒小组与社区检察室对应成立,在社区检察室完备的地区,特别是上海这种类型的城市,社区检察室的设置与配备已经相对比较完善和成熟,基本达到全覆盖的程度,在此基础之上,社区戒毒组织依托社区检察室对口成立,基本上可以保证相关辖区没有遗漏,而且能够充分利用已有的司法资源。

其次,社区检察室有能力接收与管理社区戒毒人员。第一,社区检察室作为检察机关的派驻机构,配备检察官以及检察官助理等专业的司法人员,精通法律,熟悉相关法律程序。第二,以社区检察室为依托成立社区戒毒组织并不是说仅仅依靠社区检察室,而是形成以此为基础的涵盖戒毒专职工作人员、公安、医务人员、戒毒志愿者、法律工作者以及戒毒者家庭成员等多方位参与的戒毒小组。第三,公检法三机关之间的协调配合可以在戒毒人员发生需要采取其他措施的情况之时,社区检察室及时有效地与相关机关联系并采取行动,防止戒毒人员脱管、漏管。

最后,戒毒人员的回归社会问题。在这一点上,社区检察室的优势在于其作为检察院的派驻社区机构,可以检察院为依靠,充分利用检察院现有的资源,调动更多的司法资源、社会资源。举例来说,检察院的未成年人检察科,都设有相关的心理辅导项目,并且与专业的心理辅导机构、老师保持良好的合作关系。这一点在戒毒人员回归社会的心理疏导上就是非常好的既有资源利用。进一步来说,戒毒人员的工作问题。检察室以检察院为依托,能够更好地与各方机构进行协调互动,呼吁更多机构参与戒毒人员的回归问题,提供更多的就业机会。此外,检察室作为检察机构,相比其他组织更具有司法公信力,能够更好地向群众传递毒品的危害以及助人互助这一理念。从本质上来说,帮助戒毒人员彻底戒断毒品、回归社会,不仅仅是帮助戒毒人员这一个体,实际上也是为了维护我们自己赖以生存的社区,吸毒人员的减少意味着毒品的减少,社区会得到净化,综合治理水平也会提高,环环相扣,良性循环。

社区戒毒是一个很大的概念,有其庞大复杂的体系。值此《上海市禁毒条例》实施之际,笔者以社区检察室为切入点,提出自己不甚成熟的建议,希望可以抛砖引玉,共同推动上海禁毒工作的发展。

(孟庆华　上海市宝山区检察院)

四、社会工作实践

社区戒毒社区康复社会工作服务体系研究

费梅苹

摘　要：传统地把吸毒归结为个人的生理或心理因素的方式无法从根源上帮助吸毒者戒除毒瘾，应从个人与社会两个方面，建立禁毒社会工作服务体系，开展对吸毒人员的社会功能修复、改善、提高等专业服务，才能达到社区戒毒社区康复工作的根本目标。达成对禁毒社会工作服务本质属性的共识，建立完善的政府购买服务制度，是禁毒社会工作服务体系建立的基本保障。

关键词：社会功能　禁毒社会工作服务体系　政府购买服务制度

2015 年颁布的《全国社区戒毒社区康复工作规划(2016—2020 年)》提出了 5 年内我国社区戒毒社区康复工作体系建设的基本任务，2016 年起社区戒毒社区康复社会工作服务在全国推展。但目前对于社区戒毒社区康复社会工作服务的相关研究成果较少，各地探索的实践经验也尚未上升至理论层面、完成归纳概括。相对禁毒工作的严峻形势及政策要求，开展具有中国特色的禁毒社会工作服务体系研究十分必要。

本文立足吸毒人员服务需求，以上海市社区戒毒(康复)领域禁毒社会工作服务实践经验为基础，对社会工作服务体系开展研究，以期对我国禁毒社会工作，特别是社区戒毒康复社会工作建设提出建议。

一、研究对象和方法

基于社会工作服务的基本目标，笔者选择"社会功能"为吸毒人群成因分析的基础性概念，并以"内外影响力范式"理论为研究框架，以上海市浦东新区吸毒人员为研究对象，对其吸毒成因开展研究。具体研究方法如下：

第一，文献研究。主要开展吸毒人群及禁毒社会工作相关文献研究、政策法规研究、上海中致社区服务社历年工作总结及案例研究。

第二，定量研究。主要包括对截至 2013 年 3 月 18 日的吸毒人群现状统计表和截至 2013 年 3 月 25 日全部服务对象列表的总计 13 000 人的数据库进行分析；采用分层抽样法抽取 500 人样本进行问卷调查分析。数据采用 spss17.0 软件进行分析。

第三,定性研究。主要包括焦点小组和深入访谈法。选取三个片区各一个社工点开展焦点小组访谈;同时选取一定数量的社会工作者、服务对象开展结构式深入访谈。

二、研究结果

依据本文的研究主题,笔者选取了吸毒人员的服务需求及复吸原因等部分数据进行分析。

(一) 吸毒人员服务需求及复吸原因分析

1. 吸毒人员的服务需求

通过数据分析发现,吸毒人员主要存在以下几个方面的需求[①]。

第一,生理层面的需求:在册吸毒人员中有严重疾病的为4.6%,签订社区戒毒(康复)协议的吸毒对象中48.2%患有严重疾病。

第二,心理层面的需求:56.9%的吸毒人员认为“心瘾难除,难以控制自己对毒品的渴求”,是导致复吸的主要原因。

第三,社会层面的需求:(1)就业问题。较多的吸毒人员工作就业状态不稳定,他们的收入水平较低。27.5%的吸毒人员目前没有收入来源。(2)家人关系。40.3%的吸毒人员自吸毒后变得不关心家人,甚至有5.1%的吸毒人员完全不再理会家人。(3)社会交往。74.6%的吸毒人员认为导致复吸的最主要原因是“接触到以前的毒友圈”。(4)融入社会。吸毒人员对未来感到迷茫(48.0%),感觉受到他人的歧视(40.0%),缺乏娱乐和社交生活、缺少朋友(31.5%),找不到工作(26.3%)等。“无事可做,无聊”(51.5%)。(5)歧视问题。吸毒人员在找工作时面临着很大的困难,他们认为身份受到歧视(71.7%)、没有技术或特长(62.7%)是无法找到工作的最主要的原因。

2. 复吸情况及原因

绝大部分吸毒人员都有复吸经历,2次复吸的调查对象占23.6%,3次复吸的调查对象占27.6%,4次复吸的调查对象占27.8%。

吸毒人员认为,“社交圈子”是复吸的首要原因,占37.5%;其次的原因为“禁不住诱惑”,占24.4%;“自制力不够”的占18.1%;“无聊”的占18.1%;“心瘾”占13.0%;“受到社会歧视和排斥”的占12.1%;“心情不好”的占10.5%;“没有工作”的占10.5%;“身体不适”的占6.7%;“心里空虚”的占5.7%;“无经

① 2013年《上海浦东新区吸毒人群成因研究报告》。

济来源”的占 3.5%;“缺乏支持”的占 3.5%。

调查显示,导致吸毒人员复吸的主要原因是接触到以前的毒友圈、自制力不够、禁不住诱惑、心瘾,无聊、无事可做等。

(二) 上海社区戒毒社区康复社会工作服务的实践研究

1. 已开展的服务

上海是我国较早开始探索社区戒毒社区康复社会工作服务的地区之一,经过 10 年多的探索实践,目前已形成了一套比较成熟的服务规范及管理制度,形成了一批社区戒毒社区康复社会工作服务项目,如“绿色防复吸工程”(2006)、“中盖健康体检伴你行”(2008)、“涅槃重生同伴教育辅导计划”(2009)、“综合应用心理社会干预方法,建立戒毒后预防复吸模式”(2009—2010)、“同伴巡回演讲”(2011)、“心桥工程项目”(2008—2011)、“优势拓展项目”(2010)、“艾滋病防治项目”(2010—2014)、“家庭照管服务项目”(2013—2015)等。在政府职能部门强有力的推动以及社会各界的共同努力下,禁毒社工在提高戒断巩固率、社区戒毒执行率、社区康复执行率,降低复吸率和犯罪率等方面成效显著。

2. 存在的主要问题

从禁毒工作的政策目标、政府购买服务应有的制度效应、社会工作专业人才队伍建设要求来看,上海社区戒毒社区康复社会服务还存在一些问题,主要表现在:

第一,相关法律法规还有待完善,特别是从全国来看,社会组织和社会工作者在禁毒戒毒领域的职责定位,尚没有得到法律的明确界定。

第二,政府购买服务制度有待完善。一方面,科学专业的禁毒社会工作服务体系尚未健全,另一方面,目前政府购买社会工作服务制度的运行呈“双轨制”状态。由政府通过购买服务方式委托社会服务组织承担的社区戒毒(康复)任务的同时,受路径依赖,一些工作目标和任务仍然以传统的行政管理方式自上而下执行;基层政府主管部门在政府购买服务制度中应担当的职能及职责的规定缺失或者模糊。这种基层政社关系的职责模糊性、行政隶属和依附性,导致社会工作服务效率受损,政府购买服务制度优势在基层社区难以发挥出应有效果。

第三,社会工作者队伍的专业服务能力,以及社会服务组织的自主运作能力,始终因受制于制度环境、自身因素等挑战而没有达到较高专业水平。

三、结论

通过研究发现,传统的把吸毒归结为个人的生理或心理因素的方式已不能真正解释吸毒人员成瘾的全貌,更无法从根源上帮助他们戒除毒瘾,相反,只会进一步把他们边缘化。吸毒人员的家庭环境与社会环境、人际交往、社会支持、个人发展和实现程度等,都是引发初吸或复吸的重要因素。禁毒工作真正要取得成效,应该从个人与社会两个方面,对其开展社会功能修复、改善、提高等方面的专业服务介入,才能达到防复吸和社会稳定的目的。发挥社会工作服务在禁毒工作中的功能非常重要,但必须形成以下共识:

第一,明确社会工作服务的性质及在禁毒工作中能够发挥的功能作用。

依据国外社会福利理论和福利国家制度实践的历史发展所形成的社会服务的概念要素,禁毒社会工作服务的要素有几个基本内容。首先,禁毒社会工作是现代国家福利体系和福利制度的重要组成部分,其本质属性是以人为本,以人为中心。其次,禁毒社会工作服务的价值目标、政策目标、服务目标都是为了缓解服务对象生存发展过程中面临的问题,进而恢复、改善和提高个人、家庭和社区的社会功能。再次,受过专业训练的社会工作者是社会工作服务的主要角色,专业化是其基本特征。

第二,建立政府购买服务制度是禁毒社会工作服务体系建立的基本保障。政府购买服务制度不应简单地理解为具体的公共事务项目运作方式的变化,而需要从改变社会治理结构的高度去认识它。要真正实现政府职能转化,构建政社之间的良性互动关系,明确不同层级政府职能转换及购买服务制度实施中的职责定位,形成统筹规划、各司其职的社会治理格局。

第三,构建社区戒毒(康复)领域的社会工作服务体系。依据人与环境互动下的社会功能恢复、改善和提高的社会工作服务目标,总体而言,社会工作服务体系可以包括如下几方面。(1)个人层面的社会工作服务项目:心理调适服务项目、行为修正服务项目、认知治疗服务项目、道德规范养成服务项目、法制意识提升服务项目、社会态度改善服务项目、生计能力(就业就学技能)提升服务项目等。(2)个体与社会良好互动的服务项目:家庭关系调适服务项目(家庭治疗服务项目、家庭沟通技能训练服务项目)、社会交往能力提升服务项目、促进社会参与服务项目、社区关系(社会关系)改善服务项目、社会支持网络建设服务项目、帮扶救助服务项目等。(3)社会环境改善的服务项目:去污名化(减低社会歧视、消除社会排斥等)服务项目、社区宣传项目、社区教育项目、中途之家建设项目、就业基地建设项目、志愿者管理及建设项目、多学科多部门多资源联动机制建设项目等。

(费梅苹　华东理工大学社会工作系)

认知行为疗法在药物滥用人员小组社会工作中的实践与应用：

以“知与行——药物滥用认知行为改变小组”为例

曹　霞

摘　要： 复吸是药物滥用人员在康复过程中出现的相当普遍的一种现象，复吸这种行为，其实相当一部分与药物滥用人员的认知有密切关系。因此，上海市自强社会服务总社与上海市青东强制隔离戒毒所合作，在探索社区、场所联动机制中，尝试以购买社工专业服务的方式，所内外联手开展戒毒学员认知行为改变小组，旨在以合作的方式将服务进行有效衔接。笔者尝试运用认知行为疗法作为“知与行——药物滥用认知行为改变小组”的理论支撑，通过引导戒毒学员自我探索，觉察不合理的认知，改变对自己、对他人或对事物的看法与态度，从而提升戒毒康复信心，为出所后回归社会及应对未来生活作好康复准备。

关键词： 认知行为疗法　药物滥用　小组社会工作　核心信念

一、认知行为疗法小组的实践背景

（一）从实务中获得的复吸原因中探究非理性认知

笔者作为一名禁毒社工，在多年的实践工作中发现，复吸是药物滥用人员在康复过程中出现的相当普遍的一种现象，究其复吸原因，有许许多多，如戒毒动力不足、毒友诱惑、对毒品的渴求心瘾大、家庭支持系统缺失、康复环境差、社会融入低等，同时，复吸这种行为，其实相当一部分是与药物滥用人员的认知有关系，比如：“因为我是吸毒人员，所以我是不被接纳的”；“合成毒品不会成瘾”；“我吸毒用的是自己的钱，为什么要被强隔”；“我之所以会吸毒，是社会造成的，这个社会对我们吸毒人员不公平”；“因为我的经历，我不会再有新的生活了”；“我们是弱势群体，被家庭和社会抛弃了”；“政府理应帮助我们、照顾我们”；“毒品是戒不了的，那些看起来没吸毒的人都是骗人的”；“吸毒被抓是因为倒霉，运气不好”等。

(二) 认知行为改变理论运用于小组方法的研究结果

从1977年开始,认知行为疗法得到了广泛的研究证明。至今,超过500个研究结果证实了认知行为疗法在各种不同的精神障碍、心理问题和有心理治疗成分的药物治疗中都有很好的效果,其中包括药物滥用治疗①。认知行为小组治疗是随着对更高的团体治疗临床疗效的研究应运而生的。在各种症状中,认知行为小组治疗的效果不逊于个体认知行为治疗,而且脱落率较低②。有实证证据表明认知行为疗法在以下一些情况中有效:抑郁,焦虑,强迫症,药物滥用,虐待和创伤,危机干预,多层面的问题,创伤后应激障碍,反复和慢性自残以及多元化群体③。笔者在实务工作中,一直在寻找有效的介入点,发现由于认知导致药物滥用人员复吸行为的产生,是一个非常普遍的复吸原因,因此,笔者尝试运用"认知行为治疗"作为"知与行——药物滥用认知行为改变小组"的理论支撑,聚焦于帮助药物滥用人员解决问题、激活行为以及识别、评价和应对他们非理性的想法,尤其是针对自己、世界和未来的负性思维。

(三) 认知行为改变小组实践平台的搭建基础

认知行为疗法已经被应用到不同教育和收入水平的群体中,同时也运用于多种多样的文化和从儿童到老年各种年龄阶段的群体中。现在已经在基础医疗机构和其他医疗机构、学校、职业课程和监狱以及其他环境中进行应用。它被用在团体治疗、夫妻治疗和家庭治疗等形式中④。一些研究者发现,在治疗时间一定的条件下,团体治疗的效率要比个体治疗的效率高50%⑤。提前介入是上海市自强社会服务总社一直开展的社工与所内学员提前建立工作关系、提供专业服务的服务措施之一。社工的实务经验告诉我们,在药物滥用人员戒毒康复过程中,社工的介入与干预越早越有效,因此,自强总社与青东所合作,在探索社区、场所联动机制过程中,尝试以购买社工专业服务的方式,所内外联手开展戒毒学员小组工作,旨在以合作的方式将服务进行有效衔接。

---

① 朱迪·S.贝克:《认知疗法基础与应用》,中国轻工业出版社2013年版,第4页。

② Irvin D. Yalom, Molyn Leszcz:《团体心理治疗理论与实践》,中国轻工业出版社2013年版,第435页。

③ Barbra Teater:《社会工作理论与方法》,华东理工大学出版社2013年版,第185页。

④ 朱迪·S.贝克:《认知疗法基础与应用》,中国轻工业出版社2013年版,第3页。

⑤ 彼得·J.柏林、兰迪·E.麦凯比、马丁·M.安东尼编:《团体认知行为治疗》,世界图书出版公司北京公司2011年版,第3页。

二、认知行为疗法的理论支持

(一) 认知行为疗法的概念

认知行为疗法是一种包括综合评估和改变行为、想法和感受，缓解案主精神焦虑和功能失调的方法。认知行为疗法聚焦于当前问题和原因并强调在改变错误学习过程或行为的过程中，社工和案主是平等的。认知行为疗法认为案主的问题和困难是由想法、感受和行为导致的，他们整体约束彼此，因此，案主从行为和情感上如何看待自己或情况影响他们如何应对这种情况。当使用认知行为疗法的时候，目标是改变案主存在的错误或消极的想法、感受和行为，将其转变成可接受的积极的想法、感受和行为，这将会消除或缓解存在的问题①。

(二) 认知行为疗法的理论模式

认知行为疗法背后的理论是什么？认知模式提出功能不良思维(影响着患者的情绪和行为)在所有的心理障碍中都是常见的。当人们学会用一种更加现实和适应的方法来评价自己思维的时候，他们的情绪状态以及行为都会有一个提高。为了持久地改善患者的情绪和行为，认知行为治疗师会在更深层面(患者关于自己、世界和他人的最基本的信念)上对认知进行工作。矫正他们潜在的功能不良信念可以产生更加持久的改变。矫正这种普遍意义上的信念可以改变对日常生活中遇到的具体情景的看法②。

(三) 认知行为疗法的基本假设

认知行为治疗有三个基本假设：(1)个体的认知调节情绪和行为。个体不只是回应情况或刺激，而是通过他们的认知过程过滤情况和刺激。这个过滤过程由个体过去经验形成的基本信念和模式、个体所在环境中模仿的行为和情感塑造而成。(2)错误或扭曲的认知导致精神焦虑和功能失调。拥有错误的、扭曲的或不真实的认识模式的个体，将通过这种错误的系统经历所面临的情况和刺激，发展出本质上是消极或有问题的结果(行为或情感)。(3)消除或缓解精神焦虑和功能失调要求改变错误或扭曲的认知和行为。由于认知过程能够调节结果(情感和行为)，缓解消极结果的干预需要从认知过程或行为上做出改变。干预会挑战当前的认知过程，用积极的信念和模式去替换这些错误的或扭曲的信念和模式，更准确地说，个体将发展出对情况和刺激的反应，摆脱精神焦虑和功能

---

① Barbra Teater：《社会工作理论与方法》，华东理工大学出版社 2013 年版，第 174—175 页。

② 朱迪·S. 贝克：《认知疗法基础与应用》，中国轻工业出版社 2013 年版，第 4 页。

失调①。

三、认知行为疗法在“知与行——药物滥用认知行为改变小组”中的实践

(一) 小组准备阶段

1. 预设小组规模、时间、频次、招募条件

(1) 本着最大限度地让更多学员有机会参与小组的原则，设定了 12 名组员。就笔者的实践经验，在每次 2 小时的小组中，12 人已经是最大限度了，如再多就会影响小组治疗的功用。

(2) 预定小组每个月开展一节小组活动，每次活动 2 小时，共 6 个月，全程完成 6 节小组活动。

(3) 小组的结构形式为封闭式小组，12 名组员加入后将全程参与 6 节小组活动，以期最大效能地实现小组目标。相对社工在社区中开展的小组活动，在所内开展小组活动，除了遇到组员生病、提前出所等特殊状况，一般情况下小组的出勤率是非常高的，这也是在所内开展小组活动的优势之一。

(4) 小组场地要求不高，只要有条件让组员们可以围成圈坐下来、安静便于分享即可，这对于强制隔离戒毒所来说还是比较容易安排的。

(5) 由强制隔离戒毒所负责组员的招募，招募条件由强制隔离戒毒所干警带领社工一同拟定。招募条件为：①因为吸食合成毒品被处 2 年强制隔离戒毒的。②目前正在青东强制隔离戒毒所的男性学员，距离出所时间至少还有 6 个月。③有一定的意愿戒毒康复的。④有自强社社工提供提前介入服务的。

2. 开展招募面谈会

(1) 在小组活动正式开展前，笔者作为带领者与全体组员开了一个招募面谈会，在招募面谈会上，与组员互相认识，告知小组总目标、期限、频次、主要内容，由组员自行决定是否加入该小组。这个告知行为的一个很重要的目的是让笔者有机会与组员们建立关系，也是为了促进组员产生加入小组的意愿和动机，积极推动他们在小组中的投入和开放。

第一次在强制隔离戒毒所内的招募见面会，组员们整整齐齐地坐着等待我，脸上的表情有着漠然、好奇、观望、揣测。我说：“我们调整一下座位吧，大家围成一个圈。”他们根据我的话，很快就调整好了座位，但表情有了些许好奇。我问他们，坐在位子上等待我的时候，心里都在想些什么？学员们沉默片刻后，有人说：

---

① Barbra Teater：《社会工作理论与方法》，华东理工大学出版社 2013 年版，第 175—176 页。

“我在想即将到来的这位老师，是女老师还是男老师，因为女老师有趣些，男老师枯燥些。”有人说：“我在想是代表个人来的，还是代表组织来的。因为代表个人，我觉得可以成为朋友，值得信任；如果代表组织，就是来完成任务的，不值得信任。”有人说：“我在想，社工到底是做什么的?”也有人说：“我希望小组活动是好玩的，我担心无趣。”看得出，学员们还是有些拘谨，但开始表达内心的想法，这些想法真实地表达了这些组员的状态。

(2) 在招募面谈会结束后，愿意加入小组的组员们完成“认知行为量表”，作为小组前测，为小组成效评估作准备。

3. 小组成员的特点及需求分析

(1) 小组成员的特点：①组员的自我认知普遍为：“毒品使我成为不被社会接纳的人”；“吸毒行为使我无法成为一个正常人”；“如果这次出所我继续复吸，这辈子就完了”等。②组员的自我期待是：“我想要一种正常的生活”；“我今后的生活里不能有毒品”；“我需要在所内表现良好，争取早日回去”等。③组员对毒品的错误认知是：“我以为偶尔使用一下毒品没什么的”；“合成毒品不会成瘾”；“我这次被处强制隔离戒毒是因为运气不好”。

(2) 小组成员的需求分析：①希望提升信心，找到戒毒康复的动力，为今后后出所回归社会时能更好地重新融入社会。②吸毒后被主流社会边缘化，希望被接纳，被理解，希望获得支持，协助其戒毒康复。③渴望摆脱毒品，但戒毒的方法单一，希望提升戒毒方面的知识、能力。④希望不安的情绪可以降低，对自己有更清楚的认识，包括信念、认知、情绪、想法、行为、期待、人生观等。

(二) 小组初期阶段

在小组初期阶段，笔者主要的任务是引导组员对小组总目标的理解，对认知行为改变的重要性的认识，对自己个人在小组中目标的思考，还有建立对小组的信任感。

1. 聚焦，从明确小组目标开始

小组的总目标是：通过引导戒毒学员自我探索，觉察不合理的认知，改变对自己、对他人或对事物的看法与态度，从而提升戒毒康复信心，为回归社会及应对未来生活作好康复准备。

在小组活动中，笔者与组员们围绕着总目标一一讨论了他们入组的个人目标。刚开始，他们讲述的个人目标都是比较宽泛的，比如“戒毒康复”“远离毒品”“提高戒毒信心”。通过引导他们讨论，他们把目标制定得更加具体了，比如“把自己的戒毒信心从50%提升到80%”；“在小组中，体验开心的感觉”；“把小组中发生的每件事情都赋予自己的意义”。这些小组目标都是围绕着我们小组的总目标开展的，我会在每次的小组结束前，问他们有没有完成小组目标。协助组员始终有一个明确的目标,而且学习如何践行目标。

2. 提升信心,从植入希望开始

植入希望,是社会工作者协助服务对象戒毒康复的很重要的一个部分。因此当我在小组中问到组员,还记得青春年少时的梦想吗?他们给到我的回应,都是有很美好的梦想,比如:"我青少年时梦想成为一个飞行员";"我青少年时梦想成为一个军人";"我梦想成为一个运动员"。一个从小父母过世的组员说:"我梦想有个家。"不过,他们在讲述梦想的同时会加一个"但是","但是现在是不可能了!"这正是认知行为理论要找的核心信念,比如"是我不好""我不值得爱""我没有能力""我不可爱""我没有价值"。通过引导组员讨论他们梦想的背后有哪些信念,哪些未被满足的需求,哪些自身具备的能力,协助他们如实地看待自己,同时唤醒希望。

(三) 小组中期阶段

1. 引导组员识别情绪上的困扰是由于不合理的思维而造成的,了解他们的情绪和行为反应是同他们对事物的看法相关的,而这些看法的背后则是信念

笔者带领组员深入探究想法、感受和行为是如何交织在一起的。

> 组员:在家打电脑,家人唠叨,情绪激动,与家人发生争吵(激发事件A)导致自己觉得非常烦躁,出门后又去使用毒品了(行为和情绪结果C)。探寻到的认知是,我怎么做你们都不会相信我的(认知过程B),这个组员基本的信念和模式是:我一无是处,我很失败,我不值得被信任。因此,组员一遇到压力情境,就快速地寻找毒品来逃离或忽略对自我的否定。

笔者引导组员从可接受的积极的想法去看待家人的唠叨。

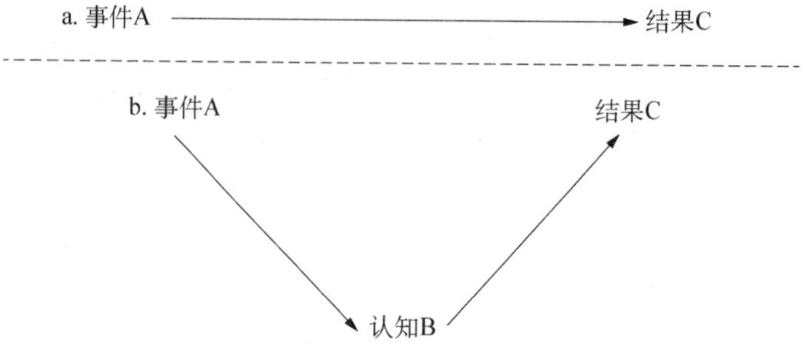

图 1 想法和感受调节结果①

① Bearbra Teater:《社会工作理论与方法》,华东理工大学出版社 2013 年版,第 175 页。

组员：正是因为毒品才使得自己变得这样容易烦躁。毒品不仅伤害了自己的身体，更使得自己与家人的关系越走越远，伤了亲人的心。即便如此，亲人依然对我不离不弃，我还有什么理由不好好改变自己。亲爱我，孝何难！（调节后的认知B）

调节后的认知B消除或缓解了存在的问题。

2. 教授组员了解自动思维的常见类型，协助组员识别自己的自动思维（不合理认知往往是自动产生的），并进行认知重构训练

笔者带领组员想起一种负面情绪，注意引发这种情绪的情境。然后记录下与情绪有关的自动思维以及组员相信这些想法的程度。考虑对这些自动思维作出一个有益的或有利的反应。

组员：吸毒被公安抓了（情境）。真倒霉又要被关了（自动思维）。生气100%，懊悔100%，苦恼100%（情绪）。被抓也未必是坏事，在外放任自己说不定会有更严重的后果（有益或有利的反应）。生气40%，懊悔50%，苦恼50%（结果）。

这是一个认知的过程，多关注积极的和中性的，少关注负性的。笔者通过认知重构训练，协助组员了解认知是出现在我们脑子里的一些想法的内容和产生这些想法的过程，也了解到认知是可以改变的，同时学习如何做到认知行为改变。

3. 带领组员们找一个有负面情绪的事件，用苏格拉底式提问再次进行认知重构训练

事件的描述？——又想吸毒了。

你的想法是什么？——经过这么长时间的戒毒，为何那么多人没有成功？

支持这个想法的证据是什么？——总有很多人走回头路。

有什么证据证明这个想法是错误的吗？——也许有成功戒毒人，只是自己不知道。

有没有别的解释或观点？——不相信世上真的连一个人都没有戒毒成功。

如果你想法成真，那么，最坏的情况会发生什么？——最坏的情况就是

这两年的强制隔离戒毒。

如果发生了你会如何应对?——既来之,则安之。

你改变你的想法会有什么影响?——改变想法等于改变一生。

如果是你的朋友处于相同的情境,你会对她说什么?——别人做不到,也许我能成功。

那现在你会做些什么?——继续坚持戒毒。

组员认知重构的过程,首先是识别自己出现的自动思维,其次,如同寻找支持自动思维的证据一样,努力搜寻能反驳自动思维的证据,然后挑战自动思维。

4. 识别过往经验中的对抗思维,引导组员将经验中的对抗思维(用一种想法对抗另一种想法)转化为座右铭(用来对抗核心信念)

组员A自动思维:"我吸毒是因为我不值得被关心。"对抗思维:"我吸毒是因为我自我放纵。"转换成座右铭:"珍爱生命,远离毒品。"

组员B自动思维:"我是个无能的人。"对抗思维:"我不是个无能的人。"转换成座右铭:"是金子总会发光。"

组员C自动思维:"我感觉我戒不掉毒品。"对抗思维:"我能戒掉毒品。"转换成座右铭:"我一定能摆脱毒品对我的困扰。"

……

对抗思维以想法的途径来思考或行动,使组员确信信念的不真实性。对抗思维一定是组员自己产生的,而非带领者或其他人给的或要求的,它与组员的个人目标有关且有意义。

5. 识别戒毒历程中的成功与失败经验,不将不同的结果看作是一种失败,而将失败看作是一种反馈,然后学会做得更好

认知行为理论不仅有指导性,它还强调一种合作关系,将组员视为他们自己情况和经验的专家,因此,我们在小组中继续探索怎样在过往的吸毒经验中探寻成功康复经验,制作高危情境经验卡。

"高危情境"或"诱发因素"是指对药物滥用具有识别作用的刺激物,对它的评估在帮助组员发现个性化的应对策略时尤为重要[①],目的是为复吸再加一道

① 彼得·J. 柏林、兰迪·E. 麦凯比、马丁·M. 安东尼编:《团体认知行为治疗》,世界图书出版公司北京公司2011年版,第338页。

防线。

表 1　我们的经验卡(应对高危情境策略)

亲人、朋友的陪伴,家人的支持和不放弃,使我没有理由再碰毒品
我是成年人,我要为家庭承担责任,如果再使用毒品,就会伤害家人
当有毒品诱惑时,找一个自己信任的人帮助自己
离开毒品,告诉自己吸毒危害有多深,代价有多大
当每次遇到毒品时,我就告诉自己不要再因为毒品失去自由
当想碰毒品时,就冷静 30 秒,想想该不该去拿
遇到之前的毒友,我可以借机说有事,也可以断然拒绝,立马走人
参加聚会前判断一下,尽量不去可能会遇到毒品的场所
自己在心理上把持不住时尽量用多运动、转移注意力来缓解
找一份稳定的工作,充实自己的生活
……

6. 引导组员探寻和发展新的核心信念,笔者带领组员们在旧的核心信念上,识别出一个关于他们自己的更积极的、基于现实的、更具功能性的信念

组员 A:我是一个坏人,有时阴暗……我是一个孤独的人,外表阳光,内心纠结(唱起相关歌词)。

带领者:说说你的阴暗。

组员 A:我放大别人的缺点,万一有人惹我。

带领者:你会主动惹别人吗?

组员 A:不会。

带领者:组员们怎么看他的自评。

组员 B:是的,很到位(哈哈,组员们笑了)。

组员 C:我是个无聊的人,整天无事;我是个缺心眼的人,说话不经脑子;我是个好色之人,因为我是男人(哈哈哈,组员们大笑);我是个悲怜的人,因为从未成功。

带领者:一直都是无聊吗?

组员C：没事干。

带领者：平时无聊的时候就去吸毒吗？成功的时候也去，有趣的时候也会去，所以说，如果毒品再来找你，你该怎么办？

组员C：不知道。

带领者：一切都有可能。

组员D：我是一个贪图享受的人，我是个见利忘义的人。

组员E：我是失去自由的人，因为我被关了；我是个迷失方向的人，因为我染上了毒品；我是个敢于尝试，喜欢新鲜事物的人。

带领者：毒品也是尝试吗？

组员E：是的，但这样的尝试让自己成为一个吸毒者。

……

带领者：好，大家分享了这么多旧的核心信念。所以，要构建一个新的核心信念不让自己复吸，我们需要给自己一个不复吸的理由。现在请告诉我们，你是怎样的一个人。

组员A：我是一个重情之人，因为我对身边的友情、爱情、亲情都特别在意。

组员B：我是一个自信的人，因为我相信自己没有不能克服的困难。

组员C：我是一个执着的人，因为我做每件事都会尽力去做到最好。

组员D：我是个正直的人，心中充满阳光。

组员E：我是一个善良的人，因为我喜欢帮助他人。

组员F：我是一个平凡的人，因为我天天做着平凡的事。

……

一个相对正性的信念通常比一个极端的信念更容易让组员接受，也更容易产生戒毒康复的动力。

(四) 小组结束阶段

1. 帮助组员巩固从小组中获得的信心、能力，探寻组员自身拥有的支持系统，鼓励组员将所学运用于出所后回归之路

由于药物滥用，组员们往往会越来越深地陷入和药物滥用相关的生活方式和同伴群体中，他们越来越多地与原来非使用毒品的朋友联系，开始疏远自己的亲人。笔者在小组中强调了改变及发展自己的社会支持网络的重要性，建立新的关系，修复及维持既有的关系，是建立社会支持系统工作的一部分。

表 2　我们所拥有的资源(发展支持网络)

我学会了新的技能(吹号子),学会了尊重、谦让、礼貌;规律地生活
我自信心增强,改正以往错的态度;树立了正确的人生观、价值观
我拥有规律的生活,丰富了兴趣爱好,学会了新的技能
我拥有亲人们对我戒毒的信心、挚友的关心
我拥有亲人的关心、朋友的关心、家人的关心、警官的关心
我拥有家人的关心与不放弃、社会关心我们的力量、戒毒的决心
我拥有了健康的身体
我重拾了信心,拥有了健康的体魄,感觉这样活着真好
……

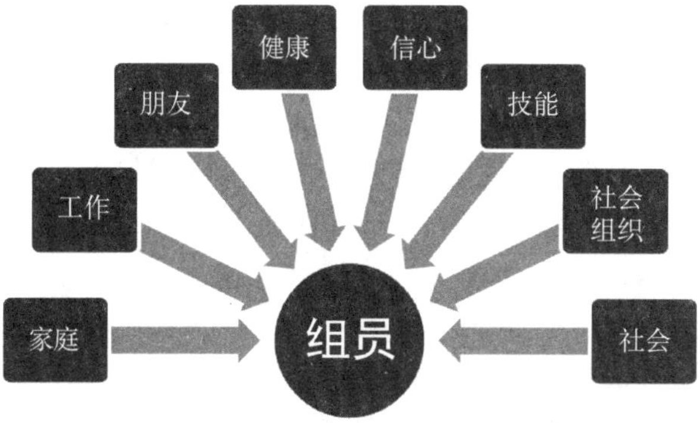

图 2　发展支持网络

2. 展望未来,巩固成效,探讨毒品与人生的意义。笔者带领组员们想象三年后的某一天(出所后完成社区康复)他们生活的场景,以及回归社会后需要做些什么巩固戒毒成效

带领者:想象出所三年后的某一天,你们已经戒毒康复了,这时候你们在做些什么?

组员:三年后,我在超市买"帮宝适"。

组员:三年后的一天,在家里睡午觉,睡到自然醒。

组员:三年后在工作,工作结束后,去菜场买菜。

组员:三年后,在上班是肯定的。带女儿去迪士尼,我很想我女儿,两年没见了。

组员：带父母去国外旅游，经历过这样的关心后，才感受到父母对我的爱是那么深。

组员：三年后我结婚了，在逗宝宝玩。

组员：三年后，我在尽孝道。

组员：我在买爱车。

组员：在接儿子放学回家，买菜做饭。

带领者：看看我们需要具备什么来准备回归社会。

组员：与家人关系搞好，遇事冷静，搞正经的事做，充实点。

组员：家人的支持。

组员：社工的支持，自己把握住。

组员：家人朋友的支持，自己的信心。

组员：家人社工的支持，有份工作。

组员：父母、亲戚、朋友的关心，怀着感恩的心过好每一天。

组员：找份工作，让自己忙起来。

组员：心态要好。去个陌生的城市，重新开始生活。

组员：成个家，做个小本生意，过日子。

组员：养成良好的生活习惯，远离毒友圈。

3. 认知行为疗法另一个重要方面是评估干预组员的有效性的能力

用认知行为疗法改善物质使用障碍，需要具备几个必须的条件，概括起来就是药物滥用人员必须“有准备、有意愿、有能力”[①]。

在最后一节小组活动中，组员们回顾了小组历程，并分享了小组给他们带来的收获与改变。

组员：经过半年学到了很多，知道怎么应对外界了。

组员：我出所后，碰到危险的情况我知道怎样应对了。

组员：我还是很迷茫，但心情好了，知道社会上还有这么些人在支持我们。

组员：半年对于我们来说是一种成长，能做到重拾信心，正确面对

① 彼得·J.柏林、兰迪·E.麦凯比、马丁·M.安东尼编：《团体认知行为治疗》，世界图书出版公司北京公司2011年版，第331页。

自己。

组员：信心增强了。

组员：通过小组，我学到很多。我会慢慢地改变。

组员：相信自己能戒毒瘾，从一开始无所谓的心态到现在有了认识。

组员：这个小组帮助了我，我不会忘记。

在最后一次参加完小组活动后，组员们描述参加活动的感受："小组活动非常有意义"；"小组活动对自己有很大的收获和帮助"；"很有帮助，非常开心"；"感觉社工老师已经渐渐融入了我们的戒毒之路，我对成功戒毒信心倍增"；"很轻松，自信心很足"；"身心得到放松，舒缓"。

在六节小组活动中，组员对每节小组活动的总体评价"非常好"的占25%；"很好"的占61%；"一般"的占14%。认为每节小组活动对自己"非常有帮助"的占42%；"部分有帮助"的占48%；"帮助较少"的占10%。

在认知量表里，自我评价低、"觉得自己毫无价值"的从25%下降到14%；"经常犹豫不决、难以做决定"的从75%下降到57%；自卑感方面，"觉得不自信或低人一等"的从16.7%下降到14%。

四、应用与思考

(一) 重建自我与支持系统

"知与行——药物滥用认知行为改变小组"在不断地通过带领组员们探索自我，开展行为训练，重新建构自我，同时也在建构一个支持系统。

1. 个体认知重建

(1) 阅读书籍：每人办理一张图书卡，每月阅读一本书，摘录10句有感悟的话。

(2) 技能训练：每次布置小组回家作业，巩固强化认知行为改变。组员在小组结束后不断练习小组中学到的新的行为，然后在下次小组中回馈自己是如何使用这种新的技能的。

(3) 知识点讲授：每次在小组中讲述一个认知行为改变的知识点，内容包括：认知行为改变，自动思维，对抗思维，核心信念等。

(4) 放松训练：每次小组中用10分钟进行放松训练，内容包括：为新的可能性留出空间，创造自己的形象，做自己的主宰，想象训练，肌肉放松训练等。放松技巧帮助组员在压力或不舒适的情境中感到舒适。

(5) 角色扮演：在情绪觉察、经验卡制作时，运用角色扮演帮助组员理解和内化。带领组员在模拟的情境中练习所展示的特定行为。

(6) 认知重构：用苏格拉底式提问挑战组员的非理性认知。“你觉得自己无用的证据是什么?”“如果你的想法成真,那么,最坏的情况会发生什么?”“如果发生了你会如何应对?”“你改变你的想法会有什么影响?”“那现在你会做些什么?”

2. 支持系统重建

(1) 平台搭建：这个小组是社工机构与强制隔离戒毒所合作开展的,整合了双方力量,同心协力,为强制隔离学员出所后的康复提供支持。

(2) 个案社工提前介入：这些学员的个案社工在此期间入所与组员面谈建立专业关系,观摩小组活动,增加信件、电话互动交流,与组员家属联系沟通。

(3) 牵手同伴：机构为每位组员安排了一名机构培养的同伴辅导员互通信件,用同伴的力量帮助他们康复。

(4) 同伴示范：小组中有一名固定的同伴辅导员进行同伴示范,发挥榜样作用。

认知行为取向的综合模式重视个体与环境之间的互动,即除了强调个体生理、行为、认知和情绪因素,以及环境因素本身的可能影响外,也确认两者之间的互动和循环影响。支持系统的建构,从多角度、多方位给予组员支持,因为我们相信支持的力量对一个戒毒康复人员来说无比重要。

(二)“认知行为治疗”理论的中心原则的践行

笔者在“知与行——药物滥用行为改变小组”的开展过程中,始终践行“认知行为治疗”理论的中心原则,尝试运用认知理论来理解药物滥用人员的困难,思考怎样利用对其的理解来计划和进行每一节小组活动,引导组员们积极探寻戒毒康复的有效途径。

1. 认知行为疗法需要一个良好的专业关系

笔者作为小组带领者,认为在小组过程中,专业关系的建立是非常至关重要的。小组成员最初的防卫心很强,大多数人并没有做好准备敞开心扉进行自我认知探索,他们以往的经历使他们不容易信任他人,有很强的自我防御心理。这样的顾虑是正常的,此时,小组带领者需要努力在小组中展现一个带领者的基本素质：真诚、投入、积极、坦诚、尊重、接纳,以及有能力带领好小组的信心。用组员们的话说,就是“以心换心”。一旦专业关系建立起来了,组员们在小组中就会以放松的状态积极参与到小组中来,从而以团体的力量一同向前行。

2. 认知行为疗法强调目标导向,聚焦于问题

小组能给你带来什么?你希望在小组中收获什么?这是我在小组一开始告知组员们我们的总体目标后,向组员们提出需要他们每个人厘定自己的小组目

标，这样笔者和组员都能了解在小组中大家要致力于解决的问题是什么。例如，有组员讲到自己希望在小组中收获戒毒康复的信心。笔者问他，目前的信心从0—10分打分的话，可以打几分，他说5分，笔者又问他，想在小组结束的时候达到几分，他说希望达到8分。最后，他的小组目标确定为：戒毒康复的信心从5分提升到8分。在每节小组活动结束前，我会问组员们，他们今天的小组目标完成情况是怎样的？有什么证据证明今天达成了目标？如果未达成，是什么因素导致的？每一次的核查，对组员们致力于解决自己问题的能力起到逐步提升的作用，也起到巩固成效的作用。

3. 认知行为疗法的首要重点是当下

笔者借助于对组员当下问题的识别，协助组员对自己的负性思维做出正确的反应。组员小容在小组中分享道：快过年了，在所里会觉得特别孤单。笔者对他说，会在过年期间给他写封信。在过年后的小组活动中，笔者问到信是否收到？小容说，年初六才收到，他以为自己又受骗了。笔者马上捕捉到他当下的情绪，问他当他以为自己又受骗了是什么样的情绪，他说难受、生气。并说到自己总是受骗。笔者追问，又受骗、总是受骗，有证据吗？小容说之前女友说来看他，也没来。笔者问，入所之后女友一直没来看望吗？小容说，一直来的，就这次没来。在反复聚焦于当下的情境时，小容发现自己容易将过去偶然发生的负面事件归结为“我不值得被关心”的核心信念，因此经常会有痛苦的感受。在这个反复探讨的过程中，小容和其他组员都习得了如何从当下的情境中检验、识别认知。这也是为他们今后防复吸增加一道防线。

4. 认知行为疗法强调复发预防

对于如何预防出所后的复发，如何识别高危情境，以及如何防范复吸，笔者带领组员们去探索他们过往的经验：他们曾经做过哪些努力预防过复吸？这些努力成功是因为什么，失败是因为什么？在小组中共同讨论过往经验，视每一个组员为防复吸的专家，彼此借鉴经验，彼此辩论，在这个过程中，组员们掌握了应对高危情境的技能，增强了戒毒康复的信心。

5. 认知行为疗法是一种结构化的疗法

运用结构化小组方法，可以使小组在有时间限制的前提下更有效率及效果。这个结构包括开始部分、中间部分、最后部分。笔者以第四节小组活动为例。开始部分：分享过去一个月有什么不同；放松训练，为新的可能性留出空间。中间部分：回顾回家作业，过往戒毒经历中成功与失败的经验，高危场境，识别过往经验中的对抗思维；知识点讲述对抗思维的常见类型；选一个组员分享的高危情境，进行角色扮演；组员将经验中的对抗思维转化为座右铭。最后部分：布置回家作业,制作一份个人经验卡、座右铭;写下《我是一个____人》(包括我的喜好、我的优缺点、我的性格特点、我的自我防御策略);读一本书,记录金句;归结本节小组活动讨论成果,询问组员有无其他问题,表达本节小组活动感受。笔者在每节小组活动中都遵循这个结构,目的是可以使组员更好地理解小组活动过程,也增加他们在小组活动结束后进行自助、达到持续改变的可能性。

五、结语

认知行为取向的实务社会工作者认为人的生命是协调的、平等的、人性的,以及合作的,不对人性的善与恶做任何对立的评判,并且相信人都有能力运用自己的思考与行动,以选择适当的方式去回应生命中的问题与外在环境的挑战。相信改变源于点滴进步;相信每个人都有活出生命力的渴望,也相信每个人有无限的潜能。世界因改变而美好,人们因希望而有力量,协助药物滥用人员戒毒康复,需要我们共同建构支持系统,更多人的参与将协助更多戒毒康复人员绽放出新的生命力。

(曹　霞　上海市自强社会服务总社)

禁毒社会工作评估指标体系架构研究

——以上海中致社区服务社为例

张　平　宋丁晨　唐卫刚

摘　要： 社会工作评估是社会工作体系的重要组成部分，某一领域社会工作评估开展的广度和深度，可反映此领域社会工作的专业程度。在专业服务层面，社会工作评估可指引社会工作者规范服务过程和提高服务质量；在环境影响层面，它可以彰显社会组织的公信力，协助服务对象满足需求，并成为社会工作可持续发展的必要前提。本研究以上海中致社区服务社（以下简称"中致社"）禁毒社会工作评估指标体系为例，按照社会工作评估输入、执行与产出、效果评估与影响评估的基本过程，通过测量与分析中致社禁毒社会工作服务效果与社会影响，达成禁毒社会工作评估指标体系的基本架构，并提出深化建议。

关键词： 评估　禁毒社会工作　指标体系

禁毒社会工作是社会工作的专业理念与方法在禁毒领域的应用，是由专业的禁毒社会工作者（以下简称禁毒社工）运用专业知识和专业技能对吸毒人员及其家庭提供帮助，旨在协助吸毒人员戒除毒瘾，保持操守，引导吸毒人员的自我重建，并改善他们与所处环境之间的关系，最终恢复良好的社会功能，顺利回归社会。2003 年 8 月，上海市在浦东、徐汇、卢湾、闸北四区试点开展了以社区吸毒人员为服务对象的专业禁毒社会工作；2004 年此项工作在全市推开；2007 年 7 月，中致社成立，并通过政府购买服务方式为本辖区内的社区吸毒人员（以下简称服务对象）提供社会工作专业服务，组建成立了"项目一部"；2012 年 3 月，为了适应禁毒工作新形势，更名为"戒毒康复部"。中致社在 36 个街镇设立基层社工组，工作区域覆盖整个浦东新区。

中致社提供的禁毒社会工作专业服务，旨在运用专业理念、方法和技巧，秉持专业价值，整合社会资源，以社会、家庭和个人等因素为切入点，积极促成服务对象的改变。从服务对象的生理、心理、社会和需求等四个维度收集信息，开展相应的预估,并制订服务计划。在开展专业服务时,以系统、需要、充权和社区照顾等理论为依据,运用个案、小组、社区三大社会工作专业方法,并结合项目工作的开展,进行生理、心理和社会功能的全面干预,开展效果评估,最终协助服务对象戒除毒瘾,保持操守,达到减少与预防犯罪的目标。

一、研究问题与方法

本研究旨在通过文献研究和定量研究的方法,多维度分析中致社禁毒社会工作评估指标体系的基本架构。

第一层面,回应研究问题:一是阐述中致社 2012—2015 年度禁毒社会工作的开展情况,包括服务对象的基本情况,开展专业服务内容和项目情况,禁毒社工队伍建设状况等;二是评价禁毒社会工作的成效,包括服务对象在接受专业服务以后个人层面发生的改变,对象家属、社区居民和购买方对社会工作专业服务效果的评价,以及中致社的社会影响力等。

第二层面,基于研究发现,为中致社在禁毒社会工作领域的提升和进一步完善发展提出深化建议。

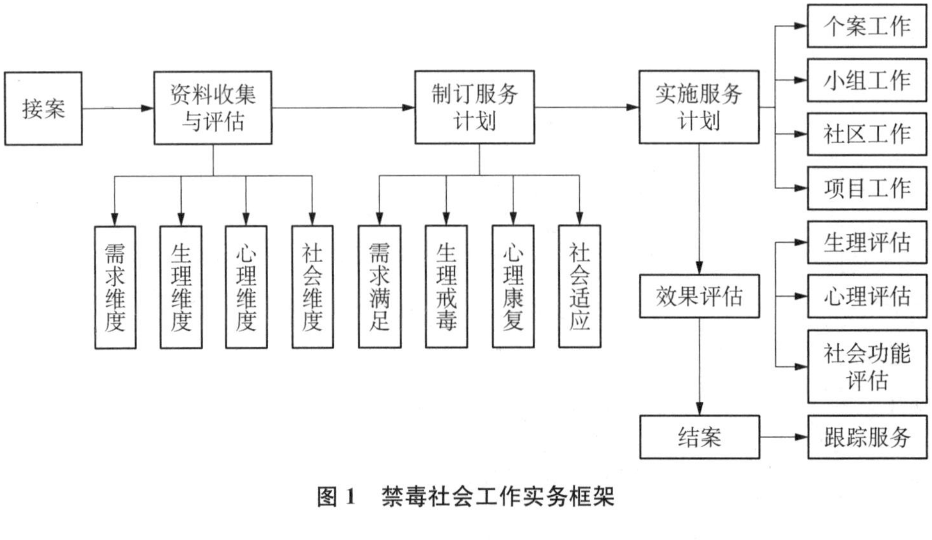

图 1　禁毒社会工作实务框架

本项研究主要运用文献研究法、定量研究法等方法开展研究。文献研究主要搜集了中致社 2012—2015 年度工作相关的文献资料,包括禁毒政策法规、中致社年度工作总结等有关材料,进行研读并加以归纳分析。定量研究,即对浦东新区“禁毒在线”2012—2015 年度数据库数据的分析研究。

二、评估类型与理论模型

(一) 评估类型

评估是指“一种划定、获得、提供描述性与判断性信息,以便指导决策、符合绩效责任、增进对研究对象了解的过程”。评估实质上是一系列测量,然后基于一定的研究方法和研究技术,把测量的结果与指标体系相比较的过程。评估又可区分为形成性评估与总结性评估。

在计划或工作进行过程当中随时所作的评估,称为形成性评估。形成性评估旨在支持改善的过程,强调确认被评估项目的优势与缺失,从而避免把资源浪费在一个低效项目上,影响形成性评估的两个重要元素是控制和时机。在计划或工作执行完毕后再进行的评估,称为总结性评估。总结性评估是想要了解项目的效果与影响,进而决定项目是否持续。基于可信度的原因,总结性评估比形成性评估更有可能由外部评估者来实施。此外,形成性评估偏行动取向,而总结性评估则为结论取向。

图 2　评估类型

形成性评估的形式包括投入评估和成本—效率评估。(1)投入评估:对实施项目时所发生的活动进行数量记录。投入评估反映出服务提供或是运作过程的状况,其目的并非在于检验项目的成果,而是在于被评估项目的控制与管理。(2)成本—效率评估:重点在于检验提供服务时需要的单位成本,使用的成本包含时间、人力、物力以及输出等各种不同单位。在比较提供同类型产品或服务的公共部门绩效时,具有一定的可行性和合理性。

总结性评估包含成果评估、影响效应评估和成本—效益评估。(1)成果评估:重点在检验及确认被评估项目目标的达成程度。其中,服务对象满意度是经常使用的衡量指标。此外,媒体和第三方调查进行的公众舆论调查也是非常有效的方法。(2)影响效应评估:主要检验被评估项目满足规划项目的需求程度,可以从输出或成果的角度进行评估。(3)成本—效益评估:主要关注达到结果所需的成本,指项目的投入与每个成果之间的比例。

(二) 理论模型

逻辑模型一直被用来协助人们理解社会工作方案是如何有效运作的。它可以帮助确认社会工作服务的基本假设与理论,并将服务效果与服务过程和理论假设链接起来。因此,逻辑模型不但突出服务方案的过程,也重视服务方案的效果,其核心要素包括输入、服务活动或过程、产出。

图 3 逻辑模型流程

输入是指一个系统(或服务方案)为实现目标所投入的全部资源,如资金、人力、设备等;服务活动是指输入被转化为产出的实际处理过程或服务传递;产出是指一个系统(或服务方案)的全部产出;效果则与产出不同,可以把服务方案的效果分解为三个层面,即效率层面、质量层面和效能层面。

社会工作服务的效果可以通过一系列的数据来呈现,其中包括被服务者在经历服务过程中或接受服务后所产生的变化。但是,如果仅仅将服务效果聚焦于服务的短期效果或被服务者个人的改变,显然无法全面评价服务方案的积极效应,因此有必要强调影响评估的作用。影响评估的实质也是基于效果评估的一种,对于被评估对象而言,它更加重视其生活品质、行为表现、价值观念等在服务前后的变化,同时也关注评估相关方与参与者的获益和提升,并特别侧重服务的长期效应及对社会系统的影响。

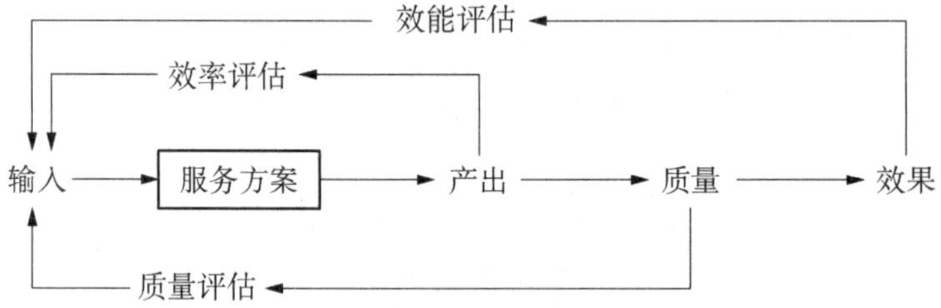

图 4 绩效评估模型

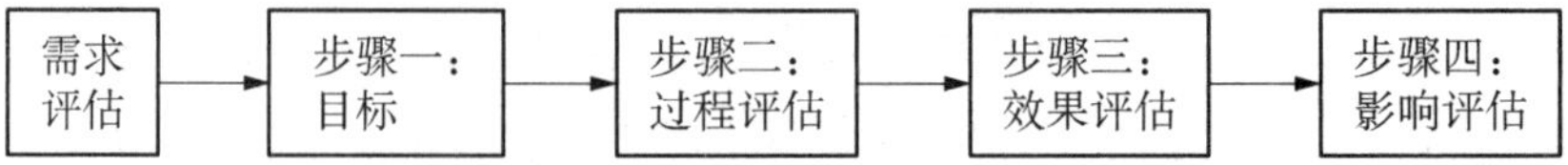

图 5 评估步骤

中致社禁毒社会工作评估指标体系的成效,显然也可以从输入、执行与产出、效果评估与影响评估等方面予以考量与梳理。输入是指服务执行过程中运用的资源，包括经费与人力资源两大方面；执行与产出是指禁毒社工的付出与努力，即全部服务活动及与之相关的服务效率、服务品质等；效果分为服务的直接效果（如协助办理低保等）与间接效果（如家庭成员间关系改善等）；影响则关注服务方案的长期效应以及对社会系统的影响（如违法犯罪率下降等）。另外，作为购买方的政府，更加注重"成本—效益"的评估。

三、禁毒社会工作评估指标体系研究

中致社在浦东新区禁毒办的业务指导下，按照社会工作服务合同的要求，为浦东新区药物滥用服务对象提供专业化社会工作服务，与政府各职能部门密切配合，依托浦东新区"禁毒在线"和"社区戒毒康复指导室"两大工作平台，参与社区禁毒工作。

通过测量与分析中致社禁毒社会工作服务效果与社会影响，以评价中致社禁毒社会工作的服务成效。基于中致社禁毒社会工作评估指标体系架构，根据政府购买服务标合同的要求，按照社会工作服务的输入、执行与产出、效果评估与影响评估等原则，设置以下几类评估指标。

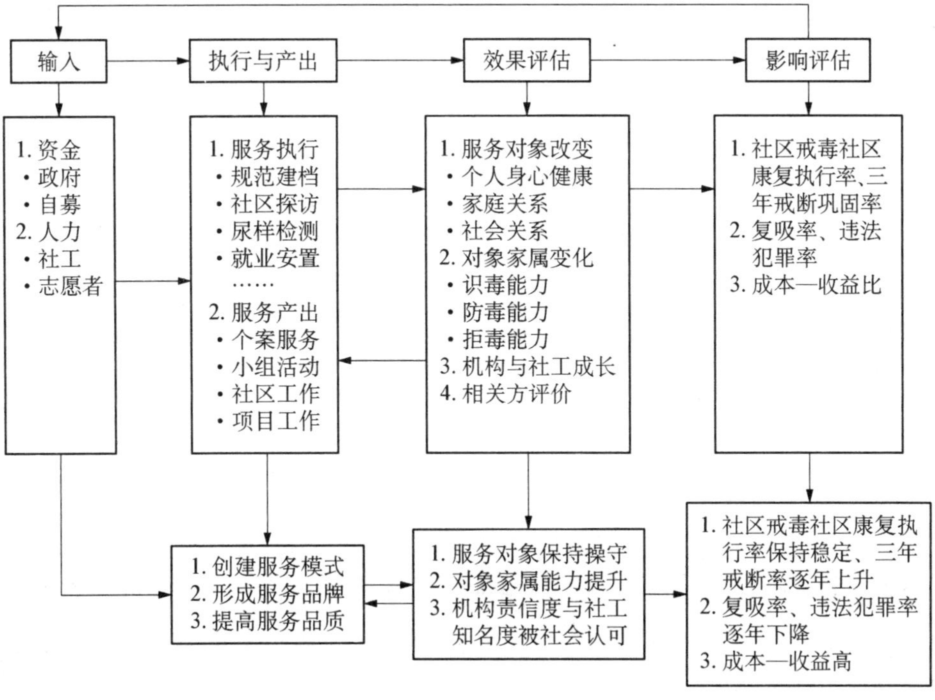

图 6　禁毒社会工作评估指标体系架构

(一) 禁毒社会工作评估指标体系：输入

中致社禁毒社会工作评估指标体系的输入，主要包括资金投入与人力资源投入两个方面。其中，资金投入以政府购买服务投入为主，以及中致社从社会所募集的各类资金；人力资源主要包括禁毒社工、志愿者和其他服务提供者。

在资金投入方面，以“政府购买服务”作为保障机制，目前平均为每位社工提供 8 万元的投入。同时，中致社积极整合社会资源，与社会各方合作为社会工作专业服务募集资金。其中，募集资金包括直接资金投入和实物捐赠，并以项目化的形式呈现。

表 1 资金投入一览表

年度 类别	2012	2013	2014	2015
政府购买(万元)	800	800	1 000	1 200
社会募集(万元)	150	80	75	60

在人力资源投入方面，自中致社成立以来，禁毒社工的数量与质量得到了很大的增长与提高，由刚成立之初的 80 多人，发展到现在的 120 余人，增加了近 40%；禁毒社工的素质与初创时相比也有大幅度改善，目前拥有社会工作师(含助理)与心理咨询师(含助理)等专业资质的比例为 80%。

表 2 禁毒社工人数及资质变动一览表

年度 类别	2012	2013	2014	2015
社工人数(人)	86	116	119	121
专业资质持有率(%)	74	75	77	80

在志愿者的招募与管理方面，在浦东新区禁毒志愿者协会的指导下，中致社戒毒康复部按照志愿者招募与管理的要求，共招募禁毒志愿者 1 700 余名，其中核心志愿者 200 多名，累计开展志愿者服务接近 55 000 小时，形成了覆盖全区的禁毒志愿者社会帮教组织网络。此外，通过项目化运作，形成了以服务对象家属为核心的“家庭禁毒联盟”志愿者团队，进一步提升了中致品牌的社会影响力。

表3　禁毒志愿者服务情况一览表

类别＼年度	2012	2013	2014	2015
志愿者人数(人,累计)	1 086	1 190	1 511	1 730
核心志愿者人数(人,累计)	175	212	225	236
志愿者服务时间(小时,累计)	10 200	25 200	41 002	54 838

(二) 禁毒社会工作评估指标体系:执行与产出

1. 执行层面

中致社按照政府购买服务合同的要求,每年严格执行合同的项目与内容,并结合禁毒社会工作专业要求,努力达成各项服务指标。

表4　服务合同执行一览表(节选)

合同内容＼年度	2012	2013	2014	2015
登记在册数(人)	9 137	9 561	9 843	10 290
正在执行社区戒毒数(人)	799	1 004	1 197	1 745
正在执行社区康复数(人)	1 236	989	872	1 025
规范建档率(%)	100	100	100	100
社区探访数(人次)	27 269	28 987	29 837	31 206
尿样检测数(人次)	7 940	9 779	10 501	11 843
身体检测数(人)	1 160	1 234	2 132	2 594
就业安置率(%)	71	74	78	81
生活扶助数(人次)	2 827	3 273	3 317	3 802

2. 产出层面

中致社提供了大量的专业服务产品,主要类型为个案服务、小组工作、社区活动等,社会工作的三大服务方法是社会工作干预发挥效能的重要前提。

自中致社成立以来,禁毒社工运用社会工作三大服务方法,总结出了"家庭关爱法""同伴教育法""危机干预法""情感宣泄法""目标转移法""绘本治疗法""中医养生治疗法"等一系列工作方法;创立了"心语工作室""老薛工作室""唯家坊""康乐家园""白领先锋""健康加油站""无毒校园嘉年华""致青春,职校style"等一系列工作项目。

表 5　服务产品一览表

服务产品＼年度	2012	2013	2014	2015	工作成效
个案服务(个,累计)	2 167	2 329	2 897	3 847	每年编制优秀案例(论文)集;优秀案例(论文)在国家级、市级层面交流并在专业刊物上发表
小组工作(个,节数)	8(50)	10(60)	12(70)	12(72)	
社区活动(个)	177	175	186	204	

项目工作既是社会工作服务的一种专业方法,又是社会组织进行自我管理的核心手段,因此项目的开发与承接也是中致社重要的服务产品。中致社自成立以来,以服务对象需求为导向,以专业建设为抓手,通过项目营销,赢得社会各方的支持,为服务对象提供了专业的社会工作服务。

中致社结合项目工作的开展,形成了以下六大项目工作服务模式:以分类评估模式服务社会面涉毒对象;以生理—心理—社会介入干预模式服务社区戒毒(康复)涉毒对象;以同伴教育模式服务社会面涉毒对象;以增能模式服务涉毒家庭及成员;以提前介入模式服务涉毒未成瘾对象;以社区动员模式开展社区禁毒预防宣传教育。

表 6　项目产品一览表

年度	项目名称	资助及合作方	资助(干预)对象	资助金额(万元)	受众数
2012	边缘家庭关爱计划	上海市公益创投基金	涉毒对象家庭及成员	20	100(户)
	全球基金(2012)	中国全球基金上海办公室	社会面涉毒对象	20	1 500(人)
	中药济泰片	国家中药制药工程技术研究中心	社会面阿片类涉毒对象	50	200(人)
	助困综合服务	上海市公益创投基金	涉毒对象家庭及成员	30	500(户)
	携手同行(一期)	浦东新区妇女联合会	涉毒对象女性家属	10	170(户)
	HOLD住计划	上海市公益创投基金	涉毒未成瘾对象	20	40(人)

续 表

年度	项目名称	资助及合作方	资助(干预)对象	资助金额(万元)	受众数
2013	助困综合服务(续)	上海市公益创投基金	涉毒对象家庭及成员	30	500(户)
	携手同行(一、二期)	浦东新区妇女联合会	涉毒对象女性家属	10	180(户)
	HOLD住计划(续)	上海市公益创投基金	涉毒未成瘾对象	20	40(人)
	全球基金(2013)	中国全球基金上海办公室	社会面涉毒对象	20	1 500(人)
2014	携手同行(二期)	浦东新区妇女联合会	涉毒对象女性家属	10	180(户)
	家庭梦想计划	上海市公益创投基金	涉毒对象家庭及成员	20	150(户)
	综合干预(2014)	中央转移支付艾滋病项目	社会面涉毒对象	15	2 200(人)
	药物滥用监测(2014)	上海市药物滥用监测站	社会面涉毒对象	30	5 550(人次)
2015	踏浪行动	上海仁德基金会	涉毒对象家庭及成员	10	240(人)
	综合干预(2015)	中央转移支付艾滋病项目	社会面涉毒对象	20	2 650(人)
	药物滥用监测(2015)	上海市药物滥用监测站	社会面涉毒对象	10	1 500(人次)
	美沙酮社区动员	浦东新区疾病控制中心	社会面阿片类涉毒对象	10	215(人)
	食物银行	上海绿洲生态保护交流中心	涉毒对象家庭及成员	10	300(人次)
合计	涉及12个项目,9家资助及合作方;受众人数8 585人,受众人次7 350人次,受众家庭1 780户				

(三) 禁毒社会工作评估指标体系:效果评估

社会工作以“人在环境”为重要视角,促进人与环境的适应性平衡是社会工作的根本目的。因此,在设计社会工作服务的效果指标时,应关注服务对象改变、对象家属变化、机构与社工成长以及相关方评价等几个方面。

1. 服务对象改变

在服务对象的改变上,主要从个人身心健康、家庭关系和社会关系三个维度进行评估。其中,社会关系维度包括社会规范、社会适应和社会参与三个层面的内容。

(1) 个人身心健康。吸毒行为在医学上被定义为“慢性脑部疾病”,所以,服务对象个人身心健康评价是禁毒工作要解决与考量的问题。自中致社成立以来,与相关部门合作,结合“全球基金”和“综合干预”项目等开展对服务对象的个人身心健康评估,内容主要包括身体评估、血样检测、宣传教育和心理干预等;并及时开展“过程评估”,涉及“吸毒人员评估”和“阶段性评估”两个方面,主要从服务对象的主观态度、现实表现、身体状况、生存状态等加以评估;对于阿片类服务对象严重成瘾者,引导其积极参加美沙酮维持治疗。

表 7 个人身心健康服务一览表

年度 服务项目	2012	2013	2014	2015	服务成效
身体评估(人)	1 500	1 500	2 200	2 650	2012—2015 年,通过各种服务介入,共发现和检测出艾滋病 7 人、丙肝 2 123 人、梅毒 308 人、肺结核 8 人、精神疾病 115 人,并得到了及时的干预与治疗;美沙酮维持治疗保持操守率 80%以上
血样检测(人)	1 160	1 234	2 132	2 594	
心理干预(人次)	2 235	2 452	2 786	3 157	
宣传教育(人次)	4 578	5 672	7 532	8 552	
吸毒人员评估(人次)	3 021	3 267	3 542	4 044	
阶段性评估(人次)	2 945	3 025	3 326	3 523	
美沙酮维持治疗率(%)	81	82	82	83	

(2) 家庭关系。在家庭环境方面,社会工作服务有助于家庭成员间关系改善。从 2009 年开始,围绕改善服务对象家庭关系的工作目标,中致社设计三个层面服务策略:一是增进服务对象与家属良性沟通互动支持系统,研发“边缘家庭关爱计划”产品实施服务。二是增进涉毒家庭成员间心理支持系统,研发“携手同行——涉毒家庭妇女能力提升和运用”产品实施服务。三是构建涉毒家庭家属拒毒防毒体系,研发“踏浪行动——提升涉毒家庭家属抵制毒品能力”产品实施服务,形成了“家庭禁毒联盟”服务品牌,并被评选为“上海市社会工作优秀服务品牌”。

表 8　家庭关系服务一览表

服务项目＼年度	2012	2013	2014	2015	服务成效
家庭关系调适(人次)	3 275	3 856	4 106	4 536	2012—2015 年，2 000 多户存在关系紧张家庭，对象及家属处理家庭矛盾的能力显著改善，形成了“家庭禁毒联盟”服务品牌，并被评选为“上海市社会工作优秀服务品牌”
家庭环境量表调查(FES，人次)	1 255	1 310	1 465	1 845	

(3) 社会关系。社会关系的改善主要体现在社会规范、社会适应和社会参与三个方面。社会规范主要体现在服务对象是否按照要求签订和执行“社区戒毒社区康复协议书”与“违法后果告知书”的相关内容；社会适应和社会参与主要体现在服务对象就业能力和自信心的提升。

表 9　社会关系服务一览表

服务项目＼年度	2012	2013	2014	2015	服务成效
社会规范：签订“社区戒毒社区康复协议书”和“违法后果告知书”(人次)	689	746	782	823	1. 2015 年度比 2012 年度“违法后果告知书”抄报率下降了 35% 2. 2015 年度比 2012 年度“就业安置率”上升了 10%
社会适应：社会支持评定量表调查(SSRS，人次)	2 140	2 320	2 560	2 770	
社会参与：自信心指数量表调查(RSS，人次)	2 140	2 320	2 560	2 770	

2. 对象家属变化

在服务对象家属的变化上，主要体现为对象家属在识毒、防毒和拒毒等三个方面能力的提升。中致社自成立以来，按照社会工作专业服务的要求，开展社区探访服务，结合项目工作的实施，通过开展一对一禁毒知识解析、禁毒知识讲座(包括带领对象家属参观禁毒展览馆等)和签订“家庭禁毒联盟倡议书”等一系列活动，使服务对象及家庭获益，家属成员防毒拒毒能力得到提升，服务对象因得到家庭支持而实现康复。

表10 对象家属能力提升一览表

服务项目＼年度	2012	2013	2014	2015	服务成效
识毒能力：一对一禁毒知识解析(人次)	2 250	2 850	3 200	3 600	对象家属识毒、防毒和拒毒的能力由2012年度的60%提高到2015年度的95%
防毒能力：禁毒知识讲座(人次)	500	800	1 200	1 500	
拒毒能力：签订“家庭禁毒联盟倡议书”(人)	—	—	—	500	

3. 机构与社工成长

通过社会工作专业服务，不但服务对象、对象家属等获益，中致社与禁毒社工也获得相应的成长。依托整合社会资源，广泛运用社区宣传、大众媒体、互联网等媒介，中致社责信度与社工知名度得到了社会的认可。

中致社自成立以来，先后获得了第五届“中国地方政府创新提名奖”(委托中致社开展特殊群体社会工作关爱服务)、“全国社会工作服务标准化示范单位”“中国百强社会组织”“五A级社会组织”“上海市文明单位”“上海市先进社会组织”“上海市青年五四奖章(集体)”“上海市社会治安综合治理先进集体”“上海市巾帼文明岗”“上海市十大优秀女性社会组织”“上海市五星级社会组织党组织”“浦东新区新长征突击队”“浦东新区未成年人思想道德建设工作先进集体”“浦东新区非公有制经济组织”“新社会组织先进基层党组织”等各项荣誉。同时，社工也先后获得了“中国最美社工”“上海市禁毒工作先进个人”“上海市十佳禁毒社工”“上海市三八红旗手”等称号，中致社的美誉度大为增加。由此，中致社知名度、美誉度和责信度的上升，反过来有利于服务的拓展，有利于服务品质的提升。

4. 相关方评价

相关方评价也是评估社会工作服务效果的重要指标，这些相关方包括购买方、服务对象、对象家属和社区居民等。2012—2015年度，购买方(浦东新区社会治安综合治理委员会办公室)对中致社禁毒社会工作进行了综合评估，认为中致社较好履行了《社会工作服务合同》规定的服务内容，达到了服务要求，考评等级连续四年都为优秀。同时，购买方通过第三方开展满意度调查，从连续四年的数据分析，不管是服务对象、对象家属和社区居民，对于社工的服务认可度普遍较高。另外，2014年度，购买方委托上海华炬会计师事务所有限公司对中致社进行了绩效评估(属于效果评估的范畴)，也获得了较高的评价。

表 11　购买方评价及相关方满意度调查一览表

类别＼年度	2012	2013	2014	2015
购买方评价(评分)	优秀(95)	优秀(95)	优秀(96)	优秀(96)
服务对象满意度(%)	92	93	95	96
对象家属满意度(%)	90	90	92	95
社区居民满意度(%)	89	90	90	92

(四) 禁毒社会工作评估指标体系：影响评估

影响评估实质也是基于效果的评估，但影响评估更强调服务方案的非直接效果及长期效应。在禁毒社会工作评估指标体系架构研究中，主要指标包括服务对象社区戒毒社区康复执行率、三年戒断巩固率、复吸率和违法犯罪率。这些指标的变化并非社会工作的直接结果，但通过禁毒社工干预个体与环境，促成其积极改变，最终达到预防与减少犯罪的目标。

1. 服务对象社区戒毒社区康复执行率、三年戒断巩固率

中致社主要以具备浦东户籍的吸毒人员为服务对象，也对居住在本区域内本市其他辖区户籍和来沪吸毒人员开展社会工作干预工作。中致社自成立以来，依照《禁毒法》和《戒毒条例》开展禁毒社会工作，努力提高工作成效，取得了良好的工作业绩，社区戒毒社区康复执行率在2012—2015年度均保持在较高的水平，三年戒断巩固率呈现逐年上升的趋势。同时，在2012—2014年度上海市禁毒工作考核中，连续三年名列第一；2013年度同时获得“全国社区戒毒社区康复工作示范单位”称号。

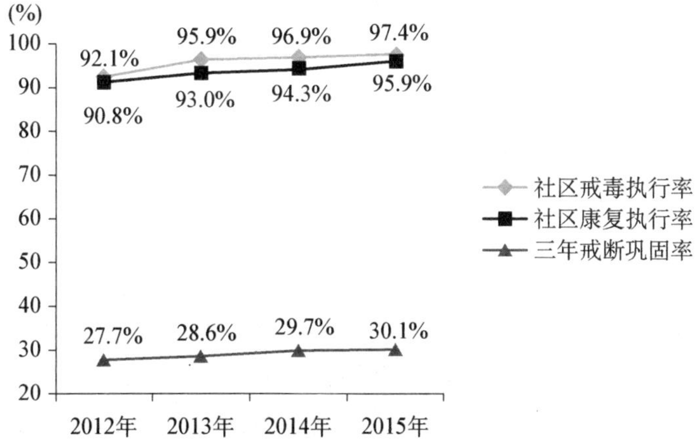

图 7　社区戒毒社区康复执行率、三年戒断巩固率

2. 服务对象复吸率、违法犯罪率

复吸不仅是简单的吸毒人员个人问题,更有复杂的社会原因,要降低复吸率不仅要吸毒人员自己有顽强的毅力,更需要家庭、社会等各方的帮助与关怀。同时,国内外大量的调查和研究表明,吸毒与违法犯罪密不可分。一是吸毒人员为维持毒品摄入而进行违法犯罪,主要表现为吸毒人员为获取毒资或毒品而进行违法犯罪活动;二是吸毒行为可能引发间接的违法犯罪行为,原因是吸毒在一定时间内容易造成吸毒人员的情绪不稳定,加剧人际冲突,导致违法犯罪事件的发生。鉴于此,中致社禁毒社工运用社会工作专业方法,整合社区资源,依托社区戒毒康复指导室工作平台,努力降低服务对象的复吸率和违法犯罪率(以上两项,仅指社会面正在执行社区戒毒社区康复服务对象),取得了较好的效果。2012—2015 年度,未发生重大影响违法犯罪事件。

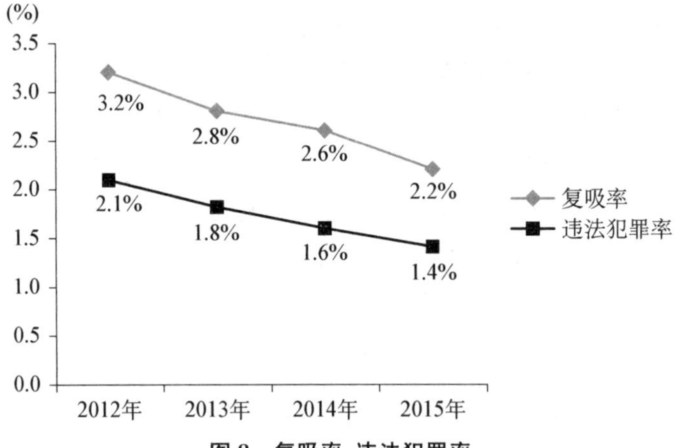

图 8 复吸率、违法犯罪率

3. 成本—收益比

进入 21 世纪以来,社会经济飞速发展,但随之而来的违法犯罪问题也日益突出,成为影响社会稳定与和谐的重要因素。自中致社按照政府购买服务合同开展禁毒社会工作以来,已取得了明显的成效,主要表现为以下几个方面。

(1) 制定了专业服务考核方案,实现了人力资源的最佳配置。首先,中致社按照政府购买服务合同要求和社会工作特点,从服务数量、服务规范、服务成效、专业伦理和自身建设等五个方面的考核要素,制定了专业服务考核方案。其次,考核采用“三结合”,即社工自行评价和考核小组评议相结合,日常考核(月考核)和年度考核相结合,量化考核和综合能力评定相结合。对评为优秀的社工给予奖励,奖励有精神奖励、物质奖励、优先进修培训、晋升中适当加分等方式。对考核中发现问题的社工,视情节轻重给予诫勉谈话、通报批评、责令整改、劝退、开除等不同等级的处理意见。最后,社工职业晋阶采用“双梯制”,社工既可以在行政管理岗位上有所发展,也可以在专业工作领域得到晋升,以达到优化机构人力资源,激励机构员工的目的。

(2) 促成了服务对象改变与发展,达成了机构与社工的自我成长。首先,服务对象在态度与行为、生活状态和精神健康水平等各个层面都表现出积极的变化;违规行为、反社会言行明显减少;受到社会认可与赞许的行为增加,精神健康水平上升;成功就业者显著增多,三年戒断巩固率持续增长。其次,服务对象所处的社会环境发生改变,家庭功能恢复、家庭成员间关系改善;社区接纳度增加,社会支持与社区资源明显增多;由此产生的正面效应,包括服务对象违法犯罪的下降、复吸率的降低等。最后,随着社工自身素质与能力的提升,机构的知名度、责信度等均有提高,达成了服务的良性循环,并形成了具有中致特色的品牌服务项目。

(3) 降低了政府公共服务成本,提高了公共财政支出的效益。首先,政府以服务项目结算的新模式,通过合同购买社会组织服务,以契约关系规范双方的职责和权限。其次,中致社根据项目要求对专业社工进行聘用与管理,政府与社工不发生直接人事关系;社工人员的薪酬待遇,由承接服务项目的社会组织自行决定,政府只对各项费用的总体比例进行指导调控。最后,政府部门根据服务人数和工作需要确定政府购买服务费,项目经费的使用和分配,考核评估后对服务成效明显的社会组织给予一定的奖励,提高了公共财政支出的效益。以浦东新区2012—2015年度正在执行社区戒毒社区康复服务对象为例,假设以90%为基线未复吸人数测算,四年期间共有650名未复吸,以每名服务对象每年强制隔离戒毒费用为3.5万元计算,四年期间共节约2 275万元。另外,以2015年度为例,政府对中致社购买服务的资金投入为1 200万左右,服务对象的总人数为1.1万人左右,平均对每名服务对象的服务费用在1 000元左右。所以,从成本—收益角度分析,投入成本远远低于传统司法强戒应对方式。

四、深化建议

通过对中致社禁毒社会工作评估指标体系架构研究发现,禁毒社会工作评估包括效果评估及影响评估两个方面。效果评估从服务对象改变、对象家属变化、机构与社工成长以及相关方评价等几个维度开展评估,达成服务对象保持操守、对象家属能力提升和机构与社工被社会认可的目标;影响评估则从服务对象社区戒毒(康复)执行率、三年戒断巩固率、复吸率以及违法犯罪率等几个方面进行评价,以达到最佳成本—收益比。但是,随着政府购买服务项目绩效评估的不断深入,采用委托第三方组织方式来强化项目的绩效管理,说明政府购买公共服务已向法制化、规范化、专业化和科学化的方向迈进,对社会组织在机构建设、项目运作、服务质量、财务管理和社会效益等方面提出了更高的要求。故此,本研究将从服务对象问题需求导向、社工能力建设和社会组织自身发展等三个方面,结合 2012—2015 年度中致社开展的相关课题研究和当前禁毒社会工作实际情况,提出以下深化建议。

(一) 以服务对象问题需求为导向,形成"精准"禁毒社会工作服务模式

在禁毒社会工作实务过程中,要善于发现服务对象的问题和需求,而不是简单地把他们定义为被服务的对象。《2015 年中国禁毒形势报告》显示,全国毒品滥用问题发生新变化,滥用传统毒品人员比例下降,滥用合成毒品人员比例上升,以青少年为主体的滥用合成毒品问题突出,吸毒人员低龄化趋势明显,因吸毒引发肇事肇祸案件和精神疾病人数不断增加等。依据"浦东新区吸毒人群成因研究报告"课题分析,初次吸食毒品年龄 18 岁以下占 2.6%,18—25 岁占 29.9%,26—35 岁占 44%,36—50 岁占 22%,50 岁以上占 1.5%,调查对象普遍是在 26—35 岁开始第一次吸毒行为,26 岁以下初吸对象占 32.5%,吸毒年龄呈现年轻化、低龄化的趋势。同时,中致社在 2012—2015 年度组织实施的全球基金和综合干预项目中,共检测出艾滋病 7 人、丙肝 2 123 人、梅毒 308 人、肺结核 8 人,占检测总人数的 35%。另外,"浦东新区吸食新型毒品致精神疾病吸毒人员社区看护和医治机制研究"课题显示,目前浦东新区经卫生部门确诊因吸食新型毒品致精神疾病吸毒人员为 115 人,在发病期间表现为侵犯他人人身权利、危害公共安全、妨碍执行公务等行为,给公共安全造成了严重危害。鉴于新的禁毒形势,在开展禁毒社会工作专业服务时,首先应对服务对象群体进行分类评估,根据不同类型服务对象的问题和需求,开展分门别类的专业服务工作,规范服务流程。因此,社会组织要厘清本机构在关注面上问题的同时,必须以服务对象的问题和需求为导向,并将此作为工作重点,形成"精准"的禁毒社会工作服务模式。

(二) 以加强实务培训为重点,提升禁毒社工专业能力

《全国社区戒毒社区康复工作规划(2016—2020 年)》提出,至 2019 年底,在社区戒毒社区康复专职工作人员中社会工作专业人员要占 30%以上。规划又指出,禁毒社工将在其他人员支持和配合下,运用社会工作专业价值、理论和方法,提供心理辅导与治疗、处理不良情绪、督促配合监测、困难救助帮扶、支持引导就业、改善人际关系、建立健康社会网络等服务,拓展和丰富社区戒毒社区康复的内容。由此可见，在社区戒毒社区康复工作体系中，禁毒社工是关键的人力资源。根据中致社“禁毒社工与服务对象建立专业关系实践技巧”课题显示，80%的禁毒社工认为，在加强理论学习的同时更应关注实务能力的提升；中致社“禁毒社工职业风险防范”课题表明，90%的禁毒社工认为，在预防职业风险发生时，更需要实务操作层面的辅导。故此，要进一步提升禁毒社工的实务专业能力，应从以下两个方面考量。其一，完善内部督导机制。目前，中致社已建立了一支以中级社工为主的内部督导队伍，开展了针对新进社工、初级社工等的督导工作，但从实际的督导质量来看，未达到预期的效果。建议建立督导“定岗定责”制度，并与激励机制挂钩，开展实际有效的督导，以达到增进一线禁毒社工实务能力提升的目标。其二，落实分层培训制度。可以以“工作坊”形式呈现，根据中级社工、初级社工等的不同需求，以社会工作理论为依托，重点加强实务能力、操作层面能力的培养，通过开展有计划、有层次的培训，以适应新形势下禁毒社会工作发展的需要。

（三）以引入第三方评估为契机，提高社会组织公共竞争力

中共十八大以来，政府为了进一步加大向社会组织购买服务的力度，国务院先后颁布了《关于政府向社会力量购买服务指导意见》和《采购法实施条例》等，把政府购买公共服务纳入了法制化、规范化的轨道，这为政府购买社会组织公共服务法制化奠定了基础，也为对社会组织实施绩效评估和财政资金使用效率提供了制度保障。2014年度，购买方（浦东新区社会治安综合治理委员会办公室）委托第三方（上海华炬会计师事务所有限公司）对中致社进行了绩效评估，从投入管理、过程管理、产出效果和受益群体满意度等四个维度进行评估，对预算执行、财务管理、合同执行、合同标的完成情况和相关方满意度等开展逐项调查，对中致社的禁毒社会工作给予较高的评价。由此可见，引入第三方综合评审机制，对项目运作、服务质量、服务数量、资金使用以及服务对象满意度调查等进行全面综合的绩效评估，可以改善社会治理的结构，激发社会组织活力，满足社会公众日益增长的多元化、个性化需求。作为社会组织，应将服务项目实施方案、工作计划和实际完成情况以及资金预算和收支决算形成程式化的对照列表，从而量化工作指标和工作流程，具体体现在服务数量、服务人次、服务记录及服务过程，重点评估服务质量，由此来提高社会组织公共竞争力。

（张　平、宋丁晨、唐卫刚　上海中致社区服务社）

关于松江大学园区禁毒情况与禁毒宣传的调研报告

许 妍

摘 要：本次“松江大学园区禁毒情况与禁毒宣传”的调查活动在松江大学园区内开展，涵盖了大学园区内七所大学的大学生群体，年龄介于18—23岁之间。问卷内容包含“身边人毒品的吸食情况”“对毒品的种类的了解情况”“对毒品的态度”以及“对毒品宣传的看法”等主要问题，以了解大学生在禁毒方面的认识程度，也方便有关部门日后的相关工作能够顺利开展。最后对调查问卷进行了相关有效数据的采集和收录整理，得出了有关数据及相关结论。

关键词：禁毒　宣传　松江大学园区　大学生

毒品，让多少人身心憔悴，让多少人妻离子散、家庭破碎？因吸食毒品而产生的后果对人体的危害之大，对吸食者周围人群的危害之巨，已是社会公认的。自20世纪80年代中期以来，我国登记在册的吸毒人数持续增长，截至2014年底，我国累计发现、登记吸毒人数达295.5万人，其中35岁以下的过半，可见吸毒人员年龄开始呈现低龄化、多元化的特点。由此可见，拥有一定经济能力，但尚未形成对毒品正确认识的大学生群体正处于毒品的巨大威胁之下，而在这种毒品威胁日益增加的形势下，以大学生为主要宣传对象的禁毒宣传活动亟待开展。

为此，我们设计了松江大学园区禁毒情况与禁毒宣传调研，调查大学城园区内的七所学校的禁毒情况，在此基础上分组分批次地发放问卷（见本文后“附录”），进行抽样调查。据统计，共发放了线下问卷1 000份，线上问卷267份，回收有效问卷1 233份，另外通过资料的查询以及访问等形式来进行更深层次的问题研究与探讨。

本调查问卷主要用来了解松江大学园区学生对毒品的了解程度、态度以及大学园区内的禁毒宣传现状，并以此为基础寻求适合大学园区的禁毒宣传活动，达到加强学生对毒品危害性的认识、提高其对毒品的防范力的目的。

在本次调研中，我们发现松江大学园区禁毒基本情况较为良好，但还是存在部分方面的问题。首先，最近一学年以来，禁毒宣传力度有所提升，但是对新型毒品的具体宣传力度还不够。同时我们通过调查发现，宣传途径也可以进行改变，更加多样化，我们应该维持现有受众较多的电视广播、报纸宣传手册方式，同时应该加大互联网上推送的宣传力度，在宣传过程中，我们应该注意不同形式的宣传对于男生女生的不同效果，用更适合特定群体的宣传模式达到最大收益。同时我们还注意到，不同性别的同学对于接受禁毒教育的形式的偏好不尽相同，我们应该加大主流的教育形式——纪录片，同时在一定程度上增加知识竞赛活动的频率，我们在调研中注意到，参加知识竞赛对女生的吸引力不大，我们应设法增加女生对知识竞赛的兴趣，可以通过各种辅助形式，甚至可以将知识竞赛与主题晚会、团日活动、主题班会等各种活动相结合，以扩大受众人群。

同时我们注意到大学生对相关法律法规了解程度不深入。在不知道自己举报毒品或吸毒人员时能受到怎样程度的保护时，同学们可能不敢轻易举报，以免对自己人身安全造成威胁，而这是我们对于相关法律法规宣传力度不足的后果，如果我们做了足够力度的宣传，大学生对此有足够的了解，他们就会更大胆，敢于举报，敢于阻止。

一、松江大学园区禁毒基本现状以及分析

（一）松江大学园区大学生吸毒的基本情况

我们通过问卷调研的方式发现：有4%的人选择了“身边有吸毒者”，96%的人选择了“身边没有吸毒者”。这在一定程度上表示松江大学园区的禁毒工作还是做得不错的，大多数的学生远离毒品，所以吸毒者较少。松江大学园区的氛围还是较为健康积极的，但只要有一例存在，禁毒宣传就必不可少。

（二）松江大学园区大学生对吸毒的态度

1. 松江大学园区学生对于身边吸毒者的态度

我们调查了当发现身边人吸毒时学生的反应情况，有2%的人选择了“好奇想尝试”，9%的人选择了“接受但不会尝试”，10%的人选择了“不闻不问和平相处”，52%的人选择了“劝阻但不报警”，27%的人选择了“直接报警”。说明大多数人都是非分明，对于毒品有清醒的认识，遇到身边人吸毒时会选择劝阻或直接报警，表示大学生有抵抗毒品的坚定决心，清醒地认识到远离毒品的重要性。

2. 受访对象了解吸毒后果的程度与其对周围吸毒者态度的差别

在明知道吸毒过量会造成死亡的受访者中,对于身边的吸毒者态度为:有1%的人好奇想尝试;72%的人不尝试但也不报警;27%的人选择直接报警。而在不知道吸毒过量会造成死亡的受访者中:13%的人选择好奇想尝试;68%的人不尝试但也不报警;19%的人会选择直接报警。由以上数据可知:明知道吸毒过量会造成死亡的受访者选择好奇想尝试的比例比不知道吸毒过量会造成死亡的比例低。由此可见,知道吸毒严重不良后果的受访学生接触毒品的可能性比不知道的受访学生低。明知道吸毒过量会造成死亡的受访者选择直接报警的比例比不知道吸毒过量会造成死亡的比例高很多。这说明,知道吸毒的严重不良后果的受访学生对于周围吸毒者的容忍程度比不知道的受访学生低,他们往往会选择直接报警,有很强烈的是非观。

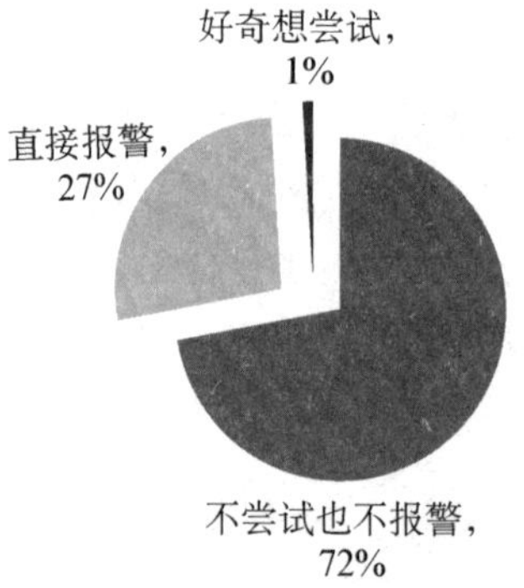

图1　明知道吸毒过量会造成死亡的受访对象对于朋友吸毒的态度

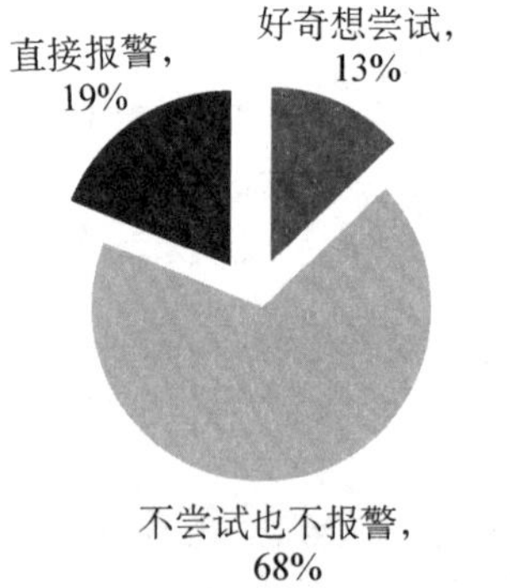

图2　不知道吸毒过量会造成死亡的受访对象对于朋友吸毒的态度

因此,我们在做禁毒宣传时可以加入吸毒的不良后果的介绍,让更多的大学生知道吸毒会造成的可怕后果,从而远离毒品。

在我们的问卷中,周围存在吸毒者的82人中,有8人未填写第2、第3题。在填写了第2、第3题的74人中我们可以看出以下几点问题:

(1) 选择主动吸毒的(即ABC选项)高达91.9%,远远超过被骗或诱导等被动原因。可见在周围存在吸毒者的人认知中主动选择吸毒为最初吸毒原因的更为普遍。

(2) 在主动吸毒的选项里,精神空虚所占比例较之其他两个选项要高。初步可以断定大学生吸毒人群中,因为精神空虚铤而走险尝试吸毒的占较大的比例。而觉得好奇好玩以及受圈子影响尝试吸毒的也不容小觑。

在问卷中选择周围存在吸毒者的 1 153 人中，题目要求是选 B 则跳至第 4 题，有 81 人选了 B 却做了第 2、第 3 题。我们将这些本该作无效处理的数据进行分析，试图了解周围没有吸毒者的学生是如何看待吸毒者最初尝试吸毒的原因及吸毒活动选择的场所的。我们发现在吸毒原因方面，与身边存在吸毒者的学生截然不同，身边没有吸毒者的学生认为出于被动原因而吸毒的占较大的比例。而主动原因里，好奇好玩则位列第一。可见在没有接触过吸毒者的学生眼里，吸毒的原因主要或是好奇，或是被诱拐等被动原因。

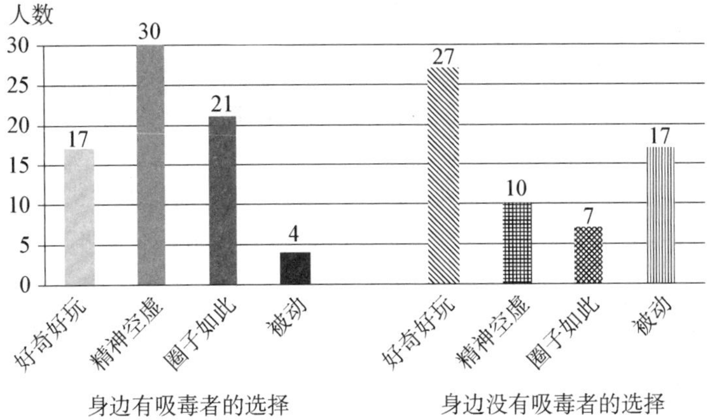

图 3　吸毒者最初吸毒的原因

二、松江大学园区禁毒宣传的状况及分析

(一) 建议以后在松江大学城宣传禁毒选择的地点、时间及人群

1. 重点宣传禁毒的地点

(1) 大学城酒吧及宾馆。在第 1 题选择 A 即“周围存在吸毒者”的 82 人中，其中 8 人未填写第 2、第 3 题。在填写了第 2、第 3 题的 74 人中我们可以看出以下几点问题：

① 第 3 题为多选题，选项之间的差异明显，酒吧等声色场所及外出开房的两个选项高高在上。而寝室、操场等校园开放的地方就少得多，不过有存在就应当引起重视。

② 在填写了其他选项的学生里，出现的答案有“我不知道”(不做讨论)，有“KTV”(归入酒吧等声色场所)。值得注意的有“教室”，此答案可能是乱填的结果，亦可能存在胆敢在校园教室里公然吸毒的个例。

③ 对于吸毒地点的选择，没有接触过吸毒者的同学也同样将酒吧等声色场

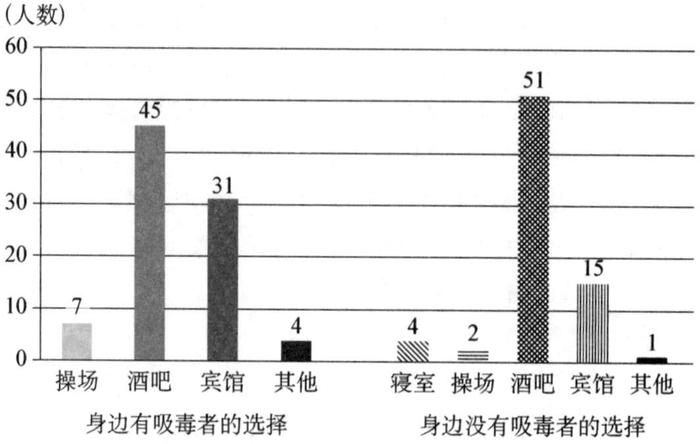

图 4 周围有/无吸毒者的人认为吸毒者的吸毒场所

所位列第一,但比重却比前者大。而选择外出开房的则比前者少了不少。

综上所述,周围有吸毒者的大学生群体,认为主动吸毒是吸毒者最初尝试吸毒的主要原因,其中精神空虚为最大可能性。他们认为吸毒者更会选择在酒吧等声色场所或外出开房作为吸毒场所,但也有存在于校园内的吸毒现象。由此可见,加强对大学城酒吧、宾馆等地的监管,加大在这些地点的禁毒宣传力度可以起到更加具有针对性的效果。

(2) 学费较贵的学院或专业。

在受访者中,月收入/生活费在 1 500 元以下的调查学生中,有 6%周围出现了吸毒者;月收入/生活费在 1 500—3 000 元的学生中有 5%周围出现了吸毒者;月收入/生活费在 3 000 元以上的学生中有 38%周围出现了吸毒者。由以上数据可知:

① 月收入/生活费在 1 500 元以下的学生人数最多,他们周围出现吸毒者的人数也最多。由此可见,现有的吸毒者大多出现在月收入/生活费 1 500 元以下的学生周围。

② 月收入/生活费在 3 000 元以上的同学周围出现吸毒者的比例最高。说明新的吸毒者更有可能出现在月收入/生活费 3 000 元以上的同学周围。

③ 受访者中,还有部分上外国学习班、视觉、立信国际部的同学,而他们填周围出现吸毒者的数量最多,他们周围出现新的吸毒者的可能性也很大。

因此,我们的禁毒宣传可以着重在月收入/生活费 3 000 元以上的学生以及上外国学习班、视觉、立信国际部的学生周围宣传,避免新的吸毒者出现。同时,我们也要在月收入/生活费在 1 500 元以下的同学周围进行宣传,争取

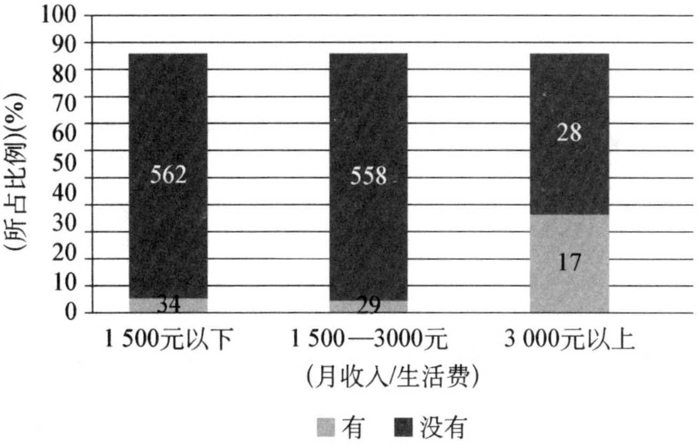

图 5　周围有无吸毒者的月收入分布情况

把那些误入歧途的同学拉回正道。

2. 重点宣传禁毒的人群

(1) 生活费较高的学生群体。与上部分中选择学费较贵的学院或专业作为宣传地点同理，目标人群锁定在这些拥有较高生活费的学生群体身上，将提高禁毒宣传的针对性。

(2) 假期留宿的学生。调查问卷的数据统计显示，在松江大学园区内，周围有吸毒人员的学生，与家庭父母的关系为非常和睦的过半，19%认为与家庭有点矛盾，9%为不闻不问，同时存在 9%的调查对象与家庭父母的关系非常恶劣。反观周围没有吸毒人员的学生，大部分(高达 87%)与家庭父母之间的相处非常和睦，仅有极少数同学选择了“不闻不问”与“非常恶劣”。

从以上数据可见，松江大学园区内，周围有吸毒者的调查对象，从整体上来说，与家庭父母关系的和谐程度低于周围没有吸毒者的调查对象。后者中，超过 5/6 的受访者与家庭父母的关系为非常和谐，而周围有吸毒者的受访者有 18%与家庭父母的关系存在较大问题。由此我们可以得出，家庭环境的差别对于学生交友选择、社会关系选择等方面均有影响。与家庭父母之间关系较为和谐、亲密的学生接触到吸毒分子的可能性较低，而与家庭父母关系较为生疏、恶劣的学生更容易与不法吸毒分子接触。

我们发现，这些与家庭父母关系不甚好的学生通常都有放假留宿不回家这个特点，故我们认为将假期中留宿的学生作为实施禁毒宣传的重点对象是个不错的选择。

(3) 2013 级学生(即调查时上大三的学生)。由图像我们可以清晰地看到，

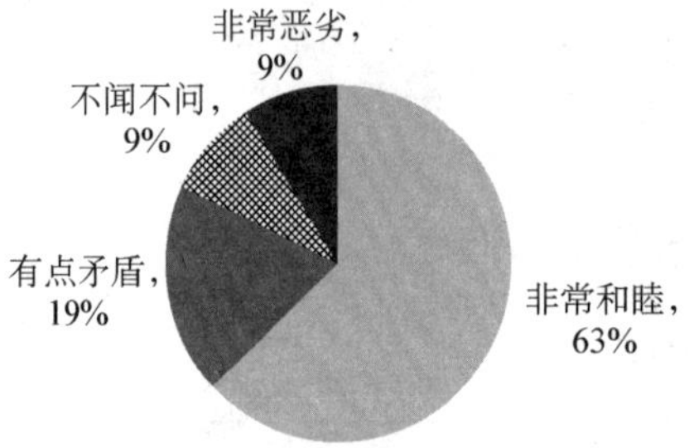

图 6　周围有吸毒者的受访对象与家庭父母的关系

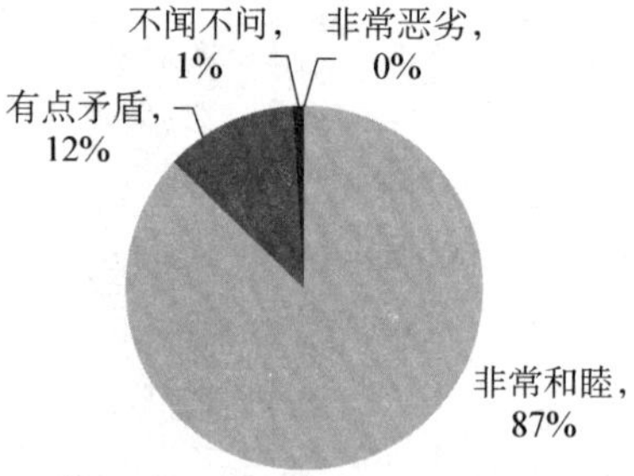

图 7　周围没有吸毒者的受访对象与家庭父母的关系

大四同学经过三四年在松江大学园区的禁毒教育与毒品知识宣传等，对于毒品的了解已经有一定程度的提升，这说明松江大学园区的毒品知识宣传教育在一定程度上是有成效的。而受访者中，大二的学生对于毒品了解情况的比例略微低于大一新生，这说明前一年的毒品知识宣传并不理想。

值得注意的一点是，大三的调查对象对于毒品知识的了解情况比例出乎意料地低，由此我们可以看到近些年在毒品知识宣传教育上的不足，未能与时俱进贴合松江大学园区学生们的兴趣与关注点，宣传教育方式也存在一些缺陷，最终导致这一情况的出现。

因此，我们认为 2013 级的学生可以作为额外着重宣传的对象。

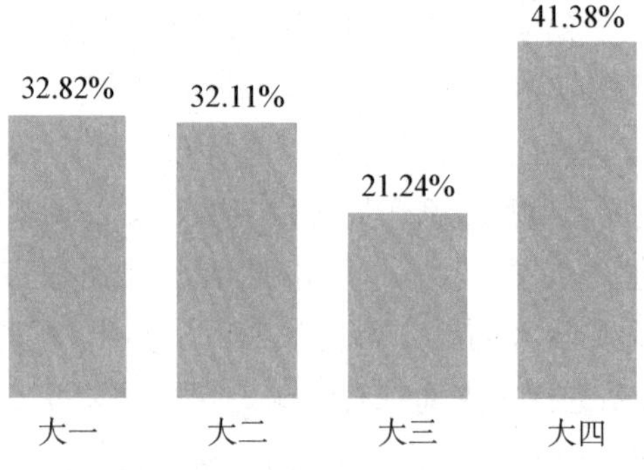

图 8　2016 年各年级同学对于摇头丸性状的了解回答正确者人数占总人数的百分比

(二) 建议以后在松江大学城宣传禁毒的内容

1. 吸毒方式

我们对了解摇头丸性状为彩色丸状的调查对象进行分析比较其对各种吸毒

方式的了解程度。由于摇头丸本身是一种较为常见及相对廉价的毒品，其毒性相对较低，但是极其容易被当作糖片误食，并且在KTV、酒吧等娱乐场所较为常见。本分析旨在进一步确认对毒品有一定了解的这部分调查对象对于吸食毒品方式的认知情况。调查问卷的统计数据显示，选择答案完全正确的受访者为5人；正确率为83.33%的调查对象为50人；正确率为66.67%和50%的均为143人，占了总人数的大部分；而正确率为33.33%的调查对象为80人；最后，正确率为16.67%和0的分别为2人和1人。

其中，“泡茶喝”“涂/贴在自己身上”等冷门选项漏选情况较高。对这种吸毒方式不了解的学生容易让不法分子有机可乘，“被吸食”毒品，从此走上不归路。松江大学园区的大学生有一定的判断能力，不会轻易接受陌生人的馈赠，但是如果不了解“泡茶喝”“涂/贴在身上”这些毒品吸食方式的话，也很有可能疏于防范，最终使自己陷入危险的境地。

统计图直观地告诉我们，正确率在33.33%到83.33%的受访对象占了绝大多数，而在其中，大部分人的正确率为50%和66.67%，由此说明大家对于各种吸毒方式确实有一定程度的了解，但仍未能充分了解所有的吸毒方式，因此存在不能正确防范与吸毒有关的违法行为的可能性。

因此，在大学城开展禁毒教育时，有必要在吸毒方式这方面进行一定强度的教育宣传，帮助大学生更好地防范毒品，保护自己与他人。

2. 吸毒后果

我们比对了对毒品有一定了解的受访对象对吸毒后果的了解程度。在对毒品有一定了解的受访者中，对于吸毒所造成的影响的了解情况大多在66.67%，而了解程度大于66.67%的人数总和都小于正确率66.67%的总人数。由此可见，这部分受访者仅知道部分毒品的性状，而对于吸毒所带来的不良影响却了解得不够全面，也不够深刻。这是我们在做禁毒宣传的时候需要注意加强的。

在前文已经提到，了解吸毒会致死的大学生会更加坚定地抵制毒品，而不知道的学生则有更大的概率尝试吸毒，成为吸毒的潜在人群。所以增加吸毒后果的宣传十分有必要。

3. 法律惩治

在我们的问卷调查中，大多数学生法律意识非常浅薄，对于法律惩治问题的回答正确率非常低。宣传吸毒的法律惩治有两点好处：一是可以警示学生不要铤而走险触犯法律从而走上不归路；二是增加学生的法制意识，当发现周围有人吸毒时可以果断地选择报警，用法律保护自己和身边的人。

我们在分析问卷时发现一种可能发生的情况：若与自己关系非常亲密的同

学朋友误入歧途、吸毒上瘾,学生可能会因为对方的交代和恳求而对其行为睁一只眼闭一只眼,不会将其毒品来源、吸毒行为等报警,哪怕知道进行举报会得到保护和奖励。这是一个很现实、很难平衡的道德问题,我们希望即使出于内心情谊做不到举报,至少应该努力劝诫友人珍爱生命,早日尽自己所能离开毒品。故增加对吸毒的法律惩治可以起到很好的效果。

(三) 曾经的宣传方式及其效果

在大学园区学生接受毒品教育活动的途径方面,有15%的受访者选择了“毒品知识竞赛”,30%的受访者选择了“毒品讲座”,33%的受访者选择了“传单或者海报”,1%的受访者选择了“其他”,如调研问卷,有45%的受访者选择了“没有过”,接近半数。

近年来,我们通过禁毒知识竞赛、发小册子、张贴海报等方式来进行禁毒的宣传,方式还是丰富多样的。然而由以上数据可以看出,事实上,松江大学园区的毒品教育活动并没有得到十分广泛的推广,甚至有45%的受访者表示没有接受过毒品教育活动,同时,绝大部分同学即使接受到了毒品教育,但对于毒品知识仍然不是十分了解。

这说明我们的毒品教育活动并没有让大部分学生接受到,接受到了的也没有达到理想效果,这是我们需要反思继而进行改进的。

(四) 建议以后在松江大学城宣传禁毒的方式

1. 学生对禁毒宣传的态度

在受访者中,52%的人认为禁毒宣传十分有必要,3%的人认为完全没有必要。

而在调查受访者更偏爱的宣传方式时,55%的人选择了有趣的活动,超过半数;3%的人选择了其他方式,如:直接去看吸毒的人前后对比照片,戒毒所实地考察。

至于受访者更想知道的禁毒信息,71%的人希望获得防范毒品的技巧,高居首位;53%的人希望获得吸毒案例和戒毒知识,位列第二;41%的人希望获得吸、贩毒案例方面信息;38%人希望了解国际国内禁毒斗争形势。由以上数据可知:

(1) 松江大学园区中大部分同学都希望得到适当的禁毒教育以增加禁毒方面的知识。因此松江大学园区的学生对于有趣而实用的毒品知识宣传教育是持支持态度的,这就更加说明了毒品知识宣传教育的重要性与必要性。

(2) 松江大学园区的学生更希望接受到的毒品信息是防范毒品的技巧和毒品知识。这两方面都有与受访者的自身生活更加贴近,更加息息相关,重点对这两个方面进行宣传能够吸引更多的受众群体从而提高毒品知识教育宣传质量,让松江大学园区的学生更好地防范毒品对自身和他人的危害,维护合法权益与利益。

因此,禁毒宣传方式需要创新、有新意,也要简单易懂,同时内容也要丰富有趣,贴近学生的生活。

2. 公众号/互联网

当今网络、智能手机的普及程度都非常高,而园区内活动繁多,宣传方式大抵相同,都是单一的传单、海报发放,从某种程度上造成了一些学生对传单等宣传物品的反感(如上海外国语大学的学生)。虽然这种传统的宣传方式可行而且受众群体依然较大,但我们可以利用这个自媒体发达的现实状况和影响力较广的工作组微信平台,调整线下宣传与线上宣传的比例,力争让宣传过程更加环保、省力且效益更高。

3. 与学校挂钩——讲座/德育分/校广播台

有不少学生认为禁毒宣传以讲座的形式和校方合作推广或与学校的各项分数挂钩更能起到较好的宣传效果。此外,还可以选择在校园里拉海报及横幅的形式,较为新颖、冲击力强的海报可以吸引学生的眼球,务必摒弃呆板的海报设计。

同时也可将禁毒宣传加入学校的入学教育中,大一新生在那段时间专注力最为集中。也可在校内分发禁毒小册子。可以让学生了解到吸毒者案例,或制作戒毒者自述的宣传片,并且要让学生有周期性地学习。周期性的宣传可让学生时时刻刻不忘记毒品的危险,提高禁毒意识。还可以与学校广播台合作,让学生有更多机会被动地了解毒品知识。

4. 影像——微电影/纪录片

影音要比文字类的宣传更能吸引青年学生的眼球,微电影、纪录片这样的形式可以提高学生对禁毒的兴趣,效果显著。配合前文提到的互联网,一传十、十传百,相对传统的海报传单的形式而言高效得多。

三、改善建议及总结

(一) 对于日后在大学城宣传禁毒知识的建议

1. 更加注重借助互联网的线上宣传方式

我们可在新成立的工作组微信平台里定期地增加禁毒的宣传,以更加亲民的方式传播禁毒。

2. 增加更加吸引学生眼光的活动

可增加与学校挂钩的讲座、校广播台的定期栏目以及拍摄微电影等新颖的形式吸引学生的目光。

3. 重点宣传禁毒的地点和时间选择

我们在对于学生生活费及与家庭关系的关联分析中得出,可以重点在学生生活费较高的学院班级(如视觉、国际班等)进行着重的禁毒宣传。如做几期国际班禁毒宣传专场等。也可以在与家庭气氛不甚和谐的学生(放假不回家或经常留宿的本地同学)中加强禁毒教育。如在放假后召集留宿学生开展假期安全教育并重点增加禁毒宣传。

4. 往后宣传中需增加的内容

我们在调研分析中发现,一般的毒品宣传更加着重于宣传“什么是毒品”以及“毒品有哪些”,但缺少毒品的吸食方式及吸毒后果的具体介绍,也极少会提到吸毒的惩罚。对此我们的意见是,适当地在禁毒宣传里加入吸毒方式与吸毒会造成的恶果的介绍;同时也加入对吸毒的法律惩治与心理干预,为营造大学园区无毒氛围打好坚实的基础。

(二) 工作收益反馈

1. 被调查者:在填写问卷的过程中即得到更多毒品、禁毒相关知识

在发放问卷的过程中,我们发现被调查的学生普遍对于吸毒方式这类的问题都不是很清楚,在填写问卷时多会询问发放者,最后有些就根据自己的猜测随便勾选了一个答案。我们在受调者做完问卷后都会给予一部分正确答案的回应,这在一定程度上也在推动松江大学园区的禁毒宣传。

2. 调查者:认识更为客观,对于接下来活动的目标和方式更为明确

组内每个人对每道题的理解和对调查的预想结果都不太一样,我们通过对数据的整合和分析,对园区内学生对毒品的了解程度有了一个客观的认识。

我们从这些数据结果推测分析学生的想法,也帮助我们更加明确接下来应该用怎样的方式来更为有效地宣传禁毒知识,对于宣传内容的选择也有了更为清晰的认识。

附录

关于“松江大学园区禁毒情况与禁毒宣传”调查问卷及数据分析

1. 请问您周围是否有吸毒者?

A. 有

B. 没有(下跳至第 4 题)

本题旨在考察大学园区吸毒情况。有4%的人选择了身边有吸毒者，96%的人选择了身边没有吸毒者。这在一定程度上表示松江大学园区的禁毒工作还是做得不错的，大多数的学生远离毒品，所以吸毒者较少。松江大学园区的氛围还是较健康积极的。

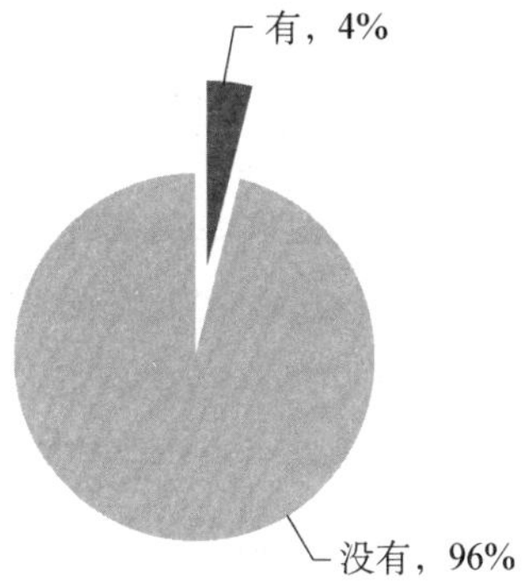

附图 1　周围是否有吸毒者?

2. 您觉得他们(吸毒者)最初为何会尝试吸毒?

A. 好奇好玩

B. 精神空虚

C. 圈子如此

D. 被动接触(被诱骗等)

本题旨在考察大学生认为吸毒者尝试吸毒的原因。有34%的人觉得身边人是因为好奇好玩才吸毒，有29%的人认为是吸毒者精神空虚，21%的人认为是他们所处圈子如此，16%的人则认为是被动接触，如被诱导等。上述数据说明在大多数人心中，吸毒者多数是由于自身因素的影响，比如对毒品过于好奇或是精神空虚才会去接触毒品，而被他人影响导致吸毒的可能性相对较小。

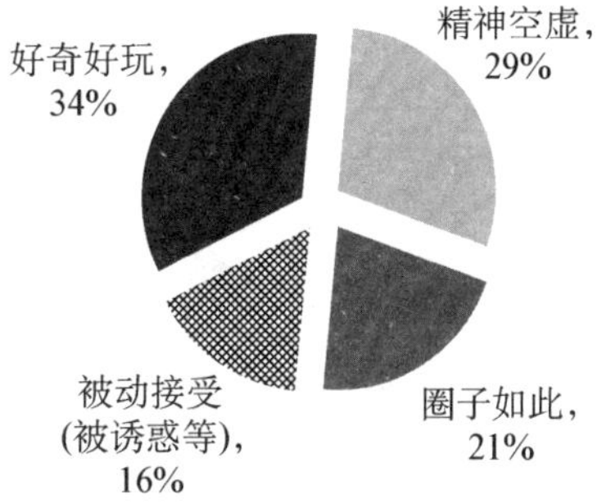

附图 2　您觉得吸毒者最初为何会尝试吸毒?

3. 您觉得他们一般在什么地方进行吸毒活动?(多选)

A. 寝室　　B. 操场　　C. 酒吧等声色场所

D. 外出开房　　E. 其他________

本题旨在考察学生认为吸毒场所有哪些。有13%的人选择寝室，7%的人选择操场，72%的人选择酒吧等声色场所，35%的人选择外出开房，4%的人选择

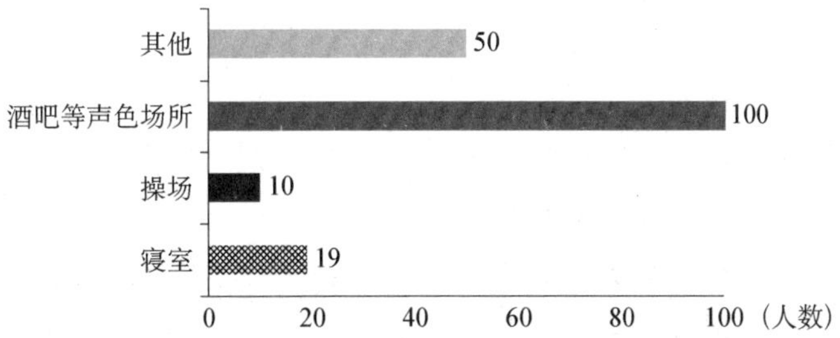

附图 3　您觉得吸毒者一般在什么地方吸毒?

其他,其中3人没有填写,1人填写了“我不知道”,1人填写了“KTV”,1人填写了“教室”,可见大多数人认为吸毒者往往会选择酒吧等鱼龙混杂的地方或是相对来说最具有隐秘性的宾馆等场所吸毒。

4. 您的月收入/生活费大约为?

A. 1 500元及以下　　B. 1 500—3 000元　　C. 3 000元以上

本题关于月收入/生活费,有49%的人生活费在1 500元及以下,48%的人生活费在1 500—3 000元,3%的人生活费在3 000元以上。吸毒需要大量的金钱支撑,绝大多数人的生活费都在3 000元以下,这大大缩减了学生接触毒品的机会。可见松江大学园区的学生没有较强的经济实力来购买毒品。

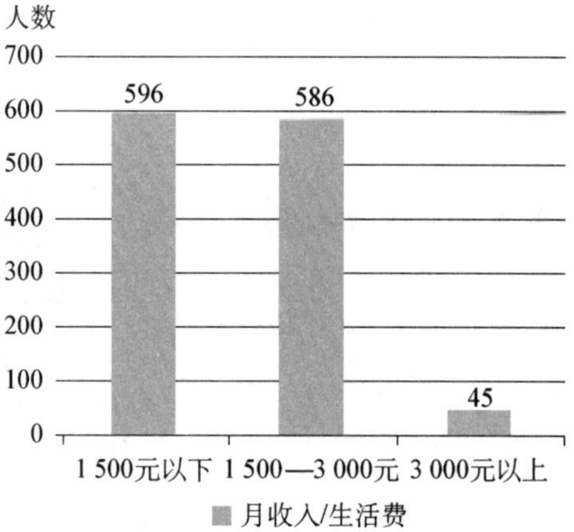

附图4　参与调查者的月收入/生活费

5. 您和家庭父母的关系如何?

A. 非常和睦

B. 有点矛盾

C. 不闻不问

D. 非常恶劣

本题对家庭关系进行调查,有85%的人选择了“非常和睦”,12%的人选择了“有点矛盾”,2%的人选择了“不闻不问”,1%人选择了“非常恶劣”。由此可见,松江大学园区的绝大多数的学生与父母的关系都是非常和睦温馨的。

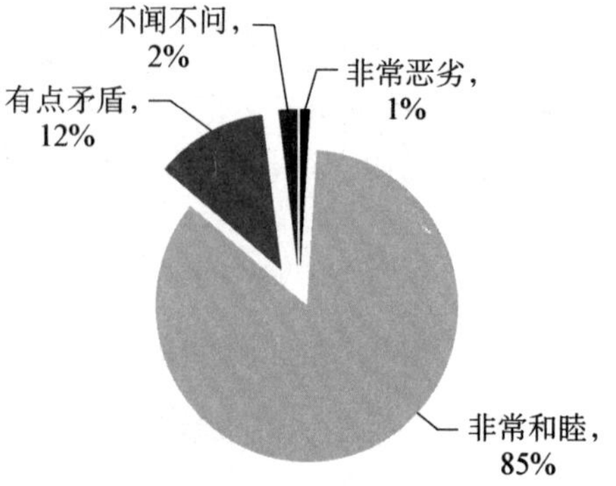

附图5　您和家庭父母的关系如何?

6. 如果发现您的同学/室友/朋友有吸毒行为，您会？

A. 好奇想尝试　　B. 接受但不会尝试

C. 不闻不问和平共处　　D. 劝阻但不报警

E. 直接报警

本题调查了当发现身边人吸毒时的反应情况，有2%的人选择了好奇想尝试，9%的人选择了接受但不会尝试，10%的人选择了不闻不问和平相处，52%的人选择了劝阻但不报警，27%的人选择了直接报警。上述数据说明大多数人都是非分明，对于毒品有清醒的认识，遇到身边人吸毒时会选择劝阻或直接报警，表示学生有抵抗毒品的坚定决心，清醒地认识到远离毒品的重要性。

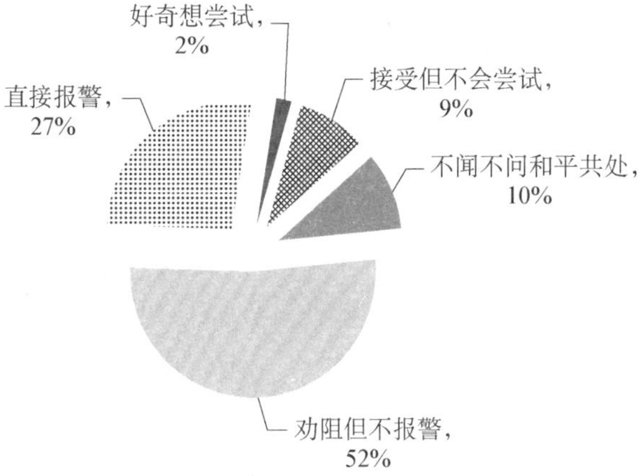

附图6　若发现您的同学/室友/朋友有吸毒行为，您会？

7. 以下哪些是毒品？（多选）

A. 冰毒　　B. K粉　　C. 水烟　　D. 大麻

E. 白酒　　F. 致幻蘑菇　　G. 玛咖

对于“以下哪些是毒品”这个问题，有722名学生选择了“玛咖”，640名学生选择了“致幻蘑菇”，50名学生选择了“白酒”，1 114名学生选择了“大麻”，343名学生选择了“水烟”，1 160名学生选择了“K粉”，1 207名学生选择了“冰毒”。本题答案是除了玛咖、水烟和白酒以外，其余都是毒品。从数据分析中我们可以看出，最为大家所熟知的毒品前三名分别是冰毒、K粉和大麻，而一些小众的毒品比如致幻蘑菇，知道的学生相对较少。特别是选择玛咖的学生紧跟大麻之后，说明大学园区的学生对于毒品有所了解，但并不是特别深入，导致有些一知半解的同学错将玛咖误认为是吗啡。还有38名同学认为白酒是毒品,对毒品的认知有着概念性的错误。总的来说,大学园区的学生作为正在接受高等教育的新青年,对于毒品的了解并不是完全空白,但也仅限于经常通过主流媒体传播的一些毒品种类,缺乏更细致的认识。大学园区应该多通过一些禁毒宣传加深学生对于小众的毒品的认识,从而增强防范意识。

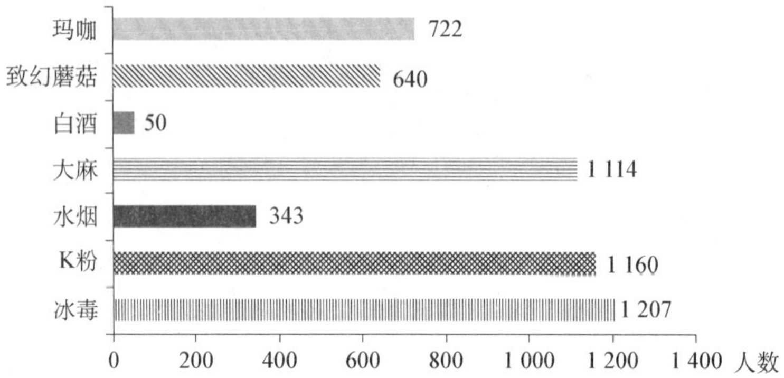

附图7 学生对“以下哪些是毒品”问题的回答

8. 摇头丸的颜色及性状是?

A. 白色粉末状　　B. 白色丸状　　C. 彩色粉末状

D. 彩色丸状　　E. 不知道

摇头丸是一款市面上较为常见的主流毒品,答案为彩色丸状。从数据分析中我们可以看出,有34%的学生选择了“彩色丸状”;29%的学生选择了“白色丸状”;19%的学生选择了“不知道”;剩下的学生都选择了“白色粉末状”和“彩色粉末状”,占比共18%,其中选择“白色粉末状”的学生占多数,共16%。有63%的学生对于摇头丸“丸状”的属性还是比较肯定的,但其中仍然有29%的学生对摇头丸颜色的认识有所偏差。剩下的学生则对摇头丸的形状及颜色都缺乏认识。说明学生对于毒品的了解大多仅限于名称,而并不知道其外在的特征,属于一知半解的了解。

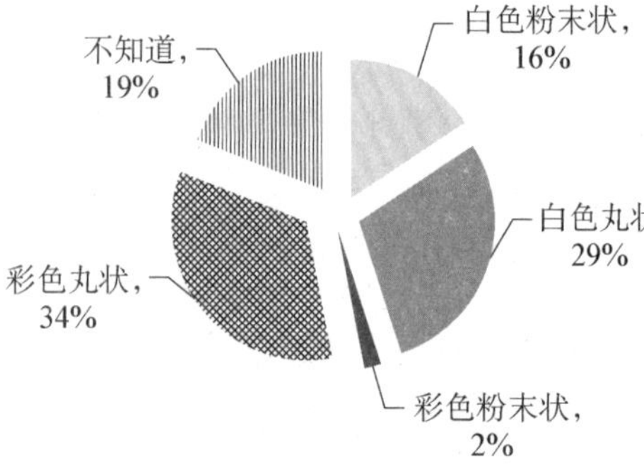

附图8 学生对摇头丸的颜色及性状的认识

9. 以下哪些是吸毒的方式？（多选）

A. 直接吃　　B. 点燃了吸(用嘴巴)

C. 点燃了吸(用鼻子)　　D. 针筒注射

E. 涂/贴在自己身上　　F. 泡澡

G. 泡茶喝

选择针筒注射的学生最多，共 1 151 人；1 011 名学生选择了点燃了吸（用鼻子）；选择点燃了吸（用嘴巴）和直接吃的学生相差不多，分别是 760 人和 749 人；选择涂/贴在自己身上、泡茶喝、泡澡的学生加起来一共 328 人。正确答案是除了泡茶喝以外的其他全选。从以上数据我们可以看出几乎所有学生都知道毒品可以使用针筒注射这种方式，确实，可溶性的毒品几乎都可以通过静脉注射进行吸食。不过，实际上需要通过静脉注射的患者，都是有一定的毒瘾和吸毒历史的。因为选择使用针筒注射吸毒的原因有二：第一个是这个人吸毒患者的毒瘾较大，只有注射才能一下子让他达到吸毒后的舒服感觉；第二个原因则是这个人嫌吸食用打火机烤出来的烟吸毒比较麻烦，换成用针筒注射吸毒的方式则比较简单方便快速。刚开始吸毒的患者几乎都是选择点燃了用嘴巴或者鼻子进行吸食，或是直接用嘴巴进食的。而最容易让普通人误食毒品的方式则是口食和吸食，若缺乏相关的意识和警觉，大学生很容易深陷毒品泥沼。

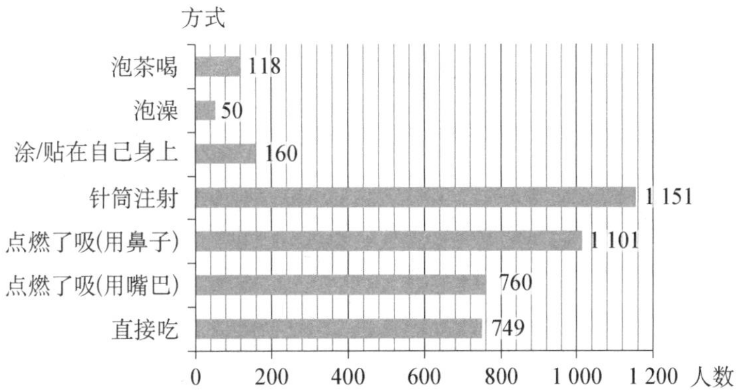

附图 9　学生对吸毒方式的认识

10. 吸毒会造成什么影响？（多选）

A. 神志不清　　B. 产生幻觉　　C. 听觉敏锐

D. 思维奔逸　　E. 上瘾　　F. 死亡

本题旨在考察松江大学园区学生关于吸毒对人体造成的影响的了解与认

知。本题的答案是全选。被调查者中选择“神志不清”的人有93%,选择“产生幻觉”的人有94%,选择“听觉敏锐”的人有14%,选择“思维奔逸”的人有32%,选择“上瘾”的人有92%,选择“死亡”的人有78%。通过数据可以看出大学园区的学生较为了解吸毒对人体的负面影响,如神志不清、产生幻觉、上瘾与死亡,而在这四者中,选择“死亡”的人较其他三者少一些,说明学生对于吸毒最严重的后果还缺乏了解。而学生对于“听觉敏锐”和“思维奔逸”普遍不了解,这说明学生对于吸毒对人体的影响了解得不透彻。因此,此后对于大学园区禁毒的宣传可以从吸毒对人体的负面影响入手。

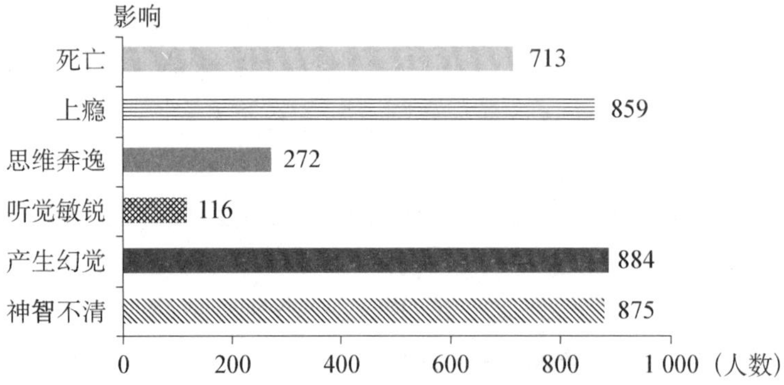

附图10　学生对吸毒影响的认识

11. 您认为吸毒会受到怎样的法律制裁?(多选)

A. 治安处罚　　B. 刑罚制裁　　C. 劳动教养

D. 强制戒毒　　E. 不知道

本题旨在考察松江大学园区的学生对于吸毒造成的法律后果的了解。本题的答案为劳动教养与强制戒毒。选择“治安处罚”的人有29%,选择“刑罚制裁”的人有57%,选择“劳动教养”的人有47%,选择“强制戒毒”的人有88%,选择“不知道”的人有2%。通过绝大多数学生选择“强制戒毒”选项,我们可以看出大学园区的学生都明白吸毒是违法的,是不可取的行为,应被强制戒毒。而另一个正确选项应该是“劳动教养”,选对的学生约占总人数的一半,由此可见学生对于法律关于吸毒的具体惩罚条目不太了解,选择“刑罚制裁”的人占了第二多,可以看出也许学生对于“吸毒”与“贩毒”有着概念性的认识错误。因此,在此后的禁毒宣传中,我们可以加上吸毒的概念与定义以及处罚条例,使学生全面了解、认识何为吸毒以及吸毒所受到的惩罚。

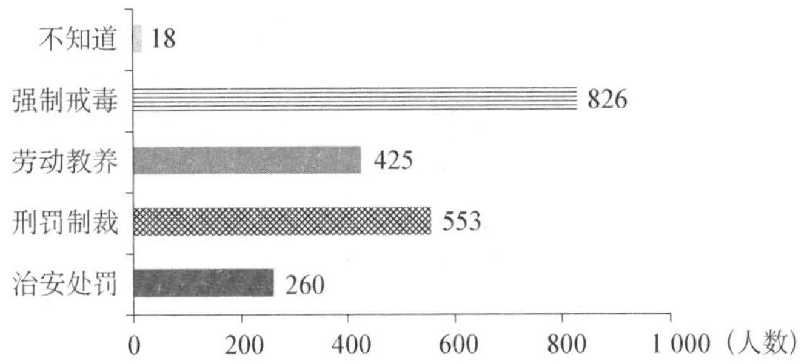

附图 11　学生对吸毒法律后果的认识

12. 您在松江大学园区中接受过怎样的毒品教育活动？（多选）

A. 传单/海报　　B. 讲座　　C. 知识竞赛

D. 没有过　　E. 其他________

本题是为了了解大学园区学生接受毒品教育活动的情况。有15%的人选择了“园区知识竞赛”，30%的人选择了“讲座”，33%的人选择了“传单/海报”，1%人选择了“其他”，如调研问卷，有45%的人选择了“没有过”，接近半数，说明松江大学园区的毒品教育活动并没有得到十分广泛的推广，我们需要举办更多的活动并积极推广，让学生接受到毒品教育。

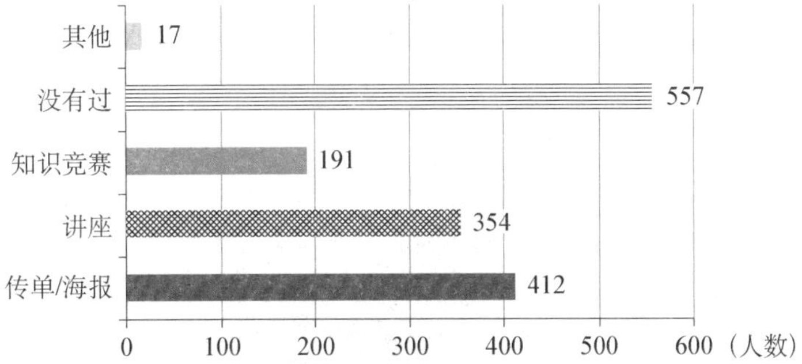

附图 12　学生接受过的毒品教育活动方式

13. 您觉得在松江大学园区做禁毒宣传有没有必要？

A. 非常有必要　　B. 有一点需要

C. 可有可无　　D. 完全不必

本题是为了了解大学园区学生对禁毒宣传的必要性的认识。52%的人认为禁毒宣传十分有必要，34%的人认为有一点需要，11%的人认为可有可无，3%的人认为完全不必，说明大学城中大部分学生都希望得到适当的禁毒教育以增加禁毒方面的知识，极小部分学生对禁毒宣传持无所谓或者反对的态度。

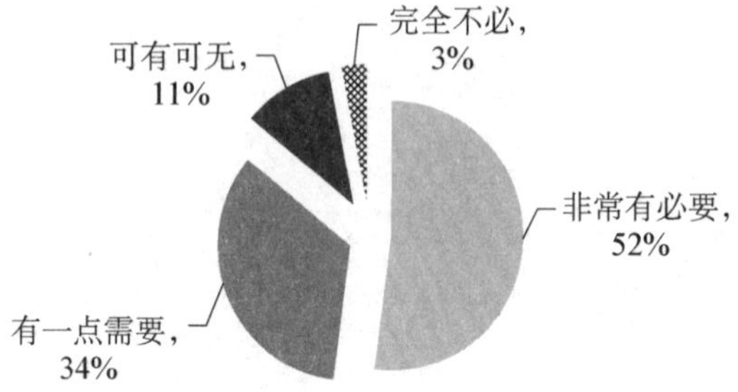

附图 13　您觉得在松江大学园区做禁毒宣传有没有必要

14. 您更偏爱什么样的禁毒宣传方式呢？（单选）

A. 小册子　　B. 宣讲会

C. 有趣的活动　　D. 其他________

本题是为了了解大学园区学生更偏爱的禁毒宣传方式。27%的人选择了小册子的宣传方式，15%的人选择了宣讲会，55%的人选择了有趣的活动，超过半数，3%的人选择了其他方式，如：直接去看吸毒的人前后对比照片，戒毒所实地考察。由此可以看出大部分学生希望以有趣的方式来获取禁毒知识，也有不少学生偏好小册子和宣讲会这种简单易懂的方式，说明禁毒宣传方式需要创新、有新意，同时也要简单易懂。

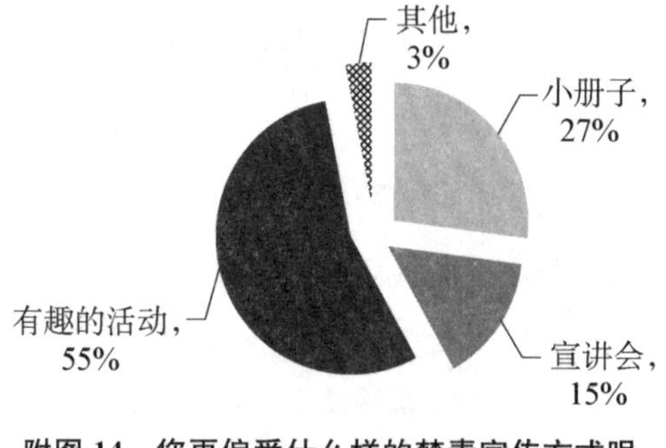

附图 14　您更偏爱什么样的禁毒宣传方式呢

15. 您最希望获得哪方面的禁毒信息？（多选）

A. 毒品知识　　B. 防范毒品的技巧　　C. 吸毒案例和戒毒知识

D. 吸、贩毒案例　　E. 国际国内禁毒斗争形势

本题是为了了解大学园区学生更希望获得哪方面的禁毒信息。61%的人希望获得毒品知识，71%的人希望获得防范毒品的技巧，53%的人希望获得吸毒案例和戒毒知识，41%的人希望获得吸、贩毒案例方面信息，38%的人希望了解国

际国内禁毒斗争形势。由此可以看出更多的学生希望了解防范毒品的技巧,宣传工作可以从这个方面入手。

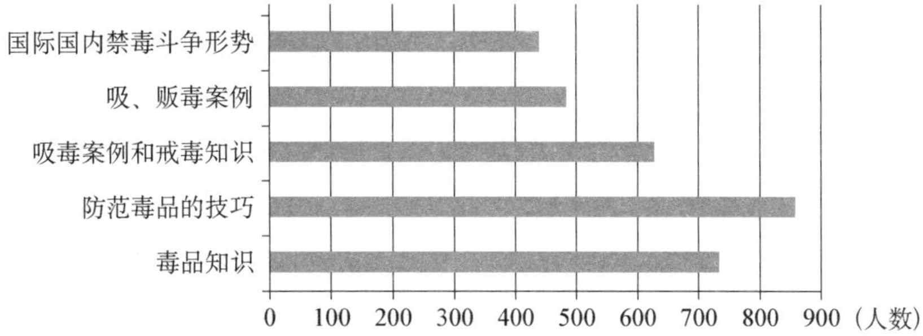

附图 15　您最希望获得哪方面的禁毒信息

(许　研　松江大学园区信息联络部网舆部)

企业家精神与戒毒社会工作创新

雷海波

摘　要: 同伴教育和篆刻艺术疗法两大沪上戒毒社会工作品牌的形成,一定程度上是企业家精神的结晶。在阻却吸毒人员的冒险性,降低戒毒社会工作的风险以及完善戒毒社会工作体制等方面特别需要创新和变革的企业家精神。戒毒社会工作企业家精神的培育之道,需要创设宽松的制度环境,坚持责任基础上的主动性、本土基础上的创新,重视团队企业家精神,且纳入社会工作的价值教育之中。

关键词: 戒毒社会工作　企业家精神　“南陈北叶”

一、“南陈北叶”故事及其企业家精神

上海南边一角的陈士嘉社工开创的篆刻艺术治疗[①]与工作点位居申城北边的叶雄女士主导的同伴教育[②],是沪上戒毒社会工作的两大亮点和品牌。两人的事迹多次受到中央及地方各大媒体报道,受到国内外专家及同仁的肯定和赞许。陈是上海市十佳禁毒社工,有“从儒雅书生到禁毒状元”之誉。叶曾获得上海市首届十大社会工作杰出人才和上海市十佳禁毒志愿者,主持的“叶雄工作室”“自强戒毒咨询热线”和“叶雄戒毒网”颇富社会影响。陈、叶两人所开创的工作都曾赢得联合国禁毒署官员及国家禁毒委领导的赞扬。是什么原因导致他们从众多社工中脱颖而出、他们所从事的社会工作实践逐渐成为领域中的品牌?就宏观角度而言,“南陈北叶”是一个社会建构的产物;就微观角度而言,“南陈北叶”的一个共性是他们一定程度上都具备企业家精神,是企业家精神催生了戒毒社会工作的创新。

最初的企业家是指那些按照约定从事冒险事务或危险工作的人。后来法国经济学家萨伊逐渐将这一概念扩展为为了创新从而承担风险和不确定性的人。

---

① 彭善民:《篆刻艺术小组与戒毒社会工作创新》,《福建论坛》2011 年第 7 期。

② 张昱、费梅苹、厉济民、叶雄:《禁毒社会工作同伴教育服务模式研究:上海实践》,华东理工大学出版社 2016 年版。

理想、自信、冒险和创新是企业家的基本特征。熊彼特将企业家精神定义为做别人没做过的事或是以别人没用过的方式做事的组合。具体而言,新的组合包括:开发新的产品、采用新的生产方法、开辟新的市场、寻求新的供给来源以及实现新的组织形式。企业家精神就是一种不断创新和变革的精神。拉姆普·金和戴斯则更进一步地将企业家精神划分为五个指标层:自治能力、创新能力、风险承受能力、预警能力、积极竞争能力。[①]

陈的篆刻艺术疗法起初并未能得到专业人士和机构认可,有人质疑社区戒毒和社区康复人员何以能学得了中国传统精深的篆刻艺术,陈一开始纯粹是为着自己的信念自掏腰包 1 000 多元,购置石头、刀具。叶的同伴教育一开始也受到不少质疑,有人担心同伴小组活动过程中的同伴交叉感染。两位均是非专业出身,陈做过工人、教师、团委干部,2006 年以 50 多岁的高龄竞聘戒毒社工。叶曾经吸毒多年,经过商,做过公司财会等,2005 年被上海市自强社会服务总社吸收为同伴辅导员,在当时也堪属冒险创新之举。

两人所从事的都是创新性的服务项目,共有的特点之一是认同执着,即便快到退休的年龄,依然对新从事的领域激情澎湃,有很大的成功或自我实现的需求,想着要做点事情出来。对于年轻的社工而言,可能面临更多的选择机会,对于年纪大的而言,倘若目标明确,或许也适合一根筋扎到底。两人共有的特点之二是有立场与自我。对自己选定的目标比较笃定,有自己的主见,敢于表达自己的意见和不满,不论是在机构负责人、官员、专家面前,还是案主及其家属的面前,不怕得罪人,有鲜明的立场与自我,并且具有颇强的抗压能力,敢于打破专业的束缚,诸如在社工是否接受案主的礼物或饭局邀请等,陈敢于突破社会工作专业关系的要求,结合当地实际情况,做出适当的回应。两人共有的特点之三是注重结果导向,具有一定的产品意识和务实精神。陈叶在服务实践中特别强调服务对象的生计与快乐。陈的篆刻疗法,生产了 3 000 多方印章,成立了社区自组织形式的希望印社,并拥有相对独立的公共空间,具有可视化和持久性的特征。围绕叶形成的 100 多人的同伴辅导员队伍也具有可视性和持久性特征。

二、企业家精神于戒毒社会工作的意义

首先,国内戒毒社会工作是一项高风险职业,社区戒毒和社区康复工作没有现成的本土经验可循,是一个新的社会工作领域,中国社会工作本身起步晚,处在探索期。戒毒社会工作存在较高的风险,毒品复吸后的失控之举、戒毒对象身

---

① 彼得·德鲁克:《创新与企业家精神》,蔡文燕译,机械工业出版社 2009 年版。

上各种传染病、戒毒对象成功的就业之路与家庭重建之路等,对社工而言,是很大的挑战。戒毒社会工作受体制内约束较多,相应的自主空间少。戒毒社会工作需要具有企业家精神的工作者去建构或突破。

其次,社区戒毒康复对象自身存在较强的冒险和投机性。多数吸毒是因好奇或受外界诱惑,抱着试一试的心态,或因冀望毒品能缓解压力,自己能自我控制,带着侥幸和冒险的心理走上吸毒之路,被禁毒品的获取过程也是充满冒险。总的来说,吸毒人群比一般人可能更具有冒险和非理性的一面,物以类聚,人以群分,作为戒毒对象,可能更倾向于与带有一定冒险精神的社工交往。对于涉世不深、科班出身的专业社工而言,与戒毒服务对象结成比较好的信任关系或比较深入的工作关系相对困难。

再次,企业家精神能为戒毒社会工作开创新局面。企业家精神能激励社会创新,尤其是近年来逐渐兴起的社会企业家精神有望对现行的戒毒社会工作产生新的刺激。社会企业家与商业企业家的一般区别在于,社会企业家创办的社会企业,实施社会系统变革,不是为了个人的利益,而是为了利益相关者的利益。社会企业家精神建立在已有的企业家精神理论研究基础之上,以同时创造经济和社会价值为目的,通过创造性地利用可控制的内外资源,拓展企业能力范畴和相应机会的过程。[①] 是通过整合资源、系统的社会变革等有效的方式创造新的(社会)价值,解决社会问题,保证创新的可持续发展。[②] 社会工作专业视域下的社区戒毒和社区康复具有社会企业的潜质,社区戒毒或康复对象多无业或无恒产,基本可归为福利依赖人群,专业社会工作的日渐成长将更加凸显其技术性,使得社会企业成为可能。目前政府主导下的社区戒毒和社区康复体制尽管取得了相当的功效,但这种单一的服务模式一方面很难满足多方面的需求,另一方面其本身也需要其他模式的竞争或激励。

三、戒毒社会工作企业家精神的培育之道

其一,创设企业家精神培育的制度环境。伊斯雷尔·科兹涅尔(Israel Kirtzner)认为制度是影响企业家精神的最为重要的因素,企业家才能可以被开发或被压抑,它不如自然资源一样在一些国家天生就丰富或在另一个地方则不足,创新实质上是人自由思想的结果,由此一个富有生命力的社会制度须保证公

---

① Austin J, et al.,"Corporate Social Entrepreneurship: A New Vision for CSR," in M. J. Epstein and K. O. Hanson, eds., *The Accountable Corporation*, New York: Praeger Publishing, 2005.

② J. G. Dees, *Meaning of Social Entrepreneurship*, Duke University's Fuqua School of Business, 1998.

民自由思考的权利和创业的自由，而承认每个人的个人利益为每个人自由思想和探索提供了最大的激励。[①] 因而，承认企业家、企业家精神的作用，必须落实到社会经济制度上、法规上，有相应的激励设置，鼓励创新者创新，鼓励冒险者冒险。[②] 具体到制度设计层面，创新戒毒社会工作的评价制度，对工作方法创新者予以激励，对创新不成功者给予更多的包容，设置相应的创新基金支持创新，对创新型项目放宽时间，配备相应的专家团队，开创服务研究型行动研究团队。引入社会资金或社会力量，鼓励社区戒毒和社区康复社会企业的创办。陈在退休之后被街道返聘，目前负责街道层面的戒毒自组织的运营，叶亦注册了新的社会服务机构，想解决部分同伴的就业问题，两个组织目前主要是依赖政府资源，倘若能转变思路或得到相应的制度支持，一定程度上可以采用社会企业模式，给上海戒毒社会工作增添更多的生机。

其二，坚持责任基础上的冒险，理论与本土结合中的创新。"南陈北叶"企业家精神的践行不是无畏的和无原则的冒险及创新，"南陈北叶"的冒险之所以取得较为理想的效果和成功，很大程度上是建立在以案主为本、对案主负责的出发点上，是有责任的冒险，而不是纯粹个人意义上的冒险。因而，即便是冒险，也深得服务对象的信任。陈多次以自己的人格和物质为完全基于案主利益的项目或活动担保，承受了常人难以想象的压力，在篆刻艺术疗法创办过程中他遭遇过种种挫折，几度想放弃，很大程度上靠强烈的责任感坚持下来。篆刻艺术治疗和同伴教育的实践创新也是建立在专业基础之上，是社会工作专业与本土资源相结合的产物。陈、叶两位非专业出身，在专业体制内带着强大的使命感工作，对社会工作专业更有好奇感和敬畏之心，对社会工作专业理论有更强烈的自觉，愿意将实践中的困惑带给理论界，同时都具有较强的反思精神，不断反思实践模式，注重理论与实践的结合。

其三，团队企业家精神的培育。团队企业家精神比企业家精神更注重协作与共享，相对于企业家团队精神更侧重系统的构建，创新性是三者的核心内涵，都包含了合作、团结的思想。[③] "南陈北叶"是个体的企业家精神的初步实践，尚未形成强而有力的团队，尽管陈开创的希望印社有了数十名学员，叶为首的同伴辅导员已达百人，但能与陈、叶相媲美或相接近的成员屈指可数，团队企业家精

---

① Kirzner Israel, *Competition and Entrepreneurship*, Chicago: University of Chicago Press, 1973.

② 张守凤等：《企业家精神发展路径及研究方法概述》，《华东经济管理》2011 年第 5 期。

③ Ana M. Bojica, Maria del M. F. Fuentes, "Knowledge acquisition and corporate entrepreneurship: Insights from Spanish SMEs in the ICT sector," *Journal of World Business*, Vol. 48, No. 2(2011), pp. 127 - 145.

神较为缺失。既有的希望印社和同伴辅导员队伍是难得的创新成果,尤其需要加强团队能力建设和团队企业家精神的大力培育。

其四,企业家精神纳入社会工作价值教育。在普遍强调社会工作专业技能教育的同时,社会工作价值教育一度被边缘化,社会工作实务中的社工精神彰显不够,相对缺失使命感,戒毒社会工作领域表现得尤为明显。近年来不少学者和社工同仁开始呼吁社会工作价值教育。① 不过强调得比较多的还是社会工作专业既定的价值和伦理,缺少创新精神的倡导。新兴的中国社会工作要想专业坚实高效地走出一片事业天地,需要将企业家精神融入社会工作的价值之中,尤其是中国社会工作的职业化发展特别需要企业家精神的倡导,企业家精神某种程度上是职业化的内在要求。为此在社会工作价值教育中需要跨学科整合企业家精神。近代上海曾是冒险家的乐园,当代上海亦是国际化商业大都市,是一个企业家精神相对富足的城市,上海戒毒社会工作的发展需要融入当地的文化,戒毒社会工作价值教育需要充分发掘本土资源的优势,更大程度地推动社区戒毒和社区康复以及社会工作事业的发展。

总的来说,作为国内首个开展戒毒社会工作的城市,上海历经十余年的发展已经积累了丰富的戒毒社会工作直接服务的经验,在国内同业领域产生较大的社会影响,但同时也碰到诸多发展中的瓶颈,诸如戒毒社会工作者的职业倦怠,单一模式下的职业动力不足,戒毒社会工作机构对政府资源的依赖局限,等等,这些职业化中的困境一定程度上需要企业家精神的刺激。“南陈北叶”是上海戒毒社会工作界难得的为数极少的企业家精神的闪光点,需要理念和制度上的创新,使“南陈北叶”个案形成“南陈北叶”现象,助使企业家精神星火形成燎原之势,进一步推进戒毒社会工作的职业化与社区戒毒康复事业的发展。

(雷海波　华东理工大学社会与公共管理学院)

① 费梅苹:《意义建构:戒毒社会工作服务的实践研究——以上海社区戒毒康复服务中的同伴教育为例》,《华东理工大学学报》2011 年第 2 期。

QuEChERS-HILIC-MS/MS 法快速测定食品中非法添加罂粟壳的生物碱残留

简龙海　郑　荣　毛　丹　王　柯　季　申

摘　要：样品采用 QuEChERS 方法提取净化后，所得的样品溶液经 BEH HILIC 柱(1.7 μm，2.1×100 mm)进行分离，采用串联质谱进行检测，可建立亲水作用色谱—串联质谱法(HILIC-MS/MS)快速测定食品中非法添加罂粟壳的生物碱残留。罂粟碱、那可丁、蒂巴因在 1 ng/ml～50 ng/ml 范围内线性关系良好，吗啡、可待因在 5 ng/ml～250 ng/ml 范围内线性关系良好。平均回收率 (n =6) 在 70%～100% 之间，RSD<13%。罂粟碱、那可丁、蒂巴因的检出限均低于 1 μg/kg，吗啡、可待因的检出限均低于 25 μg/kg。该方法简便、快速、灵敏，可用于食品中残留罂粟壳成分的检测。

关键词：QuEChERS　食品测定　罂粟壳　检测

罂粟壳系罂粟科植物采完阿片后的干燥成熟果壳，内含吗啡、那可丁、罂粟碱、可待因及蒂巴因等多种生物碱，会引起某种程度的惬意和欣快感，长期食用会引起精神失常，严重时会导致死亡。添加了罂粟壳的食物易使消费者成瘾，长期食用者在身体上和心理上都会对其产生严重的依赖性，造成严重的毒物癖。一些不法商家和饭店为谋取暴利，在火锅、小龙虾等食品中添加罂粟壳，使食物味道鲜美，以吸引更多的食客。对于此类行为，国家已多次明令禁止。

由于火锅等食品中香料、油脂类成分众多，极易对微量的吗啡等生物碱的检测造成严重干扰。目前文献关于食品中罂粟壳、吗啡等生物碱的测定方法主要有薄层色谱法①、酶联吸附免疫法②、高效液相色谱法③、毛细管电泳法④、色谱—

---

① 梁宪扬、尹萌：《强力枇杷露中罂粟壳的薄层色谱鉴别法》，《江苏药学与临床研究》2001 年第 1 期。

② 张东升、蔡建荣、蔡正森等：《ELISA 法快速测定火锅底料及调料中的罂粟碱》，《中国卫生检验杂志》2004 年第 2 期。

③ 王建新、陈文汇、王彬等：《火锅汤料中罂粟壳成分的高效液相色谱检测法》，《职业与健康》2004 年第 6 期。

④ 王实强、首弟武：《高效毛细管电泳法测定罂粟壳中生物碱的含量》，《色谱》1997 年第 5 期。

质谱联用法[①],这些文献的前处理方法缺乏通用性,处理过程较烦琐,适用范围窄,检测成分较少,假阳性率高、重复性差,无法满足准确、快速的分析要求。

本研究选取汤料、调味油、调味酱、固体调料等代表性样品作为研究对象,针对其中非法添加的罂粟类生物碱的检验方法进行了研究。作者通过对样品前处理、色谱分离及检测手段等多项参数进行摸索,最终建立了快速、灵敏、通用性强、重复性好的检测方法,并制定了关于火锅食品的上海市食品安全地方标准(DB 31/2010－2012 火锅食品中罂粟碱、吗啡、那可丁、可待因和蒂巴因的测定液相色谱—串联质谱法),为市场监管提供了有力的技术支撑。

一、实验部分

(一) 仪器、试剂与材料

超高效液相色谱仪(配备自动进样器、二元泵、脱气机,美国 Waters 公司);API 4 000 质谱仪(美国 AB SCIEX 公司);超高效液相色谱仪与质谱仪串联。MS3 涡旋振荡器(德国 IKA 公司)。5810R 离心机(德国 Eppendorf 公司)。B9500S 超声处理器(上海 Branson 公司)。0. 22 μm 聚醚砜滤膜(天津津腾公司)。甲醇、乙腈、甲酸(色谱纯,美国 Merck 公司)。甲酸铵(美国 Sigma-Aldrich 公司纯度,99. 995%)。水(由美国 Millipore 公司的 Milli-Q 纯水仪制备)。QuECHERS 粉末(6 g 无水硫酸镁与 1. 5 g 无水醋酸钠的混合粉末)、PSA 等粉末[50 mg 乙二胺－N－丙基硅烷(PSA)、100 mg 无水硫酸镁和 100 mg C18 粉末的混合粉末]由北京艾杰尔科技有限公司(Agela Technologies)提供。吗啡对照品(批号 171201－201324,纯度 99. 1%)、磷酸可待因对照品(批号 171203－201005,纯度 99. 6%)、盐酸罂粟碱对照品(批号 779－9302,纯度 100%)、蒂巴因对照品(批号 171216－200403,纯度 100%)、那可丁对照品(批号 171224—200403,纯度 100%)均由中国生物制品检定研究院提供。吗啡－D3 对照品溶液(美国 Cerilliant 公司,批号 FE102010－04,浓度 1 mg/mL)、磷酸可待因－D3 对照品溶液(美国 Cerilliant 公司,批号 FE081012－03,浓度 1 mg/mL)。

(二) 溶液的制备

标准储备液(1. 0 mg/mL):精密称取盐酸罂粟碱、那可丁、蒂巴因、吗啡和磷酸可待因标准品适量,用 0. 5%甲酸—甲醇溶液配制成罂粟碱、那可丁、蒂巴因、吗啡和可待因的浓度均为 1. 0 mg/mL 的溶液,作为标准储备液。

---

① 张虹、廖文娟、蔡增轩等:《液质联用法检测掺罂粟壳食物中生物碱的残留》,《分析与检测》2005 年第 12 期。

混合标准品溶液：精密吸取浓度为 1.0 mg/mL 的罂粟碱、那可丁、蒂巴因储备液各 1 mL 和浓度为 1.0 mg/mL 的吗啡、可待因储备溶液各 5 mL 于20 mL 容量瓶中，用乙腈定容至刻度，摇匀，即得含罂粟碱、那可丁、蒂巴因浓度为 50 μg/mL和吗啡、可待因浓度为 250 μg/mL 的混合标准品溶液。

同位素内标混合工作溶液(5.0 μg/mL)：分别精密吸取吗啡- D3，可待因- D3 内标物质(浓度均为 1 mg/mL)各 1 mL 置 200 mL 容量瓶中，用甲醇定容至刻度，得到吗啡- D3、可待因- D3 的浓度均为 5.0 μg/mL 的混合内标溶液。

(三) HILIC-MS/MS 条件

色谱柱：ACQUITY UPLC BEH HILIC(1.7 μm，2.1×100 mm；美国 Waters 公司)。流动相：以含 0.1%甲酸的乙腈为 A 相，以含 0.1%甲酸的 10 mmol/L甲酸铵水溶液为 B 相。梯度洗脱程序：0～1.00 min，90% A；1.00～1.50 min，90%A～80%A；1.50～3.00 min，80%A；3.00～3.50 min，80%A～90%A；3.50～8.00 min，90%A。流速：0.3 mL/min；进样量：5 μL。

正离子电喷雾离子化(ESI+)，雾化气压力：50 psi，气帘气压力：22 psi；去溶剂气压力：45 psi；喷雾电压：5 500 V；去溶剂温度：500℃；碰撞气压力：5 psi；离子驻留时间：均为 50 ms；各化合物的检测离子对、去簇电压(DP)、碰撞能量(CE)等质谱参数见表 1。

表 1　5 种待测生物碱的的质谱参数

No.	Analyte	Parention (m/z)	Production (m/z)	DP/V	CE/V
1	那可丁	414.2	220.2*；353.1	95	30；34
2	罂粟碱	340.2	202.1*；171.1	92	38；49
3	蒂巴因	312.0	58.2*；249.1	52	38；22
4	可待因	300.0	215.1*；165.2	90	34；55
5	吗啡	286.0	181.1*；165.1	97	50；50
6	可待因- D3	303.0	215.2*；165.2	80	35；60
7	吗啡- D3	289.2	185.2*；165.2	90	40；53

*定量离子。

(四) 样品处理

1. 酱料、汤料或调味油类样品

称取 2 g 酱料、汤料或调味油试样于 50 mL 具塞离心管中，加入 150 μL 混合同位素内标工作液,再加入 5 mL 水,振摇使分散均匀,加入 15 mL 乙腈,涡旋振荡 1 min,加入 QuECHERS 粉末,立即涡旋振荡 1 min,以 10 000 转/分钟离心5 min,移取上清液,加入 PSA 等粉末,涡旋混合 1 min,以 10 000 转/分钟离心 2 min,移取上清液,以 0. 22 μm 滤膜过滤,取滤液测定。

2. 调味粉、香料、小龙虾等固体类样品

取试样,粉碎,混匀,称取 2 g,加入 20 mL 0. 1 mol/L 盐酸溶液,超声处理 30 分钟,吸取提取液 5 mL,用 1 mol/L 氢氧化钠溶液调节 pH 值呈中性,加入150 μL同位素内标工作液,再加入 15 mL 乙腈,其余同此节“涡旋振荡 1 min”起同法操作。

二、结果与讨论

(一) 色谱—质谱条件的考察

在反相色谱—质谱联用法中,流动相一般含有微量的甲酸或乙酸以提高质谱响应,但由于吗啡、可待因在酸性流动相中无保留,故反相色谱—质谱联用法不适于吗啡、可待因的分析。[①]研究中采用对吗啡、可待因具有色谱保留的亲水作用色谱柱(BEH HILIC 柱),结果五种待测物在酸性流动相中均有色谱保留,适于液质联用分析。[①] 在流动相中添加适量甲酸铵和甲酸,并调整流动相的组成比例,结果流动相中含甲酸铵时,可显著改善各待测化合物的峰形,并且甲酸铵的浓度变化对结果影响不大;流动相中的甲酸可延长罂粟碱、那可丁的保留时间和改善那可丁的峰形;流动相中乙腈的含量可显著影响各待测物的保留时间。通过反复尝试,最终确定流动相的条件如上文所述。各待测物的色谱保留情况见图 1。

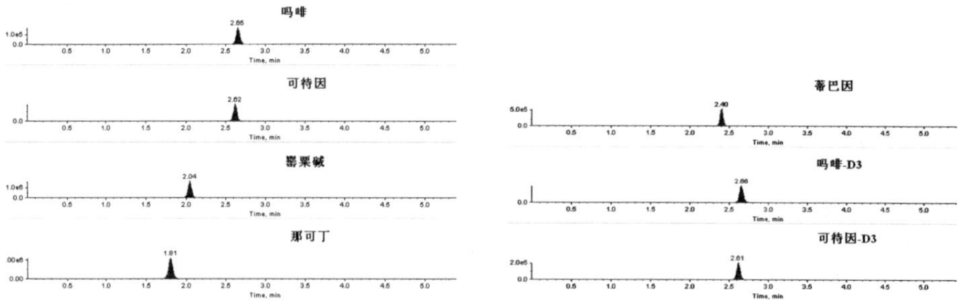

图 1　5 种罂粟壳类生物碱的 HILIC-MS/MS 图

---

① Astrid Spielmeyer, Georg Pohnert, “Direct quantification of dimethylsulfoniopropionate (DMSP) with hydrophilic interaction liquid chromatography/mass spectrometry”, *Journal of Chromatography B*, Vol. 878 (2010), pp. 3238 - 3242. James Heaton, Nicola Gray, David A. Cowan, et al., “Comparison of reversed-phase and hydrophilic interaction liquid chromatography for the separation of ephedrines”, *Journal of Chromatography A*, Vol. 1228 (2012), pp. 329 - 337.

(二) 样品处理方法的选择

文献方法采用:(1)调节酸碱度,用氯仿萃取。(2)甲醇直接超声处理法。(3) 酸提后的提取液用 MCX 柱净化对样品进行测定。但对于酱料较多的火锅食品,应用上述方法提取时,存在以下几个问题:(1) 用氯仿萃取时乳化严重,回收率低。(2) 以甲醇提取时存在较强的基质抑制效应。(3)以 MCX 柱净化时易发生堵塞现象,后续操作无法进行。本研究尝试将农药残留分析中常用的 QuEChERS① 方法应用火锅食品的检测,结果提取效果良好,不存在上述问题。另外,提取溶剂为乙腈,可直接用于亲水作用色谱分析,不会因溶剂效应而产生峰形不佳问题。

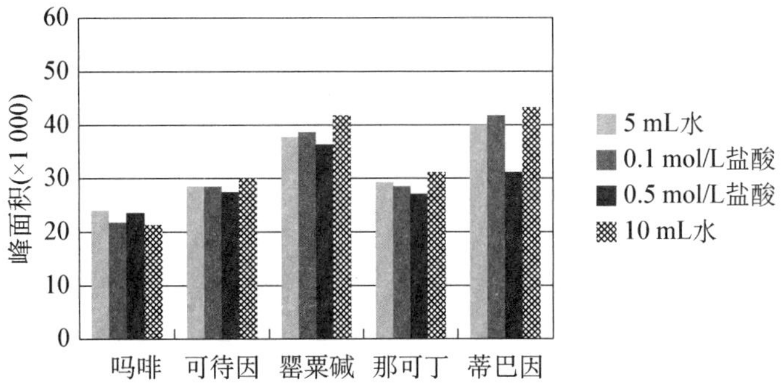

图 2 酱类样品提取溶剂及加水量的选择

(三) 提取溶剂的选择

称取 2 g 阳性的酱类样品于 50 mL 聚四氟乙烯具塞离心管中,分别操作如下:(1)加入水 5 mL;(2)加入 0.1 mol/L 盐酸溶液 5 mL,振摇使溶散完全,调节 pH 至略碱性;(3)加入 0.5 mol/L 盐酸 5 mL,涡旋 1 min,调节 pH 至略碱性,余同"实验部分样品处理酱料、汤料或调味油类样品"。结果各种提取溶剂的提取效果相当(见图 3)。因此,本研究选择容易获得的水作为提取溶剂。

对于固体类样品,称取 2 g 阳性调味粉,分别加 10、20、50 mL 的 0.1 mol/L 盐酸溶液进行超声提取、测定。结果 3 种提取溶剂的提取效果相当。

(四) 加水量的选择

称取 2 g 阳性的酱料样品于 50 mL 聚四氟乙烯具塞离心管中,加入 150 μL 混合同位素内标工作液,再分别加入(1)5 mL 水、(2)10 mL 水,余同"实验部分

① 洪萍,徐陆妹,楼冰冰等:《QuEChERS 方法及其在农药残留分析中的应用进展》,《中国卫生检验杂志》,2008 年第 4 期。S Lehotay, "Quick, easy, cheap, effective, rugged and safe (QuEChERS) approach for determining pesticide residues", *Pesticide Protocols*, Vol. 19 (2005), pp. 239 - 261.

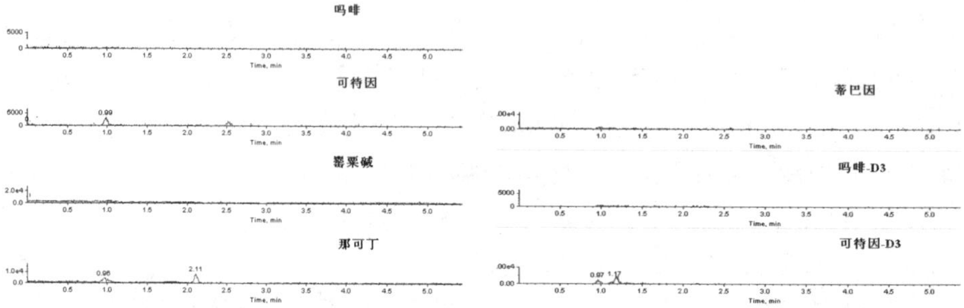

图3　空白样品的 HILIC-MS/MS 图

样品处理酱料、汤料或调味油类样品"项下方法操作。结果两种加水量下的提取效果相当(见图2)。因此,本研究选择5 mL水进行提取。

(五)样品净化方式的选择

取乙腈提取液,分别加入以下粉末进行净化:(1)PSA 200 mg;(2)100 mg PSA+100 mg $MgSO_4$;(3)50 mg PSA+150 mg $MgSO_4$;(4)50 mg PSA+100 mg $MgSO_4$+100 mg C18;(5)50 mg PSA+100 mg $MgSO_4$+50 mg C18。结果5种净化方式的提取效果无明显差异,其中以净化方式(4)所得溶液较澄清,因此选择净化方式(4)。空白样品(不含罂粟壳)经净化后的色谱图见图3。

(六)线性范围

分别精密吸取"实验部分溶液的制备"项下混合标准品溶液和同位素内标混合工作溶液适量,用乙腈稀释成罂粟碱、那可丁、蒂巴因浓度为1.0、2.0、5.0、10、20、50 ng/mL以及吗啡、可待因浓度为5.0、10、25、50、100、250 ng/mL的系列标准工作溶液,内标溶液浓度均为50 ng/mL。取上述溶液进样测定,吗啡和可待因以内标法绘制标准工作曲线,罂粟碱、蒂巴因和那可丁以外标法绘制标准工作曲线。结果表明(见表2),各待测物呈良好的线性关系。

表2　线性关系考察

组分名称	回归方程	相关系数	浓度范围(ng/mL)	计算方法
罂粟碱	$Y=3.91\times10^4X-4.9\times10^3$	0.999 2	1～50	外标
那可丁	$Y=3.58\times10^4X-3.78\times10^3$	0.999 1	1～50	外标
蒂巴因	$Y=1.36\times10^4X-2.92\times10^3$	0.999 3	1～50	外标
吗啡	$Y=0.018\,5X-0.024\,1$	0.999 6	5～250	内标
可待因	$Y=0.016\,4X-0.008\,87$	0.999 3	5～250	内标

（七）回收率试验

取酱、汤、油、粉碎后的固体样品各一式六份，分别加入 10、50、100 μL 的混合标准溶液（吗啡、可待因浓度为 25 μg/mL，罂粟碱、那可丁、蒂巴因浓度为 5 μg/mL），按拟订的方法制备低、中、高不同浓度水平的样品溶液，进样测定，计算回收率，结果表明回收率较好（见表 3）。

表 3　回收率试验结果（*n*=6）

组分名称	油类		酱类		汤类		固体类	
	平均值	RSD(%)	平均值	RSD(%)	平均值	RSD(%)	平均值	RSD(%)
罂粟碱	87.8	5.0	88.0	4.5	89.1	6.8	78.7	5.3
那可丁	77.5	8.1	83.1	3.6	80.5	5.9	72.8	6.2
蒂巴因	88.0	9.4	95.8	8.7	93.2	6.5	74.2	7.3
吗啡	83.6	6.2	83.4	7.8	83.4	12.7	72.8	8.4
可待因	94.8	7.4	89.4	6.1	94.3	5.0	87.6	8.1

（八）方法检出限

取酱、汤、油、固体类样品，添加不同体积的混合标准品溶液，进样测定，计算信噪比，若信噪比较大，则减少混合标准品溶液的加入量，直至信噪比结果约为 3。以信噪比为 3 时的样品浓度作为检出限。结果检出限见表 4。

表 4　方法检出限

组分名称	油类检出限 (μg/kg)	酱类检出限 (μg/kg)	汤类检出限 (μg/kg)	固体类检出限 (μg/kg)
罂粟碱	0.3	0.3	0.2	0.3
那可丁	0.3	0.3	0.3	0.3
蒂巴因	0.8	0.7	0.6	0.7
吗啡	7.2	23.1	10.7	18.7
可待因	10.1	13.8	4.4	8.0

（九）实际样品测定

共测定了 2 500 多件样品，样品基质涉及酱类、油类、汤类、粉类、香料、小龙虾等。若样品浓度超出标准曲线范围，需要用乙腈稀释后再测定。结果共有

3.1%的样品检出1种或多种罂粟壳类生物碱成分，表明确实存在违法添加罂粟壳的现象。检出的样品中5种罂粟壳成分的含量大小不一，有的调料粉中吗啡、可待因、罂粟碱、那可丁和蒂巴因的含量分别高达500、300、200、100、20 mg/kg。

三、结论

建立的方法快速、灵敏、准确、适用基质范围广，可用于多种食品中非法添加罂粟壳的检测，其中关于火锅食品的检测方法已转化为上海市食品安全地方标准(DB 31/2010－2012 火锅食品中罂粟碱、吗啡、那可丁、可待因和蒂巴因的测定　液相色谱-质谱法)。该标准填补了上海市关于火锅食品中非法添加罂粟壳的检测标准空白，为市场监管和执法提供了重要的技术支撑。

(简龙海、郑　荣、毛　丹、王　柯、季　申　上海市食品药品检验所)

构建禁毒工作多元社会支持系统研究

高　峰

摘　要：吸毒与戒毒问题是整个世界所面临的最严重的社会“顽疾”之一，其不仅严重影响吸毒者个人生活，更深刻影响着全球社会。为进一步提升禁毒工作效能，破解当前禁毒体制机制难点，推动上海禁毒工作扎扎实实向纵深开展，本文分析了上海禁毒工作面临的形势挑战，梳理了松江区禁毒工作经验、成效以及进一步提升禁毒工作能效的阻力和难点，并提出相关对策建议。

关键词：禁毒　多元社会　支持系统

吸毒与戒毒问题作为社会“顽疾”是整个世界所面临的最严重的社会问题之一。与毒品相关联的暴力、家庭破裂、黑社会等一系列触目惊心的字眼，给小到个人、家庭，大到全球社会均产生深刻影响。为此，世界各国政府以及社会各界长久以来一直致力于寻找解决顽疾之良方，但现实中，各种已施方法效果均难称理想，也成为一个历久持续待攻克的难题。

为进一步提升禁毒工作效能，破解当前禁毒体制机制难点，推动上海禁毒工作扎扎实实向纵深开展，本文分析了上海禁毒工作面临的形势挑战，梳理了松江区禁毒工作经验、成效以及进一步提升禁毒工作能效阻力和难点，并提出相关对策建议。

一、上海市禁毒工作面临的形势挑战

2005年以来，在党中央、国务院的统一领导下，上海采取坚决有效措施，严打涉毒犯罪，遏制新吸毒人员滋生，遏制毒品危害，有效控制了吸毒人数几何级增长、毒品快速蔓延的势头。但受国内地域因素和国际毒潮的综合影响，传统毒品沿袭，新型毒品也不断出现，上海吸毒人数低龄化趋势明显，新型毒品不断出现，毒品蔓延问题依然严重，禁毒工作形势严峻，亟待遏制。

（一）吸毒人员快速攀升

2012年以来，上海每年查获吸毒行为约1万余人次，吸毒人员数量快速攀升，吸毒群体已经发展到社会各个阶层。截至2015年年底，上海累计登记吸毒人员 81 269 名。其中,上海市户籍 53 645 人,占 66%;外省市户籍 27 624 人,占 34%。如果算上隐性吸毒人员,有专家估计,这一数字在 30 万左右。毒情蔓延形势严峻。据调查,吸毒人员初次接触毒品占相当比例,多为娱乐场所通过朋友介绍吸毒,对毒品危害了解不够,甚至觉得冰毒不算真正的毒品。

(二) 吸毒人员青壮年占比高

从性别看,男性居多,59 436 人,占 73.1%;女性 21 833 人,占 26.9%。从年龄结构看,吸毒人员青壮年占比较高,35 岁以下青年占到总数的 40%。吸毒人员文化程度普遍偏低。涉毒违法犯罪人员的籍贯呈分散型,以来沪人员为主的主要为行政执法场所,占 61%;刑事执法场所以本市户籍涉毒人员为主,占 57%。

(三) 合成毒品蔓延迅速

据统计,近年来摇头丸、病毒等新型毒品在上海有大幅度蔓延趋势,传统毒品逐年萎缩,合成毒品已占据“绝对地位”,一些吸毒人员也开始转而吸食新型毒品。有统计数据显示,2014 年,有 80%的吸毒者初次查获即被认定为吸食成瘾,新发现的吸毒人员中,90%以上吸食合成毒品。显然,合成毒品已成为本市毒品消费市场的主要品种。这意味着毒瘾会反复发作,治疗难度大,难以戒断。

吸毒者吸食合成毒品后,容易引发精神疾病,产生危害公共安全的暴力行径,这是由于合成毒品吸食后吸毒者的辨认能力和控制能力明显下降,此外,与合成毒品相关的毒品犯罪容易滋生各种违法犯罪问题,社会危害性极大,如以枪护毒、枪毒同流、暴力抗法等乱象。

(四) 毒品犯罪明显增多

近年来上海市涉毒人员打处数、毒品查缴数、涉毒刑事案件破获数连年攀升。有统计数据显示,同 2009 年相比,2014 年,上海市侦破毒品案件总量增加 7.8%;抓获毒品犯罪嫌疑人数增加 3.6%;缴获各类毒品总量增加 48.9%。查处吸毒人员总数增加 16.2%;收戒吸毒人员总数增加 38.7%。2015 年,上海市公安机关缴获各类毒品总量创历史新高,反映了毒品犯罪形势的严峻。

二、松江区禁毒工作体制机制经验做法和存在的问题

面对严峻的禁毒形势,近年来,松江区锐意革新,积极探索破解禁毒社会治理难题,不断优化禁毒综合治理体系,创新禁毒工作体制机制,加强禁毒基层基础保障,吸毒人员的服务管理水平不断提升,社区戒毒社区康复工作取得了重要进展,在实践工作中,逐步探索形成了颇具松江特色的禁毒工作模式,最大限度减少了毒品的社会危害。

(一) 以有效的压力传导机制,破解“落实不力”难题

禁毒工作必须发挥党委的领导核心作用和政府的统筹推动作用,因为这是关系民生福祉的头等大事。松江区委区政府高度重视禁毒工作,将其作为深化平安建设的一项重要任务,纳入全区工作计划,有力地强化了对禁毒工作的领导。禁毒工作涉及诸多管理部门,为使各成员单位依法履行各自职责,相互配合、相互协作,形成有效的管理合力,松江区制定了禁毒委员会成员单位的主要工作职责,并通过研究制定《松江区禁毒工作目标责任制》,全面落实禁毒工作责任。区禁毒委与全区 15 个街镇、2 个园区签订《年度上海市松江区禁毒工作目标责任书》,区、街镇、村居委会层层落实签订任务,明确责任分工,形成了有效的压力传导机制。

(二) 以强有力的人财物投入,强化禁毒工作配套保障不足问题

目前,松江区 15 个街镇建立起社区康复指导室,配齐硬件设备,禁毒预防教育等一批机制全面建立起来。保证了每个社区(街、镇)有正式工作人员。区禁毒各成员单位结合部门实际,列出专项经费,大力支持禁毒执法、禁毒康复工作,有力保障禁毒工作的开展。从事禁毒工作的社会工作者、志愿者来源非常广泛,专业律师、心理专家等专业人士参与度不断提升。

(三) 坚持关口前移,打防结合,破解“越禁越多”难题

青少年吸毒趋势增加是近年各国共同面临的毒情严峻问题。有统计数据显示,松江区近年来 25 周岁以下青少年吸毒人员无论是总量还是占总吸毒人员的比重均逐年增加,这些青少年普遍文化程度较低,初中以下文化程度的占总吸毒人员的 90%以上,青少年时期初次吸毒的占初次吸毒人员总数的 90%以上,这些数据充分表明毒品预防教育的重要关口青少年初中阶段应为重要阶段,需要有针对性地加强该阶段的禁毒宣传教育。为使禁毒预防教育真正力有所逮,松江区坚持关口前移、预防为先,以青少年为重点,全方位推进禁毒宣传活动,以从广大群众筑牢自觉抵御毒品思想防线为切入路径,不断创新和丰富禁毒宣传教育的形式和载体。在实际工作中,以广大中小学生为主要宣传对象,开展春运“流动课堂”、寒暑假进社区,带领民工子弟学校师生赴第五强制隔离戒毒所参观,在大学园区管委会成立学生禁毒志愿者工作组,制作禁毒宣传策划书,筹办禁毒知识嘉年华及大学生禁毒知识竞赛,进一步提高青少年群体识毒、防毒、拒毒能力,鼓励其成为禁毒宣传核心力量。同时,开展重点场所宣传与查处并举活动。始终把禁毒宣传“进场所”活动作为有效载体,与全区 200 余家娱乐场所、400 余家易制毒化学品销售企业主签订禁毒承诺书,春运期间,开展娱乐场所从业人员培训,全区娱乐场所均已设置禁毒警示(提示)标示,点歌系统插播禁毒广告,在579家宾旅馆内放置2000份禁毒宣传台卡,坚决防止形成吸贩毒问题突出的地区和场所。

严防同时,强化打击,以点带面,对重点区域、重点场所吸毒贩毒行为开展专项行动,以娱乐场所为重点,牢牢把控整体局面,遏制合成毒品蔓延态势。新的打控模式取得良好成效。2014年,松江区毒品问题多发地叶榭镇破获涉毒案件6起,查处涉毒治安案件30起,组织力量查处非法种植毒品原植物,出动警力45人次,治安辅助力量115人次,未发现有种植毒品原植物。

(四) 多元共治,破解戒管薄弱问题

毒品问题是社会问题,需要社会各方面共同参与,单靠单一部门单打独斗,开展禁毒工作,力量明显不足,需要多元共治,发挥资源整合优势。吸毒人群并非千人一面,需要附以个性化、人性化的针对性戒治措施,以往的"专业戒毒"模式往往这方面是短板,最终的效能也会打折扣。此外,吸毒人员还面临戒断巩固难、回归社会难的共性问题,这些问题伴随着一些复合性成因,往往导致复吸率居高不下。为破解难点,松江区作出对控制吸毒群体"科学戒管、长期联动"的部署,形成了一些特色和亮点,在具体做法上,从规范社区戒毒社区康复工作着手,大力推进社区戒毒和社区康复工作法治化进程;依靠社会力量,发起戒毒人员家属委员会、创业就业服务社、禁毒志愿者协会等志愿服务社会组织,运用孵化式培育、社会化联动、市场化运作等方式,以政府购买服务的方式,鼓励社会公益组织参与支持社会化戒毒康复工作。

三、上海禁毒工作面临的主要难点及对策建议

(一) 主要难点

1. 基层职能部门缺编。基层街镇层面禁毒专职干部参差不齐,且多身兼数职(610、维稳等),难以满足实际需要。

2. 工作实践中可能出现相关法律法规尚未顾及的情况。社区戒毒与社区康复工作是街道禁毒工作的核心,是一项复杂的系统工程。虽然《禁毒法》《社区戒毒条例》以及上海市有关主管部门相继出台的《关于贯彻执行"戒毒条例"的实施办法(380)》《补充规定(279)》使社区戒毒与社区康复工作进入了一个有法可依、有规可循的新阶段。但在工作实践中还是难免出现相关法律法规尚未顾及的情况。如居住地管控等社戒社康工作中涉及的具体操作上可能会遇到异地强制隔离戒毒期满上海社区康复阶段程序上的衔接不畅问题。

3. 社会资源亟需整合交流渠道,各项戒毒措施亟待畅通。当前,各类社会力量之间存在信息不对称、合作程度不够深、共享不及时等弊端。对医疗戒毒、

社区戒毒等戒毒措施的参与程度和理解参差不齐,以亲情帮教为主要社会支持内容的侧重面多,对康复医疗以及回归社会后的政策保障等相关内容虽能有所涉及,但不够系统全面,与戒毒工作社会化要求存在较大差距。如吸毒人员即便是在完成生理脱毒后,仍需长期进行针对精神症状的药物干预和身体康复等治疗才能有效摆脱毒品依赖,但目前相关后续治疗项目和康复药物均未纳入公共医疗服务项目,由此增加了其生活难度。社区戒毒康复人员的就业率依然较低。虽然政府出台了一系列针对性措施,但在实际工作中执行效果不佳。对于街道推荐的工作岗位,即使有相关就业扶持优惠政策,用人单位一听是吸毒人员就不愿接收。街道创建的相关就业基地也是“僧多粥少”,难以进行全面安置。让戒毒人员回归正常生活,是确保一方安定的重要因素。社会应该对戒毒人员多一些包容。

4. 后续照管期间社会支持缺位比较突出。戒毒效果保持的长短,甚至能否最终戒毒,后续照管起着关键作用。如果社会支持系统能够发挥联动作用,将极其有助于提升戒毒人员的抗复吸能力。就当前来看,后续照管社会支持缺位比较突出,绝大部分戒毒人员很容易再次走上复吸的老路。

(二) 对策建议

1. 进一步加强基层禁毒队伍建设。补充基层职能部门编制,通过引进人才和加强禁毒专职干部培训强化基层禁毒队伍。夯实基层力量。

2. 积极创新突破法律法规中尚未触及的情况。社戒社康工作中涉及的具体操作上的一些问题,在不违反《戒毒条例》等相关指导性法律法规原则的前提下,应积极创新突破。如异地强制隔离戒毒期衔接不畅问题,可以经由有关部门同意,由实际操作单位之间直接沟通协调,商定一个解决办法,再向有关领导汇报,对切实解决难题、提高工作效率、促进社戒社康工作的发展大有裨益。

3. 充分发挥资源整合作用。通过资源整合发挥戒毒工作乘数效应。一是将地方公安机关与戒毒所进行信息联网,建立真正意义上的吸、戒、解除强制隔离戒毒人员等相关大数据平台,实现社会支持系统之信息系统资源共享,保障大戒毒体系下戒毒流程的继续和延伸。二是调整政策。允许原来参加医疗保险的强制隔离戒毒人员继续享用医疗保险待遇,并积极帮助和引导强制戒毒人员参加缴纳居民医疗保险。三是依靠社会支持系统畅通各戒毒措施无缝对接平台。实施各种戒毒措施无缝衔接。持续联合开展戒毒康复帮教活动。

4. 加强宣传和做好后续照管,切实提高戒治实效。一是切实加强戒毒宣传教育。针对当前复杂的戒毒形势及人民群众对待毒品态度的变化开展宣传,让戒毒宣传工作进企业、进社区、进家庭、进学校。特别是对涉毒人员近亲属加大教育宣传力度。通过各种网络媒体、纸质媒体强化宣传效果,在社会上形成良好的舆论氛围,获取社会各界对强制隔离戒毒工作的价值认同。二是做好戒毒人员的后续照管工作。加强社会包容性宣传,加强就业扶持优惠政策力度,对社区戒毒专职人员和志愿者以及戒毒人员家属开展戒毒业务培训。三是对回归人员实行动态监控。协同做好戒毒回归人员的康复指导工作;为戒毒回归人员提供心理咨询、法律援助、就业指导和修复家庭关系等方面的多项服务,与戒毒人员家庭对接,实现真正意义上的"无缝对接"。

(高　峰　上海市松江区禁毒办)

编　后　记

为加强禁毒领域的理论研究和实践创新，推动上海禁毒工作的科学发展，上海市禁毒委员会办公室于2016年第四季度启动上海市第七届禁毒理论与实践研讨会征文活动。征文不仅面向上海市禁毒委员会的各成员单位、各区(县)禁毒办、市法学会禁毒法研究会、市自强社会服务总社和市禁毒志愿者协会等单位，而且涵盖复旦大学、华东理工、上海大学、上海政法学院等高校的相关学术机构。征文内容以中共中央、国务院《关于加强禁毒工作的意见》精神为指导，结合《上海禁毒条例》的贯彻实施，对近年来上海禁毒工作的探索创新以及面临的热点、难点、重点问题进行探讨和剖析，研究提出进一步加强毒品预防、缉毒执法、禁吸戒毒等方面工作的对策措施和意见建议。

此次征文活动共收到论文130篇，经研讨会评审委员会评审，择优选刊24篇论文。论文集的编辑过程中得到上海大学禁毒政策研究中心和文章作者的大力支持和协助。在此，我们对各位作者深表谢意。

编　者

2017年6月

图书在版编目(CIP)数据

禁毒理论与实践研究. 第七辑/上海市禁毒委员会办公室著. —上海: 上海社会科学院出版社,2017
ISBN 978-7-5520-2039-7

Ⅰ. ①禁... Ⅱ. ①上... Ⅲ. ①禁毒—中国—文集
Ⅳ. ①D669.8-53

中国版本图书馆 CIP 数据核字(2017)第 137990 号

禁毒理论与实践研究(第七辑)

编　　者: 上海市禁毒委员会办公室
责任编辑: 孙　洁
封面设计: 黄婧昉
出版发行: 上海社会科学院出版社
上海顺昌路 622 号　邮编 200025
电话总机 021-63315947　销售热线 021-53063735
http://www.sassp.cn　E-mail: sassp@sassp.cn
照　　版: 南京前锦排版服务有限公司
印　　刷: 上海龙腾印务有限公司
开　　本: 710×1010 毫米　1/16 开
印　　张: 14.75
插　　页: 1
字　　数: 260 千字
版　　次: 2017 年 7 月第 1 版　2020 年 12 月第 3 次印刷

ISBN 978-7-5520-2039-7/D·454　定价: 69.80 元